Karl Otmar Freiherr von Aretin

Vom Deutschen Reich zum Deutschen Bund

Deutsche Geschichte

Herausgegeben
von Joachim Leuschner (†)

Band 7

Karl Otmar Freiherr von Aretin
Vom Deutschen Reich
zum Deutschen Bund

VANDENHOECK & RUPRECHT IN GÖTTINGEN

KARL OTMAR FREIHERR VON ARETIN

Vom Deutschen Reich zum Deutschen Bund

2., ergänzte Auflage

V&R

VANDENHOECK & RUPRECHT IN GÖTTINGEN

Karl Otmar Freiherr von Aretin

Geboren 1923, Studium der Mittleren und Neueren Geschichte und der Kunst-geschichte in München, Promotion 1952. 1952–1957 Mitarbeiter in der Redak-tion der Neuen Deutschen Biographie, danach Stipendiat am Institut für Euro-päische Geschichte in Mainz; 1958–1964 Assistent am Max-Planck-Institut für Geschichte in Göttingen, Habilitation 1962 in Göttingen. 1964–1988 o. Prof. für Neuere Geschichte an der Technischen Hochschule Darmstadt, seit 1968 zu-gleich Direktor des Instituts für Europäische Geschichte in Mainz. 1987 Haupt-schriftleiter der Neuen Deutschen Biographie. Korrespondierendes Mitglied der Österreichischen Akademie der Wissenschaften in Wien, Ehrenmitglied der Ungarischen Akademie der Wissenschaften in Budapest, Dr. phil. h. c.(Posen). Veröffentlichungen: Heiliges Römisches Reich 1776–1806 (2 Bde., 1967); Papsttum und moderne Welt (1965, 2. Aufl. 1974); Bayerns Weg zum modernen Staat (1976); Das Reich. Friedensordnung und europäisches Gleichgewicht 1648–1806 (1986, 2. Aufl. 1992). Herausgeber: Der Aufgeklärte Absolutismus (1974); Veröffentlichungen des Instituts für Europäische Geschichte (seit 1968).

Die Deutsche Bibliothek – CIP-Einheitsaufnahme

Deutsche Geschichte / hrsg. von Joachim Leuschner. –
Göttingen : Vandenhoeck und Ruprecht.
(Kleine Vandenhoeck-Reihe ; …)
NE: Leuschner, Joachim [Hrsg.]
Bd. 7. Aretin, Karl Otmar Frhr. von: Vom Deutschen Reich
zum Deutschen Bund. – 2., ergänzte Aufl. – 1993

Aretin, Karl Otmar Frhr. von:
Vom Deutschen Reich zum Deutschen Bund / Karl Otmar
Freiherr von Aretin. – 2., ergänzte Aufl. –
Göttingen : Vandenhoeck und Ruprecht, 1993
(Deutsche Geschichte ; Bd. 7)
(Kleine Vandenhoeck-Reihe ; 1455)
ISBN 3-525-33583-0
NE: 2. GT

Kleine Vandenhoeck-Reihe 1455

VORWORT DES HERAUSGEBERS

Eine Deutsche Geschichte scheint ein Anachronismus zu sein, unzeitgemäß in einer Zeit, in der die Nationen in neue historisch-politische Gebilde eingehen: wirtschaftliche, kulturelle, politische Einheiten, soziale und gewiß ideologische, in denen die älteren Staaten aufgehoben sind. Diese großräumigen Formen gewinnen bereits eigene Geschichte; es entsteht in ihnen ein Bewußtsein ihrer selbst. Mit den Nationalstaaten schwinden Nationen und nationales Bewußtsein. Was soll da eine Deutsche Geschichte?

Ist diese nicht auch methodisch zweifelhaft geworden? Selbst wenn man das Problem beiseiteschiebt, ob es jemals eine einheitliche Geschichte der Deutschen gegeben habe, ist die Frage aufgeworfen, ob nicht an die Stelle der älteren historischen Gegenstände sozioökonomische getreten seien, die eher sozialwissenschaftlich als historisch zu analysierende "Strukturen" wären. Es wird behauptet, daß dem Schwund des nationalen Bewußtseins ein Schwinden des historischen folge. Abermals also: was soll da eine Deutsche Geschichte?

Verfasser, Herausgeber und Verleger haben die hier nur skizzierten Probleme mehrfach bedacht; sie fühlten sich am Ende in dem einmal gefaßten Plane grundsätzlich ermutigt. Das historische Interesse ist nicht nur vorhanden, sondern ein neues Geschichtsbedürfnis offensichtlich im Wachsen begriffen.

Freilich kann Deutsche Geschichte nicht mehr als Nationalgeschichte geschrieben werden. Weder Historie der aufeinanderfolgenden Dynastien noch Entwicklung von Volk und Nation im älteren Sinne können die Grundgedanken des Ganzen sein; nicht Macht und Glanz der Herrscher, auch nicht Elend und untergang des Volkes, weder Ruhm und Verklärung noch Klage und Selbstmitleid. Vielmehr versucht diese Deutsche Geschichte zu Belehrung und Diskussion allgemeine Erscheinungen am deutschen Beispiel zu zeigen. Diese Deutsche Geschichte setzt universalhistorisch ein und mündet in Weltgeschichte, deren Teil sie ist. In allen Perioden wird der Zusammenhang mit der europäischen Geschichte deutlich, soll dem allgemein-historischen Aspekt der Vorrang vor dem eng-"nationalen" gegeben werden.

Deutsche Geschichte als einen Teil der europäischen zu schreiben, wird hier also versucht. Aber noch in anderem Sinne ist deutsche Geschichte fast niemals im engen Begriff "Nationalgeschichte" gewesen:

sie war und ist vielmehr Partikulargeschichte. Die Vielfalt ihrer Regionalgeschichten macht ihren Reichtum aus. Wer mit der Forderung ernst machen will, die historisch-politischen "Strukturen" und Grundfiguren, rechts-, verfassungs- und sozialgeschichtliche Phänomene stärker als herkömmlich zu berücksichtigen; wer die bleibenden und weiterwirkenden Erscheinungen hervorheben will, muß sich der Ergebnisse moderner landesgeschichtlicher Forschung bedienen. Nicht so sehr ob, sondern wie heute eine Deutsche Geschichte gewagt werden könne, ist Gegenstand unseres Nachdenkens gewesen.

Die politische Geschichte im weitesten Sinne hat den Vorrang; sie bestimmt die Periodisierung. Politik: das heißt nicht "Haupt- und Staatsaktionen", sondern umfaßt die gesellschaftlichen, wirtschaftlichen und rechtlichen Erscheinungen, ein Geflecht aus wechselseitigen Beziehungen. Daß der Historiker sich auch sozialwissenschaftlicher Methoden bedient, ist selbstverständlich. Dennoch bleibt Geschichte eine Erkenntnisweise eigener Art. Politische Geschichte in dem hier gemeinten Sinne integriert das alles und lehrt den Wandel der Dinge erkennen.

Diese Deutsche Geschichte ist von Verfassern der sogenannten mittleren Generation geschrieben worden, sowohl dem Alter wie der politischen Erfahrung und Auffassung nach. Selbstverständlich trägt jeder Einzelne Verantwortung für seinen Band, hat er für diesen Freiheit. Verfasser und Herausgeber, gebrannte Kinder durch Geschichte allesamt, haben ein kritisches Verhältnis zu ihrem Gegenstand. Darin stimmen sie ebenso überein wie in dem Vorhaben, Geschichte zu schreiben. Weder ein Bündel von Einzelstudien noch positivistische Sammlung, weder Kompilation noch bloße Problemanalysen oder Ereignisgeschichte werden geboten, sondern eine geformte Darstellung des heute und für uns historisch Wichtigen. Insofern verfolgt diese Deutsche Geschichte eine pädagogische Absicht. Indem sie sich an Studenten und Lehrer, ebenso an alle wendet, die etwas von deutscher Geschichte wissen und aus ihr lernen wollen, versucht sie, Probleme in Erzählung, Begriffe in Anschauung umzusetzen. Sie setzt nichts voraus als das Interesse ihrer Leser; sie breitet Stoff und Probleme aus, indem sie analysiert *und* erzählt. Wo immer möglich, wird der gegenwärtige Stand der Forschung erkennbar, ohne im einzelnen belegt zu sein.

Das Ziel also ist weit gesetzt: den Stoff zugleich ausbreitende, ordnende und durchdringende Geschichtsschreibung, und das heißt allemal auch: Reflexion, Urteil und Aufklärung.

Joachim Leuschner (†)

INHALT

EINLEITUNG

Die Jahre 1763 – 1820 sind in der deutschen Geschichte Jahre eines tiefgreifenden Wandels. 1763 war entschieden, daß die künftige deutsche Geschichte von zwei deutschen Großmächten bestimmt werden würde. Der Kaiser, seit dem Westfälischen Frieden in seinen Rechten ohnehin stark beschränkt, stand nicht mehr nur der Masse der im Reichstag vereinigten Reichsstände gegenüber. Mit Preußen gab es eine zweite Großmacht, die nicht nur innerhalb des Reiches eine wichtige Rolle spielte, sondern dem Kaiser und mit ihm der Großmacht Österreich auch in europäischen Allianzen gegenübertrat. Das war zwar nach dem Wortlaut des Westfälischen Friedens verboten, der nur Alli-anzen mit auswärtigen Mächten erlaubte, die sich nicht gegen Kaiser und Reich richteten. Der Versuch, Friedrich II. 1756 wegen seines Angriffes auf den Kaiser in die Reichsacht zu tun, hatte aber nur die Untauglichkeit dieses Instrumentes erwiesen. Preußen war auch insofern in den Kreis der souveränen europäischen Großmächte getreten, als es, ohne aus dem Reich auszuscheiden, die seine Handlungsfreiheit nicht anerkennenden Bestimmungen der Reichsverfassung mißachtete.

Der österreichisch-preußische Gegensatz und die bei diesen Staaten immer stärker hervortretende Tendenz, sich auf die eigene Machtentfaltung zu beschränken und das Reich seinem Schicksal zu überlassen, sowie die zu langen und mit untauglichen Mitteln geführten Revolutionskriege führten 1806 das Ende des Reiches herbei. An die Stelle des Kaisers trat Napoleon als Beschützer und Protektor der deutschen Klein- und Mittelstaaten. Opfer dieser Entwicklung waren die kleinen Fürsten und Grafen, die Reichsritter und Reichsstädte, insbesondere der katholische Reichsadel, der seinen politischen Rückhalt bei den geistlichen Fürsten gefunden hatte, kurz all die Kräfte, auf denen bisher der Einfluß des Kaisers beruht hatte. Aus dem hierarchisch in Kaiser, Kurfürsten, Herzöge, Landgrafen, Fürsten, Grafen und Ritter gegliederten Reich wurde 1806 ein Bund gleichberechtigter Länder. Diese Entscheidung ließ sich auch 1814 nicht mehr rückgängig machen. Aus dem Reichsverband, wie er 1648 entstanden war und sich in den folgenden Jahren verfestigt hatte, war 1815 ein ganz lockerer Bund geworden, der nur noch wenige Gemeinsamkeiten kannte. Die Stunde des deutschen Föderalismus hatte geschlagen.

Nach 1806 begannen in Deutschland in fast allen Ländern Reformen, die die ehemaligen Reichsgebiete unter dem Zwang Napoleons bald auf eine Stufe mit den beiden Großmächten brachte. Zwar sind die Reformprogramme alle im Stil des Aufgeklärten Absolutismus in Gang gebracht worden, doch waren in den Reformen nach 1806 weniger die Vorstellungen des absoluten Herrschers als die einer rational denkenden Beamtenschaft bestimmend. Der Aufgeklärte Absolutismus wandelte sich in einen bürokratischen. Die im Aufgeklärten Absolutismus aufgetretene Trennung von Staat und Gesellschaft, das Grundproblem, weshalb die Staaten des Aufgeklärten Absolutismus in der Auseinandersetzung mit der Französischen Revolution so versagten, bestimmte auch die Reformen. Sowohl in den Rheinbundstaaten als auch in Preußen wurde die konstitutionelle Monarchie, die in der französischen Verfassung von 1814 ein Vorbild und in den Jahren bis 1819 in Zar Alexander einen Vorkämpfer besaß, angestrebt. Sie konnte aber nur in den süddeutschen Ländern verwirklicht werden, wo der Grundsatz der Gleichheit eine Rückkehr zu ständischen Einrichtungen verbot.

Diese verfassungsrechtliche Entwicklung, die im Vordergrund dieser Darstellung steht, hatte für die meisten Deutschen erhebliche Konsequenzen. Fast 60 % aller Deutschen wechselten damals ihre Fürsten. Aus einem überwiegend katholischen Reich wurde ein vorwiegend protestantischer Bund.

Diese Veränderungen haben natürlich auch in anderen Bereichen ihre Spuren hinterlassen. Theodor Heuß hat 1949 bei Beginn der Bundesrepublik Schillers Verse von 1801 zitiert:

> "Stürzte auch in Kriegsflammen
> Deutsches Kaiserreich zusammen,
> Deutsche Größe bleibt bestehn!"

Schiller meinte mit "Deutsche Größe" das kulturelle Deutschland. Diese von ihm 1801 festgestellte Trennung zwischen dem politischen und dem kulturellen Deutschland hat sich in diesen Jahren in der Diskrepanz zwischen politischer Machtlosigkeit und kultureller Blüte eindrucksvoll manifestiert. Trotz politischen Umbruchs, Not, ständiger Kriege und der Unsicherheit dieser Zeit erlebte Deutschland einen kulturellen Aufstieg, wie er beispiellos in der deutschen Geschichte ist. Die deutsche Dichtung, bis dahin im europäischen Vergleich eher zweitrangig, wird in dieser Zeit im Sturm und Drang, der Klassik und Romantik, die teilweise fast gleichzeitig als Kunstrichtungen in Deutschland entstehen, zu einer der interessantesten Erscheinungen der Literaturgeschichte. In Weimar war eine Dichterkolonie am Werk, die dem deutschen Kleinstaat noch einmal besonderen Glanz verlieh. In den Friedensjahren zusammengekommen, überstand sie die Anfänge der

Revolutionskriege, blühte in den Jahren der norddeutschen Neutralität und der Friedensjahre bis 1806 auf und blieb von der Katastrophe bei Jena und Auerstädt merkwürdig unberührt. Ginge man nur von den literarischen Werken dieser Zeit aus, würde man kaum glauben, daß die Jahre der deutschen Klassik Jahre des Umsturzes und der politischen Wirren waren. In Wien erreichte in derselben Zeit die Musik der Wiener Klassik nach Haydn und Mozart in Beethoven ihren Höhepunkt – zu einer Zeit, in der die Stadt, die mehrfach den Türken getrotzt hatte und als unbesiegbar galt, zweimal in die Hände des Feindes fällt und Staatsbankrotte auch die Wurzeln des adligen Reichtums gefährden.

In der Musik war Wien am Ende des 18. Jahrhunderts zwar Höhepunkt, aber doch nur der Höhepunkt einer breiten musikalischen Kultur. In Mannheim, in Mainz, in Stuttgart, in München und in den vielen geistlichen und weltlichen Residenzen Süddeutschlands wurde auf hohem Niveau Musik gemacht und komponiert. Selbst so kleine Herren wie der Fürst Krafft Ernst von Öttingen-Wallerstein stellten ihre Köche, Stallburschen und Diener nach ihren musikalischen Fähigkeiten ein und bildeten daraus ein Orchester, das Joseph Haydn dirigiert und für das er komponiert hat und bei dem sich der junge Mozart um eine Stelle bewarb. Diese Musikkultur ist in Süddeutschland in den Wirren der Jahre 1795 bis 1805 zum großen Teil zugrunde gegangen, wie überhaupt die Revolutionskriege in erster Linie katholische Gegenden verheerten. Ein wirklicher mit den politischen Ereignissen vergleichbarer Bruch ist aber weder in der Literatur noch in der Musik zu merken. Hingegen hat es in den Jahren zwischen 1788 und 1800 einen der radikalsten Brüche im Geschmack gegeben. Innerhalb weniger Jahre lief das Rokoko aus und machte den strengen Linien des Empire Platz. Das geschah in einigen Gegenden mit einer solchen Radikalität, daß Künstler in wenigen Jahren ihr Brot verloren. So hat die in Landshut in Bayern beheimatete und in ganz Niederbayern tätige Künstlerfamilie Jorhan am Ende des Jahrhunderts fast alle Aufträge verloren. Ihr bedeutendstes Mitglied, Christian Jorhan, der sich am Ende der achtziger Jahre vor Aufträgen kaum hatte retten können, starb 1804 in tiefer Armut. Die bayerischen Säkularisationskommissare von 1803 haben die erst wenige Jahre vorher fertiggestellten Barockkirchen allesamt für häßlich gehalten. Die von ihnen angerichteten Zerstörungen entsprachen dem Geschmack der Zeit.

Eine ähnliche Veränderung ist in der Malerei zu spüren. Es ist die Zeit, in der in vielen Städten die Stadtmauern fallen. Frankfurt verdankt der Einebnung seiner Befestigungen und der Wälle unter Dalberg seine Grünanlagen im Stadtkern. Von da her ergab sich ein neues Verhältnis zur Landschaft. In Veduten, zarten Aquarellen und lange unterschätzten Bildern haben die Dillis, Wagenbauer und Kobell in München, Joseph Anton Koch in Wien, der junge Caspar David Friedrich in Dresden und ihre Freunde mit ihren Landschaftsmalereien einem neuen Lebensgefühl Ausdruck verliehen. Die alte, durch eine Mauer nach außen geschützte Stadt war gesprengt. Nicht mehr die antiken Götter der Barockmalerei, sondern Zeitgenossen bevölkerten die Landschaft. Wenn diese Malerei auch auf die klassisch-idealistische Landschaftsmalerei von Poussin und Claude Lorrain zurückging, so kam zu Beginn des 19. Jahrhunderts doch der Wille dazu, die Gegenwart fast topographisch wiederzugeben. Die Landschaft wurde nicht idealisiert, sondern wirklichkeitsgetreu dargestellt.

Sehr viel deutlicher läßt sich der Geist der Erneuerung in der Geistesgeschichte feststellen. Die Staatsrechtswissenschaft des ausgehenden 18. Jahrhunderts war in Deutschland im Gegensatz zu Frankreich oder Italien nicht von einer breiten, von der Aufklärung bestimmten theoretischen Diskussion über die Aufgaben und die Gestaltung des künftigen Staates gekennzeichnet. Die Friedrich Karl von Moser, Karl Friedrich Häberlin, die Spittler, Pütter, ja selbst ein August Ludwig Schlözer haben bis zuletzt am Staatscharakter des Reiches festgehalten. Wieland schrieb in seinen Betrachtungen über die gegenwärtige Lage des Vaterlandes am Ende des 18. Jahrhunderts den stolzen Satz: "Die dermalige deutsche Reichsverfassung ist, ungeachtet ihrer unleugbaren Mängel und Gebrechen unendlich zuträglicher und ihrem Charakter und der Stufe von Kultur, worauf sie steht, angemessener, als die französische Demokratie." Diese Staatsrechtstradition brach 1806 ab.

Daneben entstand, von Immanuel Kant ausgehend, die Philosophie des deutschen Idealismus eines Fichte, Schelling und des frühen Hegel, die neben der Aufklärung zum Motor der Reformprogramme wurde. Schon Kants Staatsideal drängte zur Repräsentativverfassung. In der Französischen Revolution sah er den ersehnten Anfang eines Zeitalters der Vernunft. Fichte und Hegel prägten dann neben ihm den Begriff der Pflicht. Von diesem hohen Pflichtethos waren die Beamten beseelt, die an die Konzipierung und Verwirklichung der Reformprogramme gingen. Die Hingabe an den Staat war insbesondere das treibende Element in Preußen. Ihm trat noch vor dem Ende der hier zu beschreibenden Epoche die Romantik als Gegenbewegung entgegen. Einer der philosophischen Wortführer wurde Schelling. Friedrich Karl von Savigny, der Begründer der historischen Rechtsschule, von 1808–1810 an der Reformuniversität Landshut, später in Berlin, trat mit seiner Idee des historisch gewachsenen Rechts der Vielregiererei der Reformer entgegen und wandte sich insbesondere gegen das "künstliche Recht" des Code Napoléon. Hier fanden die Traditionalisten ihren Rückhalt, die in der zerstörerischen Wirkung der unhistorischen, rein rationalistisch begründeten aufklärerischen

Reformen den eigentlichen Grund für die, wie sie meinten, Katastrophe der Französischen Revolution sahen. Die nach 1815 einsetzende Gegenbewegung gegen die zur Vollendung drängenden Reformprogramme erhielt hier eine geistige Rechtfertigung.

Das alles ist unzählige Male beschrieben und analysiert worden. Dieses Buch würde sich auf ausgetretenen Pfaden bewegen, würde es versuchen, die Darstellung der Zeit in einer Synthese von Geistesgeschichte und politischer Geschichte aufzuzeigen. Die neuere Forschung hat sich in eine andere Richtung bewegt. In den vergangenen zwanzig Jahren ist eine Neubewertung der bislang nur am Rande beachteten Reichsgeschichte in Gang gekommen, die sich auch und gerade mit den letzten Jahren des Reiches befaßte. Damit ist die Bedeutung des Aufstiegs der beiden deutschen Großmächte und ihrer Geschichte nicht in Frage gestellt. Der österreichisch-preußische Gegensatz erhielt nur vom Reich her eine neue Dimension. Es zeigte sich, daß die beiden deutschen Großmächte trotz ihrer Selbständigkeitstendenzen in das Schicksal des Reiches eng eingebunden waren. Von daher erhielt auch der Rheinbund eine neue Bewertung. Die Arbeiten von H. Berding und E. Fehrenbach haben hier bahnbrechend gewirkt. Ebenso setzte eine Neubewertung des Deutschen Bundes ein. Die Betrachtungen über das Alte Reich, den Rheinbund zum Deutschen Bund schufen andere Maßstäbe. Neben Österreich und Preußen trat das "Dritte Deutschland" in den Blickpunkt. Es schien reizvoll, von dieser Seite und von der bisher nur wenig beachteten verfassungsrechtlichen Entwicklung her die Jahre des Umbruchs, die eben Jahre einer Verfassungsentwicklung waren, darzustellen. Die deutsche Geschichte besitzt in der reichischen und den Traditionen des Rheinbundes und des Deutschen Bundes wichtige Erfahrungsschätze, die allzu lang von einer auf den deutschen Nationalstaat ausgerichteten Geschichtsschreibung verdrängt wurden. Es geht hier jedoch nicht um eine Neubewertung der deutschen Geschichte, sondern um ein Einbeziehen historischer Prozesse, die man lange für unwichtig gehalten hat. Die Geschichte der Jahre, in denen Deutschland die Wandlung vom Deutschen Reich zum Deutschen Bund mitmachte, ist gerade von der Seite der verfassungsrechtlichen Entwicklung her eine Einheit. Daher stehen diese Fragen im Vordergrund.

Erster Teil

VOM HUBERTUSBURGER FRIEDEN BIS ZU DEN REVOLUTIONSKRIEGEN

1. Deutschland und die europäische Politik 1763 – 1792

Die Jahre zwischen 1763 und dem Beginn der Französischen Revolution sind in der europäischen Geschichte eine Zeit innenpolitischer Reformen. Der Siebenjährige Krieg, von England und Frankreich hauptsächlich in den Kolonien geführt, hatte nicht nur die beiden deutschen Großmächte an den Rand des Verderbens gebracht. Auch die beiden Weltmächte England und Frankreich hatten ihre Kräfte erschöpft. Das hat zwar den tief verwurzelten Gegensatz dieser beiden Rivalen nicht beseitigt, aber man war nach 1763 bestrebt, sich zu keinem neuen Waffengang provozieren zu lassen. Selbst als Frankreich 1776 die amerikanischen Kolonien in ihrem Freiheitskampf gegen die Engländer unterstützte, verstanden es beide Regierungen, einen direkten Waffengang zu vermeiden.

Die vorhergehenden Jahre des Krieges hatten in allen Ländern die Notwendigkeit von Reformen überdeutlich hervortreten lassen. Es war überall klargeworden, daß weder die stark angestiegenen Aufgaben des Staates noch die Abzahlung der in den Kriegen entstandenen Schulden ohne die Erschließung neuer Geldquellen zu bewältigen waren. Die von den Aufklärern in Frankreich in der Theorie entwickelten Reformprogramme hatten in Preußen eine erste Bewährungsprobe bestanden. Der Aufstieg Preußens und die erstaunliche Leistungskraft dieses vergleichsweise armen Landes ließen die Erfolgsmöglichkeiten aufgeklärter Reformen in einem strahlenden Licht erscheinen. In Berlin und Petersburg wurden französische Aufklärer zu Lehrmeistern einer allgemeinen Reformbewegung, der sich nur ganz wenige Staaten entziehen konnten. Einen Augenblick schien es, als würde sich Frankreich unter seinem jungen König Ludwig XVI. und seinem Minister Turgot an die Spitze dieser Bewegung stellen. Diese Hoffnungen verflogen mit Turgots Entlassung am 12. Mai 1776. Der Aufgeklärte Absolutismus besaß zwar in Paris als dem Zentrum der Aufklärung seinen geistigen Mittelpunkt, die offizielle französische Politik blieb aber von der ganzen Reformdiskussion unberührt. Die in Paris entwickelten Theorien, die übrigens in Frankreich bald über das Ideal der aufgeklärten Monarchie hinweg zur Revolution drängten, führten in den einzelnen europäischen Ländern zu sehr unterschiedlichen Reformprogrammen. Diese orientierten sich nicht nur an den Verhältnissen und Möglichkeiten der einzelnen Länder. Sie gehörten auch insofern in die Spätphase des europäischen Absolutismus, als ihre Verwirklichung von den Interessen und der Tatkraft der einzelnen Herrscherpersönlichkeiten abhängig war.

Innerhalb des Spektrums der europäischen Herrscher besaßen die beiden deutschen Großmächte in Friedrich dem Großen und Joseph II. zwei Fürsten von ungewöhnlicher Tatkraft, die beide von der Notwendigkeit überzeugt waren, daß ihre Länder durch grundlegende Reformen umgestaltet werden müßten.

Beide Großmächte hatten sich im 18. Jahrhundert gegen eine übermächtige Koalition durchzusetzen vermocht. Österreich hatte 1740 dem Angriff Frankreichs und Preußens getrotzt. Preußen hatte sich im Siebenjährigen Krieg gegen Österreich, Frankreich und Rußland behauptet. Mit dem Hubertusburger Frieden war entschieden, daß es in Deutschland zwei Großmächte gab. Es war aber die Frage, wie weit diese beiden Großmächte über ihre Rivalität hinaus innerhalb Europas eine selbständige Rolle zu spielen vermochten. Beide verdankten ihren Rang nicht zuletzt inneren Reformen, durch die sie zu den modernsten Staaten Europas wurden und die bewiesen, welch enorme Machtsteigerung durch einen rationalisierten Staatsaufbau möglich war. Erst fünfundzwanzig Jahre später, als in der Französischen Revolution Frankreich eine ähnliche innere Machtsteigerung erlebte, zeigte sich, daß die deutschen Großmächte doch nur über beschränkte Machtmittel verfügten. Die Bündniskonstellation von 1756, in der die beiden katholischen Vormächte Österreich und Frankreich ein Bündnis eingegangen waren, das nominell bis 1789 galt, wirkte auch auf das Reich zurück. England/Hannover, das bisher mit Österreich verbunden war, trat nun ganz in das protestantische Lager, was am Reichstag in Regensburg eine Verschärfung der konfessionellen Gegensätze zur Folge hatte. Das kurze Zusammengehen von Österreich und Preußen nach dem Treffen Friedrichs mit Joseph II. in Neiße und Mährisch-Neustadt 1770 führte zwar zur ersten polnischen Teilung von 1772, brachte aber keine Aussöhnung.

Die Reichspolitik der Jahre nach 1763 war weiterhin durch die österreichisch-preußische Rivalität geprägt. Darüber hinaus kam es zu einer geheimen Zusammenarbeit Frankreichs mit Preußen gegen die Vergrößerungswünsche Österreichs. Diese Zusammenarbeit garantierte im letzten Drittel des 18. Jahrhunderts den Frieden.

Innerhalb der europäischen Politik spielte nach dem Hubertusburger Frieden die österreichisch-preußische Rivalität, die schon im Siebenjährigen Krieg nur ein Nebenkriegsschauplatz einer weltweiten
französisch-britischen Auseinandersetzung gewesen war, nur noch
eine untergeordnete Rolle. Die schlesische Frage war für die europäischen Mächte entschieden. Hingegen zeichneten sich am Ende der
siebziger Jahre zwei Entwicklungen ab, die Anlaß zu neuen kriegerischen Auseinandersetzungen zwischen Österreich und Preußen werden konnten. Da war einmal die Unsicherheit Friedrichs II. über den
Fortbestand Preußens nach seinem Tode. Ein zweites Problem war die
Erbfolge in den fränkischen Markgrafentümern, in Bayern und in der
Pfalz. Die beiden wittelsbachischen Kurfürsten sowie die Markgrafen
von Ansbach und Bayreuth waren ohne Erben. Es war anzunehmen,
daß Preußen sowohl auf die fränkischen Markgrafentümer, die einer
hohenzollernschen Nebenlinie gehörten, als auch auf einen Teil der
Pfalz, nämlich Jülich-Berg, Ansprüche erheben würde. Von Österreich
wußte man, daß es auf Teile Bayerns Erbrechte geltend machen wollte. Auch war es nicht unwahrscheinlich, daß die zu Beginn des 18.
Jahrhunderts zum erstenmal aufgetauchte Idee, Bayern gegen die
österreichischen Niederlande einzutauschen, bei dieser Gelegenheit
wieder zur Sprache kommen würde.

Von den europäischen Großmächten war insbesondere Frankreich
eng in die deutschen Verhältnisse verstrickt. Es war Garantiemacht
des Westfälischen Friedens und damit der Reichsverfassung. Über die
verschiedensten Kanäle übte es Einfluß auf die Verhältnisse im Reich
aus. Ein erheblicher Teil der deutschen Fürsten im Westen erhielt von
Frankreich Geld. Das galt zum Beispiel für den Herzog von Zweibrücken, der mit Hilfe Frankreichs seiner Bauleidenschaft frönen
konnte. Das galt aber auch für viele Minister der kleineren Territorien, die sich mit Hilfe ihrer französischen Pensionen über Wasser halten konnten. Auch ein Thugut, von 1793 bis 1799 österreichischer Premierminister, hat es in den achtziger Jahren nicht verschmäht, gegen
eine Pension die österreichische Politik für Frankreich auszuspionie-
ren. Von daher besaß Frankreich einen schwer abschätzbaren Einfluß
auf die deutschen Verhältnisse. So hat es als erste Macht die möglichen Ansprüche Österreichs auf Bayern zu klären versucht. Bereits
am Ende der fünfziger Jahre hatte Paris die elsässischen Historiker
Louis Gabriel Graf du Buat und Christian Friedrich Pfeffel deswegen
in die Münchner Archive geschickt. Von ihnen ist du Buat der erste
Präsident der 1759 gegründeten Bayerischen Akademie der Wissenschaften geworden.

Aus dem Gesagten erhellt, daß es weniger die Probleme Europas
waren, die auf Deutschland und seine Großmächte einwirkten, sondern daß es im Grunde umgekehrt war. Die österreichisch-preußische

Rivalität bildete einen Unruheherd, der auch den europäischen Mächten nicht gleichgültig sein konnte.

Beide eben genannten Probleme, die Erbfälle und die Sorge Friedrichs über das Schicksal Preußens nach seinem Tod, besaßen einen europäischen Aspekt. Es war vorherzusehen, daß derart erhebliche Machtverschiebungen im Verhältnis der beiden deutschen Großmächte, wie sie hier möglich wurden, nicht ohne Rückwirkungen auf die europäische Politik bleiben konnten. Insofern waren sowohl das Schicksal Preußens nach dem Tode Friedrichs als auch die anstehenden Erbfälle Probleme der europäischen Politik. Die Erhaltung Preußens, wenn es sich nicht selbst erhalten konnte, war für keine der europäischen Großmächte eine so wichtige Angelegenheit, daß man deshalb einen Krieg riskieren würde. Daher wurde für Preußen die friedliche Erweiterung des Erworbenen um so wichtiger. Nur so konnte das Mißverhältnis ausgeglichen werden, das in Preußen zwischen der Stärke der Armee und der Ertragskraft des Landes bestand. In dem System des europäischen Gleichgewichts gab es einen Ansatzpunkt für friedliche Erwerbungen. Konnte man sich mit dem oder den Rivalen einigen, so waren Vergrößerungen nur noch eine Frage des Angebots. Sowohl die Ländermasse des Reiches als auch das von Krisen geschüttelte Polen boten hierfür reiche Möglichkeiten.

Ein erstes Ziel friedlicher Vergrößerung war Polen. Die Erwerbung des ehemals zum Ordensstaat gehörenden Westpreußens war seit langem ein Ziel Friedrichs. Prinz Heinrich, der begabte Bruder Friedrichs, vermittelte die Verbindung zu Katharina der Großen von Rußland. Die Vergrößerungsabsichten Preußens und Rußlands riefen Österreich auf den Plan. Nach längeren Verhandlungen kam am 5. August 1772 die erste Teilung Polens zustande. Preußen erhielt das Ermland und Westpreußen mit Ausnahme von Thorn und Danzig, Österreich Galizien, Lodomerien mit Lemberg, und Rußland Livland und Teile Weißrußlands. Für Preußen waren die Gebietserwerbungen von besonderem Wert, weil damit die Landbrücke zu Ostpreußen hergestellt war.

Das Echo auf diesen Teilungsvertrag, der Polen etwa 30% seines Territoriums kostete, war zwiespältig. Dagegen protestiert hat nur der Papst. Frankreich und England verhielten sich neutral, obwohl in der öffentlichen Meinung dieser Länder teilweise scharfe Kritik aufgekommen war. Die Aufklärer freilich, an ihrer Spitze Voltaire, begrüßten das Ereignis und feierten es als Sieg der Vernunft gegenüber einem Staatswesen, das, in mittelalterlichen Zuständen befangen, seinem Ende entgegenzudämmern schien.

Es lag nahe, künftige Streitfragen zwischen den Großmächten ähnlich zu lösen. Tatsächlich ist die Idee der Aufteilung des deutsch-polnischen Raumes zwischen den Großmächten von da bis 1806, ja man

wird sogar sagen können bis 1815, nicht mehr aus der Diskussion gekommen. Aufteilung, das hieß, daß sich die östlichen Großmächte be-
liebig auf Kosten der Mindermächtigen vergrößern konnten, wenn der
oder die Rivalen ebenfalls durch Gebietsgewinn zufriedengestellt wurden. Dies war ein für die Selbständigkeit der Länder dieser Zone
höchst gefährliches Verfahren.

Die eben genannten Erbfälle in Bayern und der Pfalz und in Ansbach-Bayreuth eröffneten solchen Spekulationen Tür und Tor. In beiden Fällen waren Österreich und Preußen interessiert. Preußen strebte seit dem Beginn des 18. Jahrhunderts das Erbe in den fränkischen
Markgrafentümern an. Es war bekannt, daß Österreich auf Bayern ein
Auge geworfen hatte, das es entweder im Tausch gegen die österreichischen Niederlande oder als heimgefallenes Reichslehen an sich
bringen und so den Verlust Schlesiens ausgleichen wollte. Was lag
näher, als daß sich die beiden Großmächte absprachen und Preußen
für die Vereinigung der Markgrafentümer mit Preußen Österreich einen Landgewinn in Bayern zugestand? In Paris und Petersburg hat
man solche Absprachen im Januar 1778, als der bayerische Erbfall ein-
trat, auch erwartet. Von diesen Möglichkeiten träumte Prinz Heinrich
von Preußen, als er im Oktober 1777 seinem Bruder Friedrich schrieb:
"Wenn Du mein lieber Bruder, und der Kaiser es gemeinsam plantet,
ihr würdet Deutschland haben, ehe daß irgend jemand etwas gegen so
überlegene und vereinigte Kräfte vermochte." Der seit 1772 neu auf-
gebrochene österreichisch-preußische Gegensatz verhinderte eine solche Lösung.

Im Laufe des Jahres 1776 hatten sich die beiden wittelsbachischen
Kurfürsten darauf geeinigt, alle wittelsbachischen Länder zu einem
untrennbaren Familienfideikommiß zu erklären, um so zu verhindern,
daß beim Tode des einen sein Land als erledigtes Reichslehen eingezogen würde. Karl Theodor von der Pfalz erstrebte allerdings von Anfang an, Bayern gegen die Niederlande zu vertauschen, und trat daher
im Sommer 1777 hinter dem Rücken seines bayerischen Vetters mit
Österreich in Verhandlungen ein. Diese waren noch nicht zum Abschluß gelangt, als Kurfürst Max III. Josef von Bayern am 31. Dezember 1777 überraschend an den Pocken starb. Karl Theodor wurde am
3. Januar von Österreich zu einem Vertrag gezwungen, in dem er die
Abtretung des Straubinger Landes einwilligte, auf die Österreich aufgrund alter Erbverträge Anspruch erhob. Die Rechtmäßigkeit dieses
Vertrags war von Anfang an umstritten. Er bot Friedrich die Möglichkeit, dem Rivalen eine zumindest moralische Niederlage zu bereiten,
die ihm wichtiger schien als territoriale Erwerbungen. Auch schien es
nicht ausgeschlossen, Österreich in eine Position zu manövrieren, in
der es Preußen einen territorialen Zuwachs zugestehen mußte, ohne
selbst etwas zu gewinnen. Es war daher ein großer moralischer Erfolg,

daß sich der Herzog von Zweibrücken an Friedrich um Hilfe gegen die von seinem Onkel vollzogene Abtretung des Straubinger Landes wandte. Zwischen Österreich und Preußen brach im Frühjahr 1778 die alte Rivalität auf. Es kam zwar zu Verhandlungen, bei deren Vermittlung wieder Prinz Heinrich eine wichtige Rolle übernahm. Sie erreichten jedoch nie jenes Maß an Vertraulichkeit, das für einen Abschluß notwendig gewesen wäre. Bezeichnend für die hinter diesen Verhandlungen stehende Gefahr einer Aufteilung des Reiches zwischen den deutschen Großmächten ist einmal der in diesen Verhandlungen auftauchende Wunsch Friedrichs, Ansbach-Bayreuth gegen die sächsischen Lausitzen zu vertauschen, das heißt, das völlig unbeteiligte Sachsen miteinzubeziehen, zum anderen die Furcht Karl Theodors, Österreich und Preußen würden sich auf seine Kosten in dem Sinn einigen, daß Bayern an Österreich und Jülich-Berg an Preußen kämen. Friedrich erkannte die Chance, Österreich zu demütigen. Er zog sie der Möglichkeit eines Ausgleichs auf der Basis beiderseitigen Landgewinns vor.

Frankreich verhielt sich in der ganzen Sache abwartend. Es wollte nur vermeiden, daß aus dem österreichisch-preußischen ein europäischer Krieg wurde. Die Gefahr eines europäischen Krieges rückte in greifbare Nähe, als sich Mitte August die Zarin Katharina II. von Rußland bereit erklärte, auf der Seite Preußens in den Krieg einzugreifen. Von da an bemühte sich Paris um eine Friedensvermittlung. Ihr konnte sich Österreich nicht entziehen. So kam am 13. Mai 1779 in Teschen ein Frieden zustande, der nur schwer den Charakter eines ausländischen Friedensdiktats verbergen konnte. Österreich erhielt das kleine Innviertel. Der eigentliche Gewinner war Preußen. Es erhielt die Zusicherung, nach dem Tode Friedrich Christians Ansbach-Bayreuth mit Preußen vereinigen zu können.

Über Artikel 12 des Teschener Friedens wurde Rußland, wie vor ihm im Westfälischen Frieden von 1648 Frankreich und Schweden, Garantiemacht der Reichsverfassung. Hier offenbarte sich eine bedenkliche Schwäche im Verhältnis der deutschen zu den europäischen Großmächten. Unter normalen Umständen hätten sie und nicht auswärtige Großmächte die Reichsverfassung garantieren müssen. Indem sie dieses merkwürdige Garantiesystem durch Rußland erweiterten, öffneten sie ausländischen Einflüssen im Reich Tür und Tor, und das zu einer Zeit, in der Deutschland nicht zuletzt durch seine Großmächte stärker war als je zuvor. Die beschämende Situation, daß die territorialen Veränderungen im Reich nach dem Lunéviller Frieden 1803 in Paris und Petersburg und nicht in Wien und Berlin ausgehandelt wurden, kündigte sich im Frieden von Teschen an. Um ihre neue Stellung im Reich zu unterstreichen, entsandte Katharina im Herbst 1779 einen Gesandten nach Frankfurt, der, mit erheblichen Geldern ausgestattet, bald zum bestinformierten Diplomaten in Deutschland wurde.

Nach dem Frieden von Teschen war das ohnehin nie sehr enge Vertrauensverhältnis der beiden deutschen Großmächte für Jahre zerstört. Beide Seiten betrieben nun unabhängig voneinander ihre außenpolitischen Ziele. Für Österreich war das die Erwerbung Bayerns, für Preußen die Sicherung der Großmacht Preußen über den Tod Friedrichs hinaus.

Die österreichisch-preußische Rivalität stellte in den achtziger Jahren insofern eine latente Bedrohung des europäischen Friedens dar, als nun die Gefahr der Einbindung der deutschen Großmächte in ein rivalisierendes europäisches Bündnissystem bestand. Nur zu leicht konnte ein neu ausbrechender österreichisch-preußischer Krieg den französisch-englischen Konflikt ähnlich wie im Siebenjährigen Krieg auf den Kontinent übertragen. Der amerikanische Unabhängigkeitskrieg (1776–1783) hätte leicht dazu den Anlaß bieten können.

Daran war man aber weder in Paris noch in London interessiert. Man hielt sich daher zurück und wich allen weiteren Zusagen gegenüber den deutschen Großmächten aus. Diese Zurückhaltung begünstigte das Vordringen Rußlands, das 1778 auf die Seite Preußens getreten war. Da Joseph II. das Scheitern seiner Pläne zur Eroberung Bayerns in erster Linie dem Verhalten Rußlands anlastete, näherte er sich der Zarin. Der junge, charmante Kaiser gewann rasch das Herz der Kaiserin. Bei einem gemeinsamen Treffen auf der Krim wurde 1781 ein Preußen verheimlichter österreichisch-russischer Bündnisvertrag abgeschlossen, in dem Katharina sich verpflichtete, den Kaiser bei seinen Bemühungen um Bayern zu unterstützen, während Österreich zusagte, sich an einem Krieg gegen das osmanische Reich zu beteiligen. Da Frankreich weiterhin Österreichs Verbündeter war, war damit auf dem Papier das Bündnis erneuert, das 1756 Friedrich zur tödlichen Bedrohung geworden war. Es stellte sich aber bald heraus, daß die Analogie nur sehr äußerlich war. Weder Frankreich noch Rußland waren wirklich bereit, Josephs ehrgeizige Pläne bis an die Schwelle eines Krieges zu unterstützen. Zwar hat sich der russische Gesandte im Reich, Graf Rumjancev, in den folgenden Jahren tatsächlich für den Tausch Bayerns gegen die österreichischen Niederlande eingesetzt. Im Dezember 1784 glaubte er sich sogar bereits am Ziel seiner Wünsche, als er dem Herzog von Zweibrücken durch eine ungeschickte Bemerkung den Eindruck vermittelte, der Tausch würde auch ohne seine Einwilligung durchgeführt. In der nun ausbrechenden allgemeinen Empörung über den angeblich beabsichtigten Gewaltstreich zog sich Katharina aber rasch von dem Projekt zurück, das von Frankreich heimlich bekämpft worden war. Das allgemeine Aufsehen gab Friedrich erneut die Gelegenheit, Österreich eine schwere moralische Niederlage beizubringen. Von seinem alten Schützling, dem Herzog von Zweibrücken, um Hilfe angegangen, verbreitete er in ganz Deutschland die Version, der Kaiser habe den Herzog mit Hilfe Rußlands mit Gewalt zum Tausch zwingen wollen.

Die Nachricht aus Zweibrücken hatte Friedrich völlig unvorbereitet getroffen. Er hatte den Umschwung in der europäischen und in der Reichspolitik nicht wahrgenommen. Erst 1783 hatte er von dem Bündnis zwischen Katharina und Joseph II. erfahren. Seine nunmehr verstärkten Bemühungen um ein Bündnis mit Paris stießen dort auf wenig Gegenliebe. Friedrich deutete dies falsch, als er daraus den Schluß zog, Österreich rüste zum Entscheidungsschlag gegen Preußen nach seinem Tode. Weder Rußland noch Frankreich waren bereit, Preußen nach Friedrichs Tod untergehen zu lassen. Sie scheuten nur eine Bündnisverpflichtung, die allzu leicht ein Gegenbündnis heraufbeschwören und so einen Krieg beim Tode des preußischen Königs unausweichlich machen mußte. Der französische Außenminister Vergennes ging davon aus, daß er Joseph II. als Verbündeten leichter zügeln könne denn als Gegner, und bezeichnete daher das österreichisch-französische Bündnis sehr zum Ärger Friedrichs als eine Garantie für Preußen. Friedrich hätte ein Bündnis oder eine französische Garantieerklärung für Preußen entschieden vorgezogen. Für ihn schien die Situation bedrohlich. Er mußte erkennen, daß er als alter Mann auf dem internationalen Parkett kein Bündnispartner mehr war, weil niemand Verpflichtungen über seinen Tod hinaus eingehen wollte. So näherte er sich dem Reich, das er bisher verachtet und kaum einer Betrachtung wert gefunden hatte. Bei den Teschener Friedensverhandlungen im März 1779 hatte er zwar seinem Bruder gegenüber stolz verkündet: "Wir gewinnen den großen Vorteil, daß man uns im Reich als nützliches Gegengewicht gegen den österreichischen Despotismus betrachten wird", den Vorschlag aber, einen ständigen Gesandten im Reich zu ernennen, wies er 1780/81 weit von sich. Die Folge waren zwei böse Überraschungen gewesen. Im Juni 1780 wurde Maria Theresias jüngster Sohn Max Franz zum Coadjutor, das heißt zum Nachfolger des Kurerzbischofs von Köln und des Bischofs von Münster gewählt. Der in letzter Minute verhinderte Tausch Bayerns gegen die österreichischen Niederlande war die zweite. Zwar waren Bayern und die österreichischen Niederlande in ihren Erträgen nicht gleichwertig, Österreich hätte also bei diesem Tausch an realen Einnahmen verloren und wäre schwächer und nicht stärker geworden. Die Tatsache aber, daß sich Rußland in dieser Frage ganz auf die österreichische Seite gestellt hatte, war für Preußen beunruhigend genug, zumal die Haltung Frankreichs unklar geblieben war. Er griff daher die Pläne auf, die seit Jahren durch das Reich geisterten. Seit sich im Bayerischen Erbfolgekrieg die Gefahr einer Teilung des Reiches in eine österreichische und eine preußische Einflußzone gezeigt hatte, waren unter den kleinen Reichsständen Überlegungen angestellt worden, einen Fürstenbund zum Schutz der Reichsverfassung zu gründen. Ein weiterer Ausgangspunkt war die Politik des unsteten Kaisers, bei dem man nicht ganz zu Unrecht Pläne vermutete, die Reichsverfassung in seinem Sinn verändern zu wollen. Die Vorfälle in Zweibrücken schienen diesen Verdacht zu bestätigen. Es war nun für Friedrich nicht schwer, sich an die Spitze dieser gegen den Kaiser gerichteten Bündnispläne zu setzen. Dabei ging es ihm nicht wirklich um die Erhaltung der von ihm verachteten Reichsverfassung. Auch waren ihm die militärisch bedeutungslosen kleineren Stände und deren Interessen gleichgültig. Ihm ging es in seinen Bemühungen um die kleineren Stände lediglich darum, den kaiserlichen Einfluß im Reich, der auf diesen kleinen Ländern beruhte, zu zerstören. Wichtig war ihm der am 23. Juli 1785 mit Sachsen und Hannover abgeschlossene Dreikurfürstenbund, der durch den Anschluß mehrerer kleiner Fürsten, wie Carl Augusts von Weimar, dem Mentor Goethes, oder Karl Friedrichs von Baden, zum Fürstenbund wurde. Sachsen verbesserte die strategische Situation Preußens gegenüber Österreich. Über Hannover aber gewann Friedrich Verbindung zu England, das mit jenem in Personalunion stand. Wie er dem englischen Diplomaten Cornwallis im Sommer 1785 ausführlich darlegte, hätte ein englisch-preußisches Bündnis Frankreich auf die Seite Österreichs gezwungen. Auch wäre Preußen genötigt gewesen, in die von England organisierte antifranzösische Front einzutreten. Friedrich hatte die Lektion des französischen Außenministers Vergennes gelernt, der ihn 1783 vor allzu engen Bindungen gewarnt hatte. Kaunitz durchschaute das Spiel des alten Königs, als er über den Fürstenbund meinte: "Dadurch wird Preußen in Stand gesetzt, ohne großbritannischer Alliierter zu sein und ohne bei Frankreich auch nur im geringsten anzustoßen, dennoch den ganzen großbritannischen Einfluß in Deutschland für sich privat zu benutzen, weil der König von England mit Leib und Seele an der deutschen Liga hängt." Der deutsche Fürstenbund wurde für Friedrich zum Ersatz einer europäischen Allianz.

Mit dem Fürstenbund war zunächst die Gefahr einer Aufteilung des Reiches nach polnischem Vorbild gebannt. Das zwischen den deutschen Großmächten wiedererwachte Mißtrauen machte einen solchen Handel unmöglich. So gesehen wurde der Fürstenbund, auch wenn dies dem preußischen Interesse keineswegs entsprach, zum Garanten des Status quo im Reich.

Der Fürstenbund war Ausdruck einer tiefgreifenden Vertrauenskrise gegen die unstete, sprunghafte Politik des Kaisers. Zwar hat Joseph mit seinen weitgespannten Reformen die Bewunderung mancher Aufklärer gefunden, die rücksichtslose Art seines Vorgehens, die auch gegenüber auswärtigen Mächten keine Schonung kannte, wenn er sich stark genug fühlte, stieß aber allgemein auf Ablehnung. Wie Kaunitz nach dem Tode des Kaisers schrieb, hatte dieser das Unglück, sich den allgemeinen Haß und das allgemeine Mißtrauen zugezogen zu haben, "weil man sogleich nach seinen ersten Handlungen ein widriges Urteil von seinem persönlichen Charakter und moralischen Grundsätzen fällen zu sollen geglaubt hat".

Der Abschluß des Fürstenbundes wurde zum Wendepunkt im Verhältnis der beiden deutschen Großmächte zu den europäischen Staaten. Preußen galt nun als die friedliche Macht. Der Regierungswechsel nach dem Tode Friedrichs am 17. August 1786 vollzog sich ohne jede Störung. Hingegen geriet Österreich in eine immer schwieriger werdende Lage.

1787 präsentierte Katharina die Rechnung für ihre Unterstützung der österreichischen Tauschpläne. Sie zwang Joseph in einen Krieg gegen das osmanische Reich, bei dem es kaum um österreichische Interessen ging. Die österreichische Armee, für die Joseph viel getan hatte, vermochte in diesem Feldzug kaum einen Erfolg zu erringen. Erst nach schweren Verlusten gelang 1789 die Eroberung Belgrads.

Der Krieg dauerte noch an, als Österreich beim Tode des Kaisers am 20. Februar 1790 in eine schwere innere Krise geriet. Die überstürzt durchgeführten josephinischen Reformen hatten in den Niederlanden und in Ungarn zu schweren Unruhen geführt. Die Niederlande waren im Frühjahr 1790 ganz in den Händen der Rebellen. Im Innern Österreichs herrschte eine gefährliche Unruhe, während gleichzeitig die ersten aufrüttelnden Nachrichten von den Ereignissen der Französischen Revolution die Welt in Atem hielten.

Zur selben Zeit, da Österreich durch Rußland in einen neuen Türkenkrieg verwickelt wurde, erwachte auch Preußen zu neuer außenpolitischer Aktivität. Im September 1787 sah sich Friedrich Wilhelm II. veranlaßt, in Holland zugunsten seines Schwagers, des mit seiner Schwester verheirateten Statthalters, einzugreifen und die zu Frankreich neigenden Stände zu entmachten. Das war ganz im Sinn Englands. Die darüber angeknüpfte Verbindung führte 1788 zur Erneuerung des englisch-preußischen Bündnisses.

Der preußische Minister Hertzberg wollte die Bindung Österreichs auf dem Balkan und das Bündnis mit England zu weit ausgreifenden Plänen benützen. Zunächst wollte er den Fürstenbund zum Kernstück einer Allianz zwischen Preußen, England, Rußland, Dänemark, Holland und Sizilien machen. Die sich in Frankreich abzeichnende Krise gab seiner Phantasie neue Nahrung. Im Dezember 1787 heckte er einen Plan aus, in dem durch Vertauschungen zwischen der Türkei, Rußland, Österreich, Preußen und Schweden das osmanische Reich einige Provinzen verlieren und Preußen Danzig, Thorn und die Palatinate Posen und Kalisch gewinnen sollten. Es stellte sich jedoch bald heraus, daß das englisch-preußische Bündnis keine Basis für Hertzbergs Pläne war. Kaunitz meinte 1788 mit einiger Erleichterung: "Der Hertzberg'sche Plan hat die für uns höchst ersprießliche Wirkung gehabt, daß sich während der ganzen heurigen Kampagne (in der Türkei) der üble Wille und der unruhige Geist des Berliner Kabinetts mit eitlen Hirngespinsten beschäftigte, welche schon an sich selbst mit allen Merkmalen der Unausführbarkeit dergestalt bezeichnet waren, daß wir nicht nur den preußischen Bemühungen, selbe zu realisieren, ruhig zusehen konnten, sondern noch sehr vergnügt zu sein Ursache hatten, die Geschäftigkeit dieses Hofes durch so chimärische Pläne von Ergreifung wirksamer Maßregeln abgehalten zu wissen. In dieser Rücksicht haben wir uns denn auch sorgfältig gehütet, so beschaffene Pläne zu hintertreiben, vielmehr wünschen wir auch dermalen noch, daß besagter Hof in der sich hierüber vorgespielten seltsamen Illusion und nicht eben durch die gegenwärtigen Evénements auf besser kombinierte Entwürfe verfallen möge."

Kaunitz behielt recht. Selbst nach dem Tode Josephs II., als sich Österreich in einer noch übleren Lage befand und durch einen raschen Vorstoß Preußens in größte Verlegenheit hätte gebracht werden können, hielt Hertzberg an seinen Plänen fest. Leopold II. erstrebte in dieser Lage eine Aussöhnung mit dem nördlichen Rivalen, und Friedrich Wilhelm II. war, ermüdet von Hertzbergs Spintisierereien, bereit, auf diese Wünsche einzugehen. Zu dieser Haltung mag ihn nicht zuletzt der schlechte Zustand der preußischen Armee gebracht haben, der sich anläßlich des preußischen Aufmarsches 1790 an der böhmischen Grenze offenbarte. Von da an zeichnete sich ein preußisch-österreichisches Bündnis ab, das unter Leopold II. im Rahmen der von ihm betriebenen Befriedungspolitik blieb, nach seinem Tod jedoch unter seinem Sohn bald aggressive Züge annahm.

Am 27. Juli 1790 wurde in Reichenbach ein Vertrag zwischen Österreich und Preußen unterzeichnet, der die drohende Kriegsgefahr beseitigte. Im Februar 1791 leitete der Aufenthalt des Vertrauten Friedrich Wilhelms II., Bischoffwerder, in Wien eine engere Zusammenarbeit ein. Es kam am 27. August 1791 in Pillnitz zur gemeinsamen Erklärung der beiden Monarchen gegen die von der Französischen Revolution ausgehenden Gefahren und schließlich, drei Wochen vor dem Tode Leopolds II. am 7. Februar 1792, zur österreichisch-preußischen Allianz.

Die preußisch-österreichische Allianz beseitigte zwar die von Preußen nach 1788 ausgehende Bedrohung des europäischen Friedens, sie schuf aber neue Spannungen, die sich kurz darauf in den Revolutionskriegen entluden, die zunächst von beiden deutschen Großmächten als günstige Gelegenheit für Vergrößerungen angesehen wurden. Die

Kriegserklärung Frankreichs an Österreich und Preußen am 27. März 1792 beendete eine fast dreißig Jahre während Friedensperiode. Als nach 23 Jahren Krieg Europa wieder Frieden schloß, war das Ancien régime Geschichte geworden.

Betrachtet man die Politik der deutschen Großmächte in den 29 Jahren des Friedens als Ganzes, so wird man sagen müssen, daß in ihr im Kern alle Entwicklungen angelegt waren, die sich nach 1792 so verhängnisvoll auswirken sollten. Die beiden Großmächte waren in ihrer Außenpolitik ausschließlich mit sich selber beschäftigt. In Teschen hatten sie zugelassen, daß mit Rußland ein weiteres mächtiges Land als Garantiemacht der Reichsverfassung einen erheblichen Einfluß auf das Reich erhielt. Im übrigen war das Verhältnis der Großmächte zum Reich von der Absicht gekennzeichnet, den Einfluß des anderen zu zerstören. Es wurde kein Versuch unternommen, die Geschicke des Reiches selbst in die Hand zu nehmen. Das hatte zwar den Vorteil, daß eine Aufteilung nach polnischem Muster unterblieb. Innerhalb der europäischen Mächtekonstellation zeigte sich aber die Brüchigkeit der Machtposition der beiden Großmächte, die sich zwar gegenseitig in der Waage hielten, sich aber auch gegenseitig hinderten, einen gestaltenden Einfluß auf die europäische Politik zu gewinnen.

2. Der Aufgeklärte Absolutismus in Deutschland

1740 hatte der junge preußische König ein aufgeklärtes Reformprogramm für sein Land entwickelt, das damals wie das Programm einer neuen Zeit wirkte. Die militärischen Erfolge Friedrichs trugen dazu bei, daß dieses Programm bald auf ganz Europa ausstrahlte. Der Aufgeklärte Absolutismus als europäische Erscheinung hat daher von den preußischen und später von den österreichischen Reformen wichtige Impulse empfangen. Er schien die Verwirklichung dessen zu sein, was die Physiokraten unter dem "despote éclairé" verstanden. Dieser aufgeklärte Despot sollte seine despotische Gewalt dazu benutzen, sein Land von den feudalistischen Strukturen zu befreien und im Sinne der Aufklärung in einen rational aufgebauten Staat zu verwandeln. Dies war, ganz zu Ende gedacht, ein Programm auf Zeit, denn irgendwann mußte der Moment eintreten, wo die aufgeklärte Gesellschaft das absolutistische Regiment nicht mehr ertragen würde.

Daher sind weder Friedrich noch Joseph II. aufgeklärte Despoten im Sinn der Physiokraten gewesen. Beide dachten nicht daran, von ihrem Absolutismus irgend etwas aufzugeben. Beide regierten in einem wohldurchdachten Regierungsdurcheinander, das neben einer Rationalisierung des Staatsaufbaus immer auch darauf abgestellt war, daß der Herrscher allein alles übersah und seine Diener nur Rädchen einer sehr komplizierten Maschine blieben. Daher ging das aufklärerische Element im Aufgeklärten Absolutismus Preußens und Österreichs nur so weit, wie es den Absolutismus nicht gefährdete.

Während Friedrich dem Aufklärungsdenken eng verbunden war und sich immer als Philosoph auf dem Königsthron fühlte, verachtete Joseph alle Philosophen. Er war ein Pragmatiker auf dem Thron, dessen kühner, durchdringender Verstand die Welt nach seinen und nicht nach philosophischen Plänen gestalten wollte.

Beide hatten eine sehr moderne Vorstellung von ihrem Amt. Friedrich betrachtete sich als erster Diener seines Volkes. Joseph sprach von "wir Beamten". Während Ludwig XIV. einen Kult um sich aufbaute, kleideten sich Friedrich und Joseph in Generalsuniformen. "Die Könige", schrieb Friedrich, "sind auch nichts anderes als Menschen, und alle Menschen sind sich gleich. Sie bringen ihre Verzagtheit oder Entschlossenheit, ihre Tatkraft oder Trägheit, ihre Laster oder Tugenden mit auf den Thron, wohin der Zufall der Geburt sie setzt." Von ihrer eigenen Vortrefflichkeit überzeugt, ließen sie es offen, wie ein Herrscher, der nur seine Verzagtheit, seine Trägheit und seine Laster einzusetzen hatte, seine absolute Herrschaft begründen wollte.

Beide Länder, Österreich und Preußen, besaßen im Absolutismus die Chance einer absoluten Veränderung ihrer Staaten. Damit unterschieden sie sich von den anderen Ländern des Reiches, die, in die Reichsverfassung eingebunden, weder ein absolutistisches Regime noch ein rationalistisches Reformprogramm durchzuführen imstande waren.

Das Entstehen der modernen, auf höchste Effektivität gebrachten Staaten in Preußen und Österreich ist das herausragende Ereignis der deutschen Geschichte im letzten Viertel des 18. Jahrhunderts. In Preußen, wo die Reformprogramme bereits früher entwickelt worden waren, ist die Zeit nach dem Hubertusburger Frieden die entscheidende Phase. Dasselbe gilt für Österreich, wo unter Kaunitz bereits 1760 ein Reformprogramm entwickelt wurde, das alle Teile der Monarchie erfassen sollte.

a) Das friderizianische Preußen

Mirabeaus boshaftes Wort, Preußen sei kein Staat, sondern eine Armee, die sich einen Staat leiste, zielte auf den nicht zu leugnenden Tatbestand, daß die preußische Armee auch im Frieden erheblich stärker war als das an Bodenschätzen und anderen Revenuen im Vergleich zu anderen Staaten arme Land hätte tragen können. Mit 187 000 Mann war die preußische Armee 1777 eine der stärksten auf dem

Kontinent. Im Siebenjährigen Krieg hatte Friedrich nicht nur neue Proben seines Feldherrntalentes gegeben, sein Land hatte auch, was fast wichtiger war, Niederlagen überwunden und sieben Jahre lang einer weit überlegenen Koalition getrotzt. Wenn der Hubertusburger Friede mit dem Verzicht Maria Theresias auf Schlesien auch einen Schlußstrich unter die kriegerischen Auseinandersetzungen gezogen hatte, so blieb auf beiden Seiten doch das Mißtrauen lebendig. Das hatte zur Folge, daß der Wiederaufbau Preußens nach 1763, das zweite Retablissement, nicht von Einsparungen bei der Armee gekennzeichnet war. Noch immer wurden etwa zwei Drittel der Staatseinnahmen für den Unterhalt der Armee ausgegeben. Nur eine sparsame, effektive Verwaltung konnte eine solche Dauerbeanspruchung aller Kräfte erträglich machen. Um so erstaunlicher ist es deshalb, daß Friedrich trotz der Notwendigkeit einer Reorganisation des Landes nicht an ein großes, alles umfassendes Reformprogramm gegangen ist, sondern die inneren Zustände auch nach 1763 im Grunde genommen so beließ, wie er sie von seinem Vater übernommen hatte. Der Philosoph auf dem Königsthron öffnete zwar seinen Hof den westlichen Einflüssen der Aufklärung, an eine Reorganisation und an einen Neuaufbau seines Landes nach den rationalen Ideen der Aufklärer ist er jedoch nicht gegangen. Sein Regierungsstil war der eines absolutistischen Autokraten. Das heißt, seine Regierung war eine Kabinettsregierung reinster Art, in der seine Minister nicht eigenverantwortlich eigene Ressorts verwalteten, sondern die ihnen vom König übertragenen Aufgaben erfüllten. Die Behördenchefs unterstanden unmittelbar ihm. Mit beispielloser Strenge überwachte er ihre Amtsführung. Er allein war in alles eingeweiht und übersah das Ganze.

Dieser Form der Regierung entsprach die Aufteilung des Landes. Noch immer existierten die alten Einheiten, war Preußen nicht in ein einheitliches System zusammengeschmolzen. Der Aufbau der preußischen Verwaltung war durch ein höchst kompliziertes und schwer durchschaubares Nebeneinander von Kompetenzen gekennzeichnet. Eine Rationalisierung dieser Verwaltung hätte sich um so mehr angeboten, als sie den schweren Belastungen des Siebenjährigen Krieges nur ungenügend standgehalten hatte: Korruption, Feigheit, Eigenmächtigkeit und ungerechtfertigte Bedrückungen der Untertanen hatten sich breitgemacht. Friedrich hat zwar mit unnachsichtiger Strenge Ordnung zu schaffen versucht, er ist aber nicht daran gegangen, durch eine Generalreform die institutionellen Konsequenzen aus den Vorgängen während des Krieges zu ziehen.

Etwa ein Viertel aller Kammerpräsidenten wurden von ihm aus dem Amt gejagt. So hat sich gerade in der preußischen Verwaltung eine merkwürdige Ambivalenz ergeben. Auf der einen Seite stand eine drückende Abhängigkeit vom König, der in seinen von Menschenverächtung geprägten, nicht selten beleidigenden Bemerkungen und Verfügungen Züge eines Despoten zeigte. Auf der anderen Seite verlangte das Amt des Kammerpräsidenten auch ein hohes Maß an Selbständigkeit, durch die es bald trotz der genannten Versager einen ausgezeichneten Ruf erhielt. Dasselbe gilt für den preußischen Landrat, der, von den Ständen vorgeschlagen und vom König ernannt, nach der Landratsreform von 1766 ein hohes Maß an Selbstverwaltung auf dem Land verwirklichte, das in den Städten erst unter Stein erreicht wurde. Abhängigkeit und Eigenverantwortung lagen in Preußen dicht beieinander. Dieser Gegensatz verschärfte sich noch, als in Preußen ein hervorragendes und schließlich immer selbstbewußter auftretendes Beamtentum heranwuchs.

So sehr Friedrich in der Armee den Adel auch bevorzugte und dessen bodenständige Verankerung im Besitz der weitgehend dieser Schicht vorbehaltenen Rittergüter förderte, in Verwaltung und Rechtspflege war das Eindringen der besser ausgebildeten Bürgerlichen nicht aufzuhalten, die den Mangel adeliger Geburt durch größere Fähigkeiten ausglichen. Sie verdrängten auch die von Friedrich ursprünglich bevorzugten Praktiker, das heißt die von unten aufgestiegenen Beamten. So war das Herzstück der Verwaltungsreform von 1770 die Errichtung einer Oberexaminationskommission, die das ganze Prüfungswesen auf eine wissenschaftliche Grundlage stellte. Diesen Prüfungen wurden auch Justitiare, Aktuare und gewählte Landräte unterworfen. Anders als später bei den Steinschen Reformen gingen diese Maßnahmen jedoch nicht mit einer grundsätzlichen Schulreform Hand in Hand. Zwar legte das Generallandschulregiment von 1763 einen allgemeinen Unterrichtsplan fest und regelte den Unterhalt der Lehrer. Als echter Aufklärer verachtete aber Friedrich das einfache Volk, dem er als wahrer Despot nur Grundkenntnisse vermitteln wollte. Schon bald kamen daher die Grundschulen in die Hände invalider Unteroffiziere und Soldaten, was, wie Otto Hintze treffend bemerkte, "mehr dem Charakter des preußischen Militärstaates als den Bedürfnissen der Volksbildung entsprach".

Anders verhielt es sich bei den höheren Schulen, die zur Pflanzstätte des preußischen Beamtentums wurden. In den vorbildlich guten Gymnasien seines Reiches wuchs ein Beamtennachwuchs heran, der in seiner Ausbildung und in seinem Bildungsideal die meisten vergleichbaren Einrichtungen in Europa übertraf. Die Kehrseite dieser Ausbildung war allerdings, daß sich die preußische Beamtenschaft gegen den despotischen Regierungsstil des Königs zur Wehr setzte. Die höheren Beamten begannen das despotische System des friderizianischen Absolutismus auszuhöhlen. Hier kündigte sich eine im übrigen Deutschland unbekannte Modernität an, die Preußen trotz des antiquierten, wenn auch nicht ineffektiven friderizianischen Regierungsstils zu einer einzigartigen Erscheinung in Deutschland machte. Dieser ebenso gebildete wie pflichteifrige und tüchtige Beamtenstand wurde für das moderne Preußen von größter Wichtigkeit und unterschied es deutlicher als der von absolutistischen Willkürlichkeiten keineswegs freie Staatsaufbau vom übrigen Reich. Gerade hier aber brach der innere Widerspruch von Absolutismus und Aufklärung auf.

Allerdings war dies ein langwieriger Prozeß. Die mit hohen Gebühren belegten Examen haben zunächst, wie Hans Rosenberg eindringlich belegt, lediglich dazu geführt, das alte System der Chancenungleichheit zu verfeinern. Zwar waren durch die Prüfungen Universitätsabsolventen bevorzugt, gleichzeitig aber sorgte der unbesoldete Vorbereitungsdienst dafür, daß nur Begüterte in den Verwaltungsdienst aufgenommen wurden. In die Spitzenstellungen gelangten ohnehin fast ausnahmslos Adelige, auch wenn man sich offensichtlich klar darüber war, daß man tüchtige Bürgerliche nicht entbehren konnte, "weil für hochadelige Räte, welche zur Arbeit nicht tauglich waren, die Arbeit doch getan werden mußte" (Hans Rosenberg).

Mit der Zeit freilich tat, wenn auch wahrscheinlich ungewollt, das neue Prüfungssystem seine Wirkung. Im Zeitalter des Idealismus wurde die Bildung zum prägenden Erlebnis. Sie hat schließlich auch den Stil der preußischen Verwaltung verändert, wenn auch nicht im Sinne Friedrichs, der mit der ihm eigenen rüden Sprache vom "nichtadeligen Geschmeiß" sprach. "Kein Staat ist mehr als Fabrik verwaltet worden als Preußen seit Friedrich Wilhelms I. Tod", schrieb von Hardenberg, der sich als Dichter Novalis nannte und als junger Bergwerksbeamter die preußische Verwaltung kennengelernt hatte. Der königliche Kommandoton verfing sich in diesen gebildeten Beamten, die mit Erfolg begannen, die Anweisungen und Kabinettsorders, wo es anging, zu sabotieren. Hier bereitete sich der bürokratische Absolutismus vor, der unter Friedrich Wilhelm II. und Friedrich Wilhelm III. weitere Fortschritte machte, um in den preußischen Reformen die Macht an sich zu reißen. Es war dies eine Entwicklung, die praktisch gegen den Willen Friedrichs zustande kam und in dem sich die Unmöglichkeit dokumentierte, seinen despotischen Absolutismus mit dem Geist der Aufklärung zu verbinden. In dem gebildeten bürgerlichen Beamten trug die von Friedrich ins Land gerufene Aufklärung Früchte, die dazu beitrugen, den despotischen Absolutismus in Preußen zu überwinden. Wohin das von Friedrich bevorzugte Adelsregiment ohne diesen Ausgleich führte, zeigt das Schicksal der preußischen Armee. Sie erlebte nach 1763 keine Reformphase. Während auf dem zivilen Sektor der Strafvollzug humanisiert wurde, blieb es in der Armee bei den barbarischen Strafen, weil Friedrich überzeugt war, daß Soldaten nur aus Furcht vor Strafe in die Schlacht getrieben werden konnten. Die preußische Armee machte daher einen inneren Verfall durch, der nicht erst 1807 in Jena und Auerstädt zutage trat, sondern bereits 1790 und in den Revolutionskriegen deutlich wurde, als die preußische Armee im Reich den Ruf einer disziplinlosen und schlecht geführten Truppe erhielt.

Die Mittel zur wirtschaftlichen Genesung des Landes zog Friedrich in erster Linie aus seiner Wirtschaftspolitik. Die Gründung der Leih- und Girobank in Berlin 1765 war ebenso ein Mittel dazu wie die Zoll- und Akzisereform von 1766, wobei er die Regie der staatlichen Akziseverwaltung sehr zum Ärger einheimischer Beamter französischen Fachleuten übertrug. Kernstück aber war eine Außenhandelspolitik, die sich zwar eng an merkantilistische Vorbilder hielt, mit ihrer Förderung von Industrie und Manufakturen jedoch erheblich über das alte System hinausging. Die von Friedrich 1765 nach englischem Vorbild konzipierte Agrarreform kam erst 1770 zur Ausführung, hat aber in einem sehr mühsamen und langwierigen Prozeß erheblich zur Besserstellung der Bauern beigetragen. In den letzten Jahren seiner Regierung setzte dann jene Bevölkerungsvermehrung ein, die zum großen Problem des beginnenden 19. Jahrhunderts wurde. Sie hing insofern mit der preußischen Agrarreform zusammen, als diese mit der Zusammenlegung und Arrondierung der Bauerngüter auf dem Land die Voraussetzung für einen größeren Wohlstand geschaffen hatte. Hierher gehören auch Friedrichs Besiedlungsaktionen im Oder-, Warthe- und Netzebruch.

Sehr typisch für das friderizianische Preußen war die auf einem hohen Niveau stehende Rechtspflege. Schon 1750 hatte Friedrich geschrieben: "Ein vollkommenes Gesetzbuch wäre das Meisterstück des menschlichen Geistes im Bereich der Regierungskunst. Man müßte darin Einheit des Planes und so genaue und abgemessene Bestimmungen finden, daß ein nach ihm regierter Staat einem Uhrwerk gliche, in dem alle Triebfedern nur einen Zweck haben." Friedrich hat auch später an dem Ideal einer nur der Gerechtigkeit verpflichteten Rechtsverfassung festgehalten, auch wenn er mitunter über das Ziel hinausschoß und, wie im Fall des Müller Arnold über eine vermeintliche Rechtsbeugung empört, Unrecht tat. Sein allzeit reges Mißtrauen gegen die Ehrlichkeit seiner Beamten spielte ihm auch hier manchen Streich. Vielleicht das wichtigste zivile Vorhaben seiner Regierung war die nach dem Hubertusburger Frieden in Angriff genommene Kodifizierung des Allgemeinen Landrechts. Unter Einholung vieler Gutachten wurde hier von Karl Gottlieb Svarez und Johann Heinrich Kasimir Carmer eine weit über eine Zusammenfassung der in Preußen gültigen Rechtssysteme hinausgreifende Neufassung des Rechts in Angriff genommen, in die viele Vorstellungen der Aufklärung eingingen. Sie trug insofern verfassungsähnliche Züge, als sie – ähnlich wie das Zivilrecht Josephs II. – den einzelnen Ständen ihre Rechte und

Pflichten zuwies. In den Jahren nach 1780 niedergeschrieben, wurde sie als Entwurf 1784 veröffentlicht und so der öffentlichen Kritik unterworfen. Ein wesentlicher Punkt, die Abschaffung königlicher Machtsprüche und damit die Einbindung des absoluten Monarchen in den Staat, wurde in der endgültigen, 1794 veröffentlichten Fassung des Allgemeinen Preußischen Landrechts allerdings wieder herausgenommen. Insgesamt gesehen war das Landrecht weniger eine revolutionäre, in die Zukunft weisende Tat als ein Festschreiben der bestehenden Zustände. Dies gilt insbesondere für die Vorrechte des Adels, nicht weniger aber auch für die der Beamten. Der den fürstlichen Absolutismus ablösende bürokratische Absolutismus hat im preußischen Landrecht eine feste Basis gefunden. Andererseits war die Vereinheitlichung des Rechts und die Schaffung eines gemeinsamen Rechtsraumes Preußen eine Tat, die diesem Staat auf einem der wichtigsten Gebiete moderner Staatlichkeit einen großen Vorsprung verschaffte. Das Landrecht war ein wichtiger und in seiner Art auch großartiger Markstein auf dem Weg der Verwirklichung des Rechtsstaates.

Will man das innere Regiment Friedrichs des Großen charakterisieren, so wird man zunächst davon ausgehen können, daß der König ein allzeit waches, zum Teil unerträgliches und durch Beschimpfungen aller Art gekennzeichnetes Mißtrauen gegen seine Bürokratie mit einer um Gerechtigkeit bemühten Fürsorge für seine Untertanen verband. Friedrich hat keinem seiner Mitarbeiter wirklich getraut. Dies galt besonders den Männern seiner engeren Umgebung, einem Hertzberg, dem alten Finckenstein, Lucchesini, Dohm und wie sie alle hießen. Solange Friedrich lebte, blieb dies ohne Folgen. Nach seinem Tod fühlten sich diese Personen aber als Gralshüter friderizianischer Tradition. Weder Friedrich Wilhelm II. noch sein Sohn Friedrich Wilhelm III. haben sich gegen diese Gruppe, solange sie lebte, je ganz durchsetzen können. Es zeigte sich nun, daß Friedrichs engste Mitarbeiter nach einem Leben unter dem Despoten zu eigenen Entscheidungen kaum fähig waren, oder da, wo sie solche fällten, von einem Idealbild preußischer Großmacht ausgingen, das sie zu politischen Fehlentscheidungen verführte. Das nachfriderizianische Preußen tat sich schwer, aus dem Schatten des Titanen herauszutreten. Das Erbe kam in die Hände mittelmäßiger und zweitrangiger Persönlichkeiten. Insbesondere hierin ist der tiefere Grund für die prinzipiell österreichfeindliche, ganz auf Preußens Vorteil bedachte Außenpolitik unter Friedrich Wilhelm II. zu sehen. Nur zähneknirschend haben diese Kreise die Versöhnung Friedrich Wilhelms II. mit Leopold II. gesehen. Sie haben die vorwärtsweisende Politik einer Versöhnung der deutschen Großmächte nicht akzeptiert. Die Außenpolitik zwischen dem Basler Frieden und dem Ende des alten Preußen 1807, die in diesen Jahren ganz von der Innenpolitik abhängig war, war das Ergebnis einer von diesen Kreisen getragenen falschen friderizianischen Tradition.

Der Regierungsstil Friedrichs hat sich am Ende seines Lebens selbst ad absurdum geführt. Die fähigsten seiner Mitarbeiter haben seinen despotischen Regierungsstil nur ertragen, indem sie den König hintergingen. In dieser Tatsache werden die Grenzen seiner und der absolutistischen Regierung überhaupt erkennbar: Verwaltung und Regierung einer Großmacht konnten von einem Mann nicht mehr übersehen werden. So hat Friedrich es mit seinem ewigen Drohen und Poltern gegen Ende seines Lebens nur dahin gebracht, daß ihm nur noch fingierte und gefälschte Unterlagen vorgelegt wurden. Hans Rosenberg verweist auf das Beispiel, daß ein dirigierender Minister einem Kammerpräsidenten heftige Vorwürfe machte, daß er dem König genaue statistische Unterlagen statt manipulierter vorgelegt habe. Der auf die Person Friedrichs ausgerichtete aufgeklärte Despotismus fing an, sich in einem immer selbstbewußter auftretenden Beamtentum zu verfangen. Das verschachtelte Neben- und Übereinander von Verantwortungen, das im wesentlichen dazu diente, daß Friedrich die Möglichkeit behielt, einen gegen den anderen auszuspielen, taugte nicht dazu, die Verwaltung zu straffen und durchsichtig zu machen. Es hat zwar die Effektivität Preußens gesteigert, aber den Abstand von Herrscher und Beherrschten, das Grundproblem des Absolutismus, nur noch vertieft. Als der Tod Friedrichs in Berlin bekannt wurde, brach die ganze Stadt in einen Freudentaumel aus.

b) Das josephinische Österreich

Während in Preußen die Absicht, einen auf höchste Effektivität gebrachten Staatsaufbau zu entwickeln, in den 6oer Jahren rasch voranschritt, stieß dasselbe Vorhaben in Österreich auf eine Reihe grundsätzlicher Schwierigkeiten. In einem sehr viel stärkeren Maß als Preußen war Österreich ein Vielvölkerstaat. Die Ungarn und die Einwohner der österreichischen Niederlande hatten kaum etwas miteinander gemein. Nicht nur verschiedene Landschaften, sondern ganze Königreiche wie das Königreich Ungarn und das Königreich Böhmen mit ihren Privilegien waren unter einem Herrscher vereinigt. Die Monarchie war katholisch. Das hieß nicht nur, daß die in Preußen im 16. und 17. Jahrhundert durchgeführten Säkularisationen von Kirchenbesitz hier noch ausstanden, der Staat also effektiv viel ärmer war als in Preußen, das hieß auch, daß die Kirche eine sehr viel größere Selbständigkeit besaß. Friedrich war der summus episcopus seiner Länder. Seine Toleranzedikte hatten ihm nicht nur die Eingliederung des katholischen Schlesien erleichtert, sie hatten ihm auch eine Stellung über den Kirchen gegeben. In Österreich war die Bindung von Staat und Kirche noch sehr eng. Dazu kamen die engen Verbindungen mit dem Reich. Der Kaiser besaß im Reich seine engste Anhängerschaft bei den kleinen und kleinsten Reichsständen, den geistlichen Fürsten, den Reichsgrafen, der Reichsritterschaft, den Reichsstädten etc., das heißt ausgerechnet bei jenen Kräften, bei denen die Durchführung von weitgespannten Reformen unmöglich war. Hier mußten sich bei Durchführung eines aufgeklärten Reformprogramms in den Erblanden Spannungen ergeben, deren nicht geringste Folge eine weitere Entfremdung vom Reich war. Dazu kam das konkrete Problem der auf Österreich übergreifenden Diözesaneinteilung. Ein Großteil der Erblande gehörte zu innerdeutschen Diözesen. Die Diözese Passau reichte z. B. bis vor die Tore Wiens. Da die Reformen des Josephinismus gerade im Verhältnis von Staat und Kirche ansetzten, waren Konflikte mit den nach Österreich übergreifenden Reichsdiözesen unvermeidlich.

Wollte Österreich die preußische Herausforderung annehmen, so mußte sein Herrscher daher über kurz oder lang mit seinem Amt als römischer Kaiser in Konflikt kommen. Wollte der Herrscher Österreichs sein Land auf eine ähnlich solide Finanzbasis stellen wie Preußen, so mußte er den Besitz der katholischen Kirche antasten. Dies geschah zwar in dieser Zeit in fast allen katholischen Ländern, in denen der Aufgeklärte Absolutismus daranging, zwei Schritte auf einmal zu machen, nämlich die Säkularisation des oft bis zu 60% des anbaufähigen Landes ausmachenden Kirchenbesitzes und Einführung einer modernen Staatsverwaltung. Während andere Länder darüber jedoch nur in einem mehr oder weniger scharfen Konflikt mit Rom kamen, schlug Joseph II. damit ausgerechnet seine treuesten Anhänger im Reich, die geistlichen Fürsten und die mit ihnen eng verbundene Reichsritterschaft, vor den Kopf. Der hier angelegte grundsätzliche Konflikt wurde durch die Person Josephs noch verschärft, der zu unüberlegten Handlungen neigte und mit seinen sprunghaften Entschlüssen nicht selten seine besten Absichten verdarb.

Konnte Friedrich in Preußen auch in seinen zum Reich gehörenden Ländern wie ein absoluter Monarch schalten, so waren dem Absolutismus eines Joseph II. in seinen Reichslanden enge Grenzen gesetzt. Notwendig mußte sich bei diesen Reformen der Kaiser vom Reich weg und hin zu einem Herrscher der Großmacht Österreich entwikkeln. Hatte Friedrich in der letzten Phase seines Lebens die Verbindung zum Reich gesucht, um den kaiserlichen Einfluß im Reich zu stören, so war diese Bindung bei seinem Gegenspieler von Anfang an das größte Problem. Auf dem Weg zum modernen Staat mußte Österreich seine Bindungen zum Reich in Frage stellen. Von daher gesehen wird verständlich, weshalb Innen- und Außenpolitik des Kaisers in einem unlösbaren Spannungsverhältnis standen.

Josephs Reformprogramm steht in engem Zusammenhang mit den Ideen der Physiokraten. 1777, bei seinem Besuch in Paris, ließ er sich von dem Physiokraten Turgot, dem ein Jahr zuvor entlassenen Reformminister Ludwigs XVI., dessen weitgespanntes physiokratisches Reformprogramm erklären. Von daher wird es erklärlich, daß Josephs Reformprogramm in vielem an Turgots Ideen erinnert. So sind Josephs Reformen ausgesprochen adelsfeindlich. Nicht zuletzt aber hat Joseph von Paris eine tiefe Verachtung gegenüber den französischen Philosophen mitgenommen, deren Forderungen er für utopisch hielt und deren erbärmliche Haltung beim Sturz Turgots ihn in seinen von Nützlichkeitserwägungen bestimmten Vorurteilen gegen Philosophen nur bestätigte. So kommt es, daß der aufklärerischste Monarch dieses Jahrhunderts sich nicht, wie Friedrich und Katharina, mit Aufklärern umgab, sondern sich diese, so gut er konnte, vom Leibe hielt. Joseph hielt auch nichts von der Wissenschaft. Die Universitäten wurden unter ihm zu reinen Ausbildungsanstalten. Die spätere Unterlegenheit Österreichs gegenüber Preußen war in dieser Verachtung wissenschaftlicher Forschung angelegt, die Österreich lange nicht überwinden konnte. Erst in der zweiten Hälfte des 19. Jahrhunderts, nach den Thun-Hohensteinischen Reformen, öffneten sich die österreichischen Universitäten der freien Forschung. In diesem Sinn fehlt Josephs Reformen der große gesamteuropäische Zug. Was ihm so an theoretischer Durchdringung fehlte, ersetzte er durch einen engen Praxisbezug.

Es war ein gewaltiges Reformprogramm, das Joseph in Angriff nahm. Hätte er alle seine Absichten verwirklicht, aus Österreich wäre ein zentralistisch regierter, moderner Staat geworden, in dem alle Privilegien beseitigt waren. Eine alle Stände umfassende gleichmäßige Grundsteuer, eine von dem Prinzip der Gleichheit aller vor dem Gesetz ausgehende Justizreform und die Beseitigung der Leibeigenschaft sind neben der breit gefächerten Kirchenreform, mit der er die Kirche dem Staat unterwarf, Ansätze zu einer Modernisierung, wie sie in dieser Konsequenz in dieser Zeit in keinem anderen Staat in Angriff genommen wurden.

Joseph ist mit den meisten seiner Vorhaben gescheitert. Man hat dafür seine Neigung verantwortlich gemacht, den zweiten Schritt vor dem ersten zu tun. Das hat nicht nur Friedrich an ihm ausgesetzt, es ist auch der Tenor der vernichtenden Beurteilung, die sein Lehrmeister Kaunitz über ihn nach seinem Tod schrieb. Zwei der wesentlichsten Gründe seines Scheiterns waren Josephs bis ins Kleinliche gehender Geiz und sein Despotismus, mit dem er nicht nur das Leben seiner Untertanen in allen Einzelheiten bestimmen wollte, sondern der ihn auch Rache an Wehrlosen nehmen ließ. Dieser Mann besaß neben seinen großen Eigenschaften ähnlich wie Friedrich Charakterzüge eines Despoten. Beide, die zum weiblichen Geschlecht keine Beziehung fanden, haben auch nicht in Ansätzen das gekannt, was man das christliche Liebesgebot nennt.

Um Josephs Reformwerk würdigen zu können, muß man zunächst seine Stellung zum Staat, im Staat und zu seinen Untertanen betrachten. Er hat darüber, lange bevor er in Österreich zur Alleinherrschaft gelangte, zwei grundsätzliche Ausarbeitungen gemacht: 1765 über den Zustand der österreichischen Monarchie und 1773 seinen sogenannten "Hirtenbrief" – "Disposition de Sa Majesté Impériale et Royale adressé aux chefs des départements sur la manière de traiter publiques". Darin wird klar, daß Joseph seine Stellung als absoluter Monarch für die Voraussetzung allen staatlichen Lebens hielt. Er hat sie freilich als echter Sohn der Aufklärung nicht mit seiner Beauftragung durch Gott, sondern damit begründet beziehungsweise gerechtfertigt, daß er rastlos für das Wohl seiner Untertanen tätig sei. In diesem Sinn hat sich Joseph II. in seinen Erlassen an die Beamten mehrfach als oberster Beamter bezeichnet und von "wir Beamten" gesprochen. Noch weiter ging sein Bruder Leopold, der 1790 seiner Schwester Christine schrieb: "Der Souverän, auch wenn er ein erblicher Monarch ist, ist nichts anderes als ein vom Volk angestellter Delegierter." Während aber Leopold fortfuhr: "Jedes Land sollte ein Grundgesetz haben, das als Vertrag zwischen den Untertanen und dem Monarchen diente und dessen Rechte und Autorität begrenzen sollte. Der Herrscher, der diesen Vertrag nicht hält, verliert dadurch seine Position, die ihm nur unter dieser Bedingung übertragen worden ist", hielt Joseph unbeirrt am absoluten Regime fest. Als ihm Joseph von Sonnenfels vorschlug, ein Fundamentalgesetz für Österreich zu erlassen, das auch die Rechte und Pflichten des Herrschers festlegen sollte, lehnte er entrüstet ab. Leopold II. hingegen ist mit seinem toskanischen Verfassungsentwurf zum ersten konstitutionell denkenden Monarchen geworden. Joseph ist der aufgeklärte Despot geblieben, als der er angetreten ist. Lediglich im bürgerlichen Gesetzbuch von 1786, in vielem ein Gegenstück zum Allgemeinen Preußischen Landrecht, wird im Artikel 1 dem Herrscher die Aufgabe zugewiesen, die Rechte der Untertanen festzusetzen und ihre Handlungen so zu leiten, daß sie dem gemeinen Wohl und dem einzelnen zum Besten gereichen. Von Rechten der Untertanen ist nicht die Rede.

Aus diesem Grund ist Joseph auch nicht an eine Reform der obersten Regierung gegangen. In einem gigantischen Arbeitsprogramm hielt er wie Friedrich alle Fäden der Regierung in seiner Hand vereinigt. Er hat sich zwar mit Beratern umgeben und den von Maria Theresia übernommenen Staatskanzler Fürst Kaunitz im Amt behalten.

Doch gingen die Entscheidungen allein von ihm aus. Der mehrfach von ihm als Beratergremium konzipierte Staatsrat hat nie seine Funktionen erfüllt.

In der Verwaltung war die dem Charakter Österreichs zuwiderlaufende Zentralisierung sein oberstes Ziel. Die letzten Rechte der Stände wurden beseitigt und historisch gewachsene Landschaften wurden zu größeren Provinzen zusammengefaßt, deren oberste Verwaltung in Wien residierte. In Ungarn freilich scheiterten Josephs Versuche, die adlige Selbstverwaltung durch staatlich verwaltete Distrikte zu ersetzen. Joseph, der sich, um den Krönungseid auf die Verfassung zu vermeiden, nicht zum ungarischen König krönen ließ und deshalb der "König mit dem Hut" hieß, stand am Ende seines Lebens in Ungarn vor einem von Preußen geschürten Aufstand. In der übrigen Monarchie allerdings machte die Zentralisierung der Verwaltung gewaltige Fortschritte. Auch hier hat Joseph seine letzten Ziele zwar nicht erreicht, aber sein zentralistischer, unhistorischer Geist blieb Österreich erhalten.

Joseph ging es aber nicht nur um eine Verwaltungsreform. Schon Kaunitz ist es bei seinen Reformvorschlägen nicht mehr um Einzelreformen, sondern um eine grundlegende Wandlung des Geistes der österreichischen Bevölkerung gegangen. Das später unter dem Namen Josephinismus in die Geschichte eingegangene Reformprogramm war von Kaunitz 1760 in einer großen Denkschrift zum erstenmal konzipiert worden. Unter Josephinismus verstand man lange die Neuregelung des Verhältnisses von Staat und Kirche. Bei dem enormen Landbesitz der katholischen Kirche und ihrer beherrschenden Stellung in Österreich mußte sich jede Reform in erster Linie mit diesem Problem beschäftigen. Der Josephinismus war aber im Grunde eine alle staatlichen Bezirke und insbesondere das Wirtschaftsleben erfassende Reform, mit der man Österreich konkurrenzfähig machen wollte. 1770 hatte Kaunitz in einem Vortrag für die Kaiserin geschrieben, daß eine Hebung von Industrie und Handel nur bei einer grundsätzlichen Änderung der religiösen Verhältnisse möglich sei. Die Überlegenheit der protestantischen Länder sei in dem Nichtvorhandensein eines organisierten Klerus begründet. Der Mangel an ungünstigen moralischen Vorurteilen fördere die "Gestaltung von Kapitalien, die für die Entwicklung wirtschaftlicher Tätigkeit so wertvoll sind". Schon unter Maria Theresia setzte eine über die Konfessionsgrenzen hinausgreifende Förderung von Handel und Industrie ein, wurde die Steuerfreiheit des Klerus entscheidend beschränkt. Joseph ging einen Schritt weiter. Für ihn galt nur noch der in der Seelsorge aktiv im Dienst des Volkes stehende Klerus. Folgerichtig ging er an die Auflösung der kontemplativen Orden, verbot Wallfahrten und ging gegen alles vor, was mit barocker Festesfreude den einzelnen von der Arbeit abhalten konnte.

Die Aufhebung des Zunftzwanges und die Einführung der Gewerbefreiheit waren die nächsten konsequenten Schritte. Auch das Toleranzedikt von 1781 stand unter anderem damit in Verbindung. Joseph wollte Protestanten ins Land holen, von deren Tüchtigkeit er sich eine Belebung von Handel und Gewerbe erhoffte. Auch die Befreiung der Juden von vielen Demütigungen und Zurücksetzungen steht damit in Zusammenhang.

Es gehört zum Charakter dieses eigentümlichen Mannes, daß er die ersten Verordnungen zum Schutz der Fabrikarbeiter, insbesondere der Jugendlichen, in Europa erließ. Andererseits war es Josephs Vielregiererei, sein ständiges Eingreifen und Vorschreiben, das verhinderte, daß seine Wirtschaftspolitik wirkliche Erfolge erzielte. Auf der einen Seite kam er mit der Abschaffung der Todesstrafe und der Folter den Forderungen vieler Aufklärer nach. Auf der anderen unterwarf er Verbrecher Arbeitsstrafen, die in ihrer Grausamkeit dem Delinquenten kaum eine Chance zum Überleben ließ.

So ist auch sein größtes Vorhaben, die der Abschaffung der Leibeigenschaft auf dem Fuß folgende Bauernbefreiung, nicht wirklich von Erfolg gekrönt gewesen. Joseph ist hier insofern wesentlich weiter gegangen als Friedrich II. und Katharina, als er auch die Abhängigkeit der Bauern von ihren Grundherren beseitigen wollte. Er hat die durch seine antikirchlichen Maßnahmen mißtrauisch gemachten Bauern aber nicht für sich gewinnen können. Die Veränderung der Geisteshaltung einer Bevölkerung mußte, wie Kaunitz richtig vorhergesehen hat, auf dem religiösen Sektor einsetzen. Gerade hier aber hat Joseph wiederum mit seiner Vielregiererei, seinen bis ins kleinste gehenden Vorschriften und seiner Unfähigkeit, Gefühle zu achten und zu schonen, das meiste verdorben. In den kirchlichen Reformen liegt daher das Kernstück des ganzen Reformprogramms.

Der Josephinismus war das konsequenteste System der Unterwerfung der Kirche unter den Staat. Joseph hat zwar viel zur Förderung der Seelsorge getan. Durch Veränderung der Diözesangrenzen und die Verkleinerung der Pfarrbezirke leitete er eine tiefgreifende Reform des religiösen Lebens ein, die er durch andere Maßnahmen wieder zunichte machte. Da er die Pfarrer ähnlich wie die Französische Revolution jedoch zu Vollzugsbeamten der Staatsgewalt machen wollte, stand sein ganzes kirchliches Reformprogramm unter der Devise, auch den Bezirk dem Staat zu unterwerfen, der bislang immer dem Staat getrotzt hatte. Die Aufhebung der Klöster, die nicht unmittelbar mit der Seelsorge zu tun hatten, war nur der erste Schritt. Die bis dahin von der Kirche betreute Fürsorge der Armen und Kranken wurde vom Staat übernommen, wobei Joseph Vorbildliches in der Krankenfürsorge, im Bau von Altersheimen und Waisenhäusern leistete. Zur Verbesserung der Seelsorge wurden vom Staat verwaltete Generalseminarien gegründet, auf die Rom gar keinen und die Bischöfe nur einen geringen Einfluß besaßen. Es waren Staatspriester, die hier herangezogen wurden. Es ist verständlich, daß das ganze System nur gelingen konnte, wenn Joseph auch die Bischöfe auf seine Seite zog. Gerade hier aber war der fast unlösbare Konflikt mit der Reichskirche kaum zu umgehen, der seine Stellung als Kaiser im Reich zutiefst erschüttern konnte.

Mit Ausnahme der kleinen Bistümer Wien und Wiener Neustadt gehörten die Erblande zu auswärtigen Diözesen. Den größten Anteil besaß Passau, dann folgten Salzburg, Konstanz, Augsburg, Freising, Regensburg, Chur, Trier, Lüttich, Brixen und Trient. Über ihre Suffragane waren die Erzbischöfe von Mainz und Köln tangiert. Das heißt, Kaiser Joseph mußte mit seinen Maßnahmen die Rechte fast des gesamten deutschen Episkopats verletzen. Innerhalb Österreichs besaß Joseph in den Bischöfen Graf Herberstein (Laibach), Arco (Seckau) und Auersperg (Gurk) eine feste Anhängerschaft, die bereit war, sich seinen Ideen anzupassen. Ganz in febronianisch-jansenistischem Geist erstrebten sie eine größtmögliche Freiheit von Rom. In diesem Sinn waren Joseph und Kaunitz Febronianer. Von diesen Ideen meinte Kaunitz 1779, "daß sie von der ganzen vernünftigen katholischen Welt, die römischen Kurialisten und ihre Anhänger allein ausgenommen, als wahr und richtig erkannt werden". Von der von Febronius geforderten größeren Unabhängigkeit der Bischöfe vom Staat wollte man in Wien allerdings nichts wissen.

Graf Auersperg entwarf im Oktober 1782 einen Plan zur neuen Diözesaneinteilung. Als 1783 der Bischof von Passau starb, folgte Joseph diesen Vorstellungen und trennte die nach Österreich reichenden Teile der Diözese Passau ab. Er gründete die Bistümer St. Pölten und Linz. Dieses Vorgehen erregte ungeheueres Aufsehen im Reich. Einen Augenblick lang schien es, als würde es darüber auf dem Reichstag zu großen Protesten kommen. Da wählten die Passauer Auersperg zu ihrem neuen Bischof. Erreicht haben sie ebensowenig wie der Reichstag oder später Papst Pius VI. mit seiner Reise nach Wien. Joseph blieb bei seinen gegen die Diözese Passau ergriffenen Maßnahmen. Als Joseph 1783 – 85 auch gegen die anderen Bistümer vorging, deren Diözesen nach Österreich übergriffen, nahm die Verärgerung über ihn solche Ausmaße an, daß neben Mainz auch noch die Bischöfe von Konstanz, Eichstädt, Trient und Brixen dem Fürstenbund beitraten. Hätte Joseph nicht in einigen Einzelheiten nachgegeben, wären auch Salzburg und Regensburg Anhänger des Fürstenbundes geworden.

Als Joseph II. am 20. Februar 1790 starb, befanden sich seine Länder in hellem Aufruhr. In den österreichischen Niederlanden rebellierte der Adel, in Ungarn, Böhmen und Galizien verhinderte nur der Tod den Ausbruch von Adelsrevolten. Joseph hätte zur Durchsetzung seiner Reformen eines Bürgertums als Partner bedurft. Die Bauern, für die der Kaiser am meisten getan hatte, haßten ihn wegen seiner religiösen Reformen. Der Adel aber verabscheute einen Herrscher, der ihn seiner Vorrechte berauben wollte und durch entehrende Strafen gereizt hatte. Sein Nachfolger Leopold II., in der Toskana ein Reformer, mußte die meisten Reformen zurücknehmen. Er hatte begriffen, was der despotische Joseph nie einsehen wollte, daß nach Beseitigung der korporativen Freiheiten der Stände die Reformen nur durchführbar waren, wenn man den Untertanen ein neues Maß an Freiheit verlieh. Seine Regierungszeit von knapp zwei Jahren war zu kurz, um das von Joseph begonnene Werk durch überlegene und schonende Reformen fortzusetzen und zu festigen.

Was hier aufbrach, was die Berliner beim Tode Friedrichs des Großen zu Freudentänzen verführte und Österreich beim Tode Josephs in eine der größten Staatskrisen seiner Geschichte stürzte, war von grundsätzlicher Bedeutung. Im Aufgeklärten Absolutismus und seiner despotischen Rechthaberei hatte sich eine Kluft zwischen Staat und Gesellschaft aufgetan, die nur deshalb nicht zum Ausbruch einer deutschen Revolution führte, weil jenes zur persönlichen Freiheit drängende Bürgertum fehlte, das in Frankreich zum Träger der Revolution wurde. Die Adelsrevolten konnte Leopold II. mit einer Zurücknahme der josephinischen Reformen beschwichtigen. Die Überwindung der Trennung von Staat und Gesellschaft und das Problem des Heranführens des Volkes an den Staat aber blieben in Preußen und Österreich ungelöst, als die Herausforderung der Französischen Revolution Europa in den Grundfesten erschütterte.

3. Die österreichisch-preußische Rivalität im Reich

Die Entwicklung zum modernen Staat in Österreich und Preußen und die Verstrickung der beiden deutschen Großmächte in die europäische Politik sind nur der eine Teil der deutschen Geschichte am Ende des 18. Jahrhunderts. Der andere vollzog sich im Rahmen der alten Reichsverfassung, in der weder Platz für Machtpolitik noch für aufklärerische Reformen war. Mehr als die Hälfte der Deutschen lebte in den übrigen Ländern des Alten Reiches. Sie sahen das Entstehen der "Zwangsstaaten" in Preußen und Österreich mit gemischten Gefühlen, ja nicht selten mit einem leichten Ton spöttischer Überlegenheit. Die vielgepriesene deutsche Freiheit schien Leuten wie Wieland eher in der deutschen Kleinstaaterei zu Hause, wobei das Beispiel des Weimarer Musenhofes diesem Hochmut eine gewisse Berechtigung gab. Trotzdem hatten sich auch hier die Verhältnisse gewandelt.

Die Verhältnisse im Reich wurden nach 1763 von einer für die Reichsverfassung neuen Tatsache geprägt: Der Friede von Hubertusburg 1763 besiegelte die Tatsache, daß im Reich künftig zwei Großmächte, Österreich und Preußen, existierten. Das Reich mußte künftig mit einer Rivalität existieren, die juristisch und verfassungsmäßig nicht mehr zu regeln war. Seit der Reformation kämpfte das Reich mit dem Problem der Spaltung. Im Westfälischen Frieden hatte man mit der Einführung des Normaljahres 1624, nach dem die Konfessionsgrenzen gezogen wurden, dem konfessionellen Gegensatz die in ihm steckende politische Brisanz genommen und die Einheit in einem konfessionell gespaltenen Land gerettet. Der österreichisch-preußische Gegensatz hingegen war politisch nicht zu neutralisieren. In ihm kam die Gefahr einer Spaltung Deutschlands in einer höchst brisanten Form auf das Reich zu, die um so gefährlicher war, als sich hier die alten konfessionellen Gegensätze erneut politisierten. Die preußisch-österreichische Rivalität im Reich griff daher auf alle Bezirke über. Der konfessionelle Gegensatz entartete zur reinen Parteibezeichnung. Mit Recht schrieb der österreichische Gesandte im Reich, Graf Trauttmansdorff: "Meiner Meinung nach ist seit geraumer Zeit schon in Deutschland der Religionsunterschied dergestalt bloß zum politischen Vorwand und Losungswort geworden, daß, wenn heute der kaiserliche Hof und die mächtigen Reichsstände sich zur augsburgischen Konfession bekennten, morgen die Protestanten die katholische Religion annehmen würden." In Friedrich dem Großen besaß die protestantische Partei im Reich nicht nur eine dynamische Führerpersönlichkeit, mit dem Aufstieg Preußens bekamen auch die föderalistischen Tendenzen im Reich neuen Auftrieb. Schon im Westfälischen Frieden waren ja derartige Tendenzen u. a. in dem Recht der Reichsstände, Bündnisse auch mit auswärtigen Mächten zu schließen, sofern diese sich nicht gegen Kaiser und Reich richteten, erkennbar geworden. Der Aufstieg Preußens war das eklatanteste Beispiel dafür. Doch war es auch den kleinen und kleinsten Reichsständen gelungen, sich in Zusammenschlüssen der Reichskreise, den sogenannten Kreisassoziationen, zu organisieren und so zu überleben. Sie hatten in der zweiten Hälfte des 17. Jahrhunderts und insbesondere im 18. Jahrhundert das innere Gefüge des Reiches, seine häufig als Verfall gedeutete territoriale und verfassungsmäßige Vielfalt, bestimmt. Der Aufstieg Preußens mußte den föderalistischen Kräften gegenüber den hierarchisch-lehensrechtlich bestimmten Auftrieb geben, wobei unter föderalistisch ein Bund gleich starker, weitgehend in sich souveräner Länder verstanden wird, während die hierarchisch-lehensrechtlich bestimmten Kräfte etwa folgendermaßen definiert werden könnten: Hier handelt es sich um Reichsstände, die ihre Bedeutung entweder von der hierarchischen Gliederung (Kaiser, Kurfürsten, Fürsten, Grafen, Reichsritter, Reichsstädte oder Reichsdörfer) her ableiteten oder die zu schwach waren, um auf sich selbst gestellt zu existieren. Zusammen mit dem Kaiser war es diesen Kräften gelungen, mit den größeren Ständen im Reich ein Gleichgewicht herzustellen, so daß sich der Schwerpunkt der größeren Stände nach außerhalb des Reiches verlegt hatte.

Die an der Wende des 17. zum 18. Jahrhundert erkennbar gewordenen Bestrebungen, durch Übernahme ausländischer Königstite – wie der Kurfürst von Sachsen, der zum König von Polen gewählt worden war, oder der von Hannover, der König von England wurde – europäische Bedeutung zu erlangen, haben sich im 18. Jahrhundert nicht fortgesetzt. Mit dem Aufstieg Preußens zur Großmacht vergrößerte sich jedoch der Abstand zu Ländern wie Bayern, Sachsen oder Hannover so, daß diese mittelgroßen Reichsstände am Ende des 18. Jahrhunderts in der europäischen Politik keine Rolle mehr spielten. Die beiden deutschen Großmächte entwickelten sich im Aufgeklärten Absolutismus zu modernen Staaten und nahmen eine so andere Gestalt an, daß ihre inneren Verhältnisse mit denen der anderen Reichsstände nicht mehr vergleichbar waren. Die deutsche Staatenwelt war ein von Privilegien, Vorrechten und althergebrachten Ordnungen bestimmtes Gebilde, das zu kompliziert war, um hier mit Reformen einen durchgreifenden Wandel schaffen zu können. Ein auch nur annähernd ähnliches Reformvorhaben, wie es in Österreich und Preußen verwirklicht wurde, hätte die Reichsstände in unzählige Prozesse mit den beiden Reichsgerichten, dem Reichskammergericht in Wetzlar und dem Reichshofrat in Wien, verwickelt.

Die Reform dieser beiden Gerichte nahm Joseph II., als er 1765 Kaiser geworden war, auf den Rat des Reichsvizekanzlers Colloredo in Angriff. Sechs Jahre lang, von 1766 bis 1772, versuchte Joseph mit einer Engelsgeduld, gegen den harten Widerstand Hannovers und Preußens in der Reichskammergerichtsvisitation eine Revisionsinstanz in Wetzlar einzurichten. Die meisten größeren Stände sahen darin eine Beschränkung ihrer Landeshoheit. So gelang es nur, anstelle von siebzehn siebenundzwanzig Assessorenstellen einzurichten, so daß das Reichskammergericht in der letzten Phase des Reiches besser funktionierte als je zuvor. Der mit allen Mitteln geführte Kampf gegen Josephs Reformvorhaben überzeugte diesen, daß das Reich gegen den Willen der größeren Stände nicht zu reformieren war. Von daher wurde Josephs späteres Verhältnis zum Reich entscheidend negativ geprägt.

In dieser Ausbildung unterschieden sich beide Staaten wesentlich vom übrigen Reich, in dem entgegen einer landläufigen Anschauung ein Absolutismus im eigentlichen Sinn unmöglich war, so sehr sich auch einzelne als kleine Sonnenkönige gerieren mochten. Das lag einmal an der Oberhoheit des Reiches und nicht zuletzt an den durch die obersten Reichsgerichte geschützten Landständen, die im 18. Jahrhundert da, wo sie noch existierten, eine Renaissance ihrer Bedeutung erlebten. So haben sich beide Großmächte immer weiter vom übrigen Deutschland entfernt. Der Aufgeklärte Absolutismus erstrebte die Überwindung überkommener Einrichtungen durch Reformen. Im Festhalten an alten Einrichtungen bestand jedoch ein wesentlicher Grundzug der alten Reichsverfassung, der sich alle übrigen Reichsstände unterwerfen mußten. Das heißt nicht, daß es außerhalb Österreichs und Preußens keine Reformen gegeben hätte. Jedoch mußten diese im Rahmen der historischen Gegebenheiten bleiben.

Das hatte zur Folge, daß sich nicht nur in Preußen, sondern auch in Österreich die Tendenzen verstärkten, sich vom Reich zu trennen. Diese seit dem Kaiserabenteuer des Wittelsbachers Karl VII. in Wien ohnehin vorhandenen Bestrebungen führten zur Zurückdrängung der Reichsbehörden – sowohl das Reichsvizekanzleramt als auch der Reichshofrat büßten an Einfluß auf die Wiener Politik ein –, sie führten aber auch zu einer allgemeinen Entfremdung im Reich, die unter Joseph II. eine tiefgreifende Vertrauenskrise heraufbeschwor. Diese Vertrauenskrise wurde um so fühlbarer, als sich ohnehin seit 1648 die auf eine Rechtsordnung fixierte Reichspolitik und europäische Politik auseinanderbewegten. Letztere folgte im 18. Jahrhundert den Maximen des europäischen Gleichgewichts. Reichspolitik und Großmachtpolitik, und damit notgedrungen auch die Politik der beiden deutschen Großmächte, bewegten sich auf verschiedenen Ebenen. Während das Reich in den Vorstellungen einer Rechtsordnung verharrte, beruhte das Prinzip des europäischen Gleichgewichts auf der Negierung aller Rechtsansprüche. Hier galt nur das In-der-Waage-Halten von Macht. Von daher gesehen wird klar, weshalb die Beziehungen zwischen den beiden deutschen Großmächten und dem Reich von Mißverständnissen geprägt waren und gegen Ende des Jahrhunderts immer komplizierter wurden. 1763 hatten Österreich und Preußen einen Kampf auf Leben und Tod hinter sich. Ihr Konflikt war eingebunden gewesen in eine weltweite Auseinandersetzung zwischen Frankreich und England. Schon von daher mußte ihr Verständnis für die Probleme des Reiches zunächst gering sein, dessen militärische Schlagkraft sich in der Schlacht von Roßbach als unbedeutend erwiesen hatte. Mit Preußen hatte sich neben Österreich eine zweite, noch dazu protestantische Großmacht in Deutschland etabliert. Dies gab sowohl dem konfessionellen Gegensatz neue Impulse wie es eine neue Mächtegruppierung im Reich einleitete. Das katholische Deutschland bestand neben Bayern und der Pfalz aus den geistlichen Fürsten und kleinen Territorien. Das verbürgte zwar dem katholischen Reichsteil die Mehrheit am Reichstag. Machtmäßig konnte das sogenannte Corpus catholicorum mit den protestantischen Ständen jedoch nicht konkurrieren. Diese besaßen – neben Preußen – mit Sachsen, Hannover, Württemberg und Hessen-Kassel Reichsstände, die auch als Allianzpartner nicht ganz uninteressant waren. Die beiden Corpora waren auch in sich sehr verschieden strukturiert. Von den kleinen und kleinsten Ständen gab es kaum Berührungspunkte zur europäischen Politik. Die größeren, meist protestantischen Stände spielten in der europäischen Politik am Ende des 18. Jahrhunderts zwar auch keine Rolle mehr, sie konnten aber, wie sich im Fürstenbund von 1785 zeigte, in militärische Überlegungen mit einbezogen werden.

Trotzdem ist das so oft beschworene Bild vom langsam dahinsiechenden Reich, das untätig seinem Ende entgegendämmerte, für die achtziger Jahre des 18. Jahrhunderts mit Sicherheit falsch. In den kleineren Territorien regierte eine Reihe bedeutender Herrscher, die die Beengtheit ihrer politischen Existenz keineswegs als unerträgliche Belastung empfanden. Von ihnen und ihren Ministern ging eine Reihe von Reformprojektoren aus, die das letzte Friedensjahrzehnt des Reiches zu einer höchst interessanten und aufregenden Zeit machen. Ihre Reformen galten allerdings nicht der militärischen Ertüchtigung. Sie hoben den Lebensstandard und führten zu bescheidenem Wohlstand. Ganz unberührt freilich blieb die Reichsverfassung von den Ideen des Jahrhunderts nicht. Wir haben zwar das nur schwer erklärbare Phänomen, daß unsere Kenntnis von der Reichsverfassung im wesentlichen aus den sehr detaillierten Schilderungen der Reichsjuristen des 18. Jahrhunderts stammt, auch hat es kaum Programme zu einer rationalistischen Umgestaltung der Reichsverfassung gegeben. Trotzdem ist die Zeit von einer Reformdiskussion beherrscht, die in zwei Richtungen zielte: Zum einen Reichsreformpläne, die gerade in den kleineren Territorien seit 1780 intensiv diskutiert wurden, zum zweiten kirchliche Reformen, die bei der engen Verflechtung der Reichskirche mit dem Reich für das innere Gefüge des Reiches von großer Bedeutung waren.

Die Reichsreformpläne der kleineren Territorien sind durch Friedrichs des Großen Fürstenbund in eine andere Richtung gedrängt und am Ende zerstört worden. Die vieldiskutierte Kirchenreform, die auf die Gründung einer deutschen Nationalkirche zielte, erlebte dasselbe Schicksal im Zusammenstoß mit Josephs Diözesanreform. Sie endete in der Säkularisation. Das Scheitern beider Reformansätze hat der Überzeugung von der Antiquiertheit der alten Reichsverfassung neue Nahrung gegeben. In diesem Sinn war das Ende des Reiches nicht nur das Ergebnis einer militärischen Niederlage, sondern die Konsequenz der im letzten Viertel des 18. Jahrhunderts einsetzenden Entwicklung.

4. Fürstenbund und Reichsreform

Es war schon davon die Rede, daß auch in den kleineren deutschen Territorien am Ende des 18. Jahrhunderts überdurchschnittlich begabte Fürsten und Minister regierten. So wird man neben Karl Friedrich von Baden, Karl August von Weimar, Franz von Anhalt, Wilhelm IX. von Hessen-Kassel, Karl Eugen von Württemberg auch Karl Theodor von Pfalz-Bayern nennen müssen. Zu den bedeutenden Ministern kleinerer Reichsstände gehörten die beiden badischen Edelsheim, der Zweibrücker Hofenfels und der Kasseler Schlieffen. Über die Reichsreform machten sich bezeichnenderweise nicht die größeren Stände wie Hannover, Sachsen, Bayern, Württemberg oder Hessen-Kassel, sondern gerade die kleinen wie Baden, Sachsen-Weimar oder Anhalt-Köthen Gedanken.

Ausgangspunkt dieser Entwicklung war die Bedrohung des Reiches durch die beiden deutschen Großmächte. Der Schrecken, daß sich Österreich und Preußen 1778 allzu leicht nach dem polnischen Vorbild auf Kosten des Reiches hätten einigen können, saß tief. Diese Sorge konnte auch nicht durch die neue Garantiemacht Rußland und deren Gesandten Graf Rumjancev zerstreut werden.

Während des Bayerischen Erbfolgekrieges war der Wunsch nach einem engeren Zusammenschluß der kleineren Städte von zwei Seiten erhoben worden. Hannover und Sachsen hatten deutlich ihre Stimme erst gegen die von Österreich und schließlich, nachdem Österreich seine Pläne aufgegeben hatte, gegen die von Preußen drohenden Rechtsbrüche erhoben. Wir werden Hannover und Sachsen als Bewahrer der Reichsverfassung noch des öfteren begegnen. Der dritte weltliche Kurfürst, von Pfalz-Bayern, hat sich ihnen nur deshalb nicht angeschlossen, weil er mit seinen Tauschabsichten selbst zum Bedroher des Status quo im Reich wurde. Zum anderen waren Franz von Anhalt und Carl August von Weimar, 1778 auf den Gedanken verfallen, sich durch einen Fürstenbund vor den Bedrohungen der Großmächte zu schützen. Beide waren von Friedrich 1778 in rüder Weise zu Kontributionen und zur Gestellung von Soldaten gezwungen worden.

Zur selben Zeit war auch im Süden bei Karl Friedrich von Baden und seinem Minister Edelsheim die Idee eines engeren Zusammenschlusses der kleineren Reichsstände aufgetaucht. War das Reich bisher in Konfessionsparteien eingeteilt gewesen, so machte sich unter dem Druck der beiden deutschen Großmächte und der von ihnen ausgehenden Bedrohung einer Teilung Deutschlands eine neue Gruppierung bemerkbar: Es ist der Versuch, die nach 1815 das Dritte Deutschland genannten kleineren Länder so zu organisieren, daß sie eigene politische Bedeutung gewannen. Auf die alte Idee eines Zusammenschlusses der Reichskreise ist man dabei ebensowenig verfallen wie auf die Möglichkeit, Frankreich, den alten Verbündeten der ständischen Opposition, zu gewinnen. Gegen beide Möglichkeiten sprach einiges. Die Reichskreise waren gegen Ende des Jahrhunderts in erster Linie eine Organisationsform der Reichskriegsverfassung. Die Führung der Reichskreise, das Kreisausschreibamt, war in den Händen der größeren Fürsten, die ängstlich darüber wachten, daß keines ihrer Vorrechte angetastet wurde. Die Reichsreformpläne gingen aber gerade von den kleineren Fürsten aus. Auch von Frankreich war es zweifelhaft, wieweit sein Interesse mit denen der kleineren Stände übereinstimmte. Insbesondere war man sich der Neutralität Frankreichs keineswegs sicher. Ludwig XVI. war mit der Schwester des Kaisers verheiratet, das Königreich mit Österreich verbündet. Auch war die Haltung Frankreichs im Bayerischen Erbfolgekrieg zu unklar, um diese Vorstellung sehr verlockend zu machen.

Die ursprünglich gar nicht beabsichtigte Annäherung an Preußen vollzog sich aus zwei Gründen. Einmal hatte Preußen 1778 die Rolle des Verteidigers der Reichsverfassung gegenüber dem Kaiser gespielt. Die eigenen Vergrößerungsversuche, die Hannover und Sachsen auf den Plan gerufen hatten, waren von einer geschickten Propaganda zugedeckt worden, die insbesondere auch bei der Kölner Coadjutorwahl des Erzherzogs Max Franz von weitergehenden Plänen des Erzhauses sprach, die sich leicht zur Bedrohung der Reichsverfassung auswachsen könnten. Zum zweiten aber war es der unbedeutende Herzog Karl August von Zweibrücken, der das Eingreifen einer größeren Macht notwendig machte. 1778 hatte er sich zwar dem Tausch Bayerns gegen die Niederlande widersetzt; da er sich aber wegen seiner unstillbaren Bauwut in ständigen Finanznöten befand, war die Gefahr nicht von der Hand zu weisen, daß er eines Tages durch Geld zum Tausch gewonnen werden konnte, durch den ganz Süddeutschland in die Hand des Kaisers fallen mußte. Nachdem Franz von Anhalt 1783 die katastrophale Finanzlage des Zweibrückers festgestellt hatte, war man sich bald einig, daß nur Preußen die notwendigen Summen aufbringen konnte. Von da an wurde Preußen immer mehr in die Überlegungen einbezogen.

Hierbei haben zwei Konzeptionen eine Rolle gespielt: Die des badischen Ministers Edelsheim, der die kaiserliche Macht weiter aushöhlen und die Landeshoheit kräftig ausweiten wollte, und eine andere Konzeption, die der zweibrückische Minister Hofenfels entwikkelte. Da er mit Hilfe des Fürstenbundes seinen Herrn als Erben aller wittelsbachischen Besitzungen nach seinem Regierungsantritt in München zum Kaiser machen wollte, war er ein Gegner der Edelheimischen Pläne. Seine Absicht ging auf Verdrängung Österreichs aus dem Reich. Preußen sollte die Rolle des Protektors übernehmen. Die ins Stocken geratenen Beratungen gewannen Dezember 1784 an Aktualität, als der russische Gesandte im Reich, Graf Rumjancev, im Auftrag des Kaisers den Herzog Karl August von Zweibrücken gegen Zahlung einer beträchtlichen Summe zu überreden versuchte, seine Einwilligung in den Tausch Bayerns gegen die österreichischen Niederlande zu geben. Die Bemerkung Romanzoffs, der Tausch werde auch ohne seine Einwilligung durchgeführt, wurde vom Herzog so interpretiert, daß er zu seiner Zustimmung gezwungen werden sollte.

Als Friedrich der Große vom zweibrückischen Minister Hofenfels von dieser Entwicklung in Kenntnis gesetzt wurde, erkannte er sofort die Chance, dem Kaiser im Reich eine verheerende moralische Niederlage beizubringen. Mit dem Angebot, sich an die Spitze eines Bundes zur Rettung der Reichsverfassung zu stellen, überwand er alle Bedenken, die bei einigen gegen eine preußische Führung des vorgesehenen Bundes vorhanden waren. Er schloß mit Hannover und Sachsen einen Dreikurfürstenbund, dem sich Baden, Anhalt, Zweibrücken, Sachsen-Weimar und andere kleinere Fürsten anschlossen.

Eine Zeitlang hatten einige Fürsten wie Karl Friedrich von Baden und Wilhelm IX. von Hessen-Kassel gehofft, Hannover werde die Führung übernehmen. Die Regierung in London hatte diese Verhandlungen aber nur benutzt, um Österreich von Frankreich zu trennen. Als Kaunitz an dem Bündnis festhielt, machte London seine Drohung wahr und näherte sich mit dem Eintritt Hannovers in den Fürstenbund Preußen.

Die Garantie der Reichsverfassung hieß auch eine Garantie für die Existenz der geistlichen Fürsten. Damit gewann Friedrich endgültig die Stellung eines Gegenkaisers. Der Versuch von Kaunitz, einen österreichischen Gegenbund zu gründen, scheiterte kläglich. Wie der österreichische Gesandte in Mainz im Herbst 1785 schrieb, getraute er sich, in seinem Ministerialbezirk keinen Fürsten mehr anzugehen, der voll hinter der kaiserlichen Politik stünde. Die Hoffnungen Friedrichs richteten sich besonders auf des Kaisers treueste Klientel, die geistlichen Fürsten, die er mit der Absage an alle Säkularisationsabsichten zu gewinnen hoffte. An einer Reform der Reichsverfassung war Friedrich nicht interessiert.

Der Beitritt des Kurfürsten von Mainz am 18. Oktober 1785 und der Regierungsantritt Friedrich Wilhelms II. von Preußen am 17. August des folgenden Jahres eröffneten dann den Reichsreformplänen neue Chancen. Mit dem Kurfürsten von Mainz schienen die kleinen Fürsten einen neuen Mentor gewonnen zu haben. Als Erzkanzler besaß er neben dem Kaiser verfassungsmäßig die wichtigste Stellung im Reich. Er war Kurfürst, stand aber andererseits mit seinen Interessen den kleinen Reichsständen nahe. Mit Friedrich Wilhelm II. aber kam ein Mann auf den preußischen Thron, der, seit er sich 1783 in die Gründungsverhandlungen des Fürstenbundes eingeschaltet hatte, ein starkes Interesse für die Reichspolitik zeigte. Mit Carl August von Weimar verband ihn eine enge Freundschaft. Er kannte die Pläne der kleinen Fürsten.

Der Mainzer Kurfürst Friedrich Karl von Erthal war eine imponierende Erscheinung. 1784 hatte er die Mainzer Universität der Aufklärung geöffnet und sie zu einer der fortschrittlichsten Universitäten Deutschlands gemacht. Durch die Diözesanreform Josephs II. sah er ein gemeinsames Interesse der evangelischen mit den geistlichen Fürsten entstehen. Beide mußten sich dagegen zur Wehr setzen. Den geistlichen Fürsten ging es um ihre Existenz. Die evangelischen Fürsten aber konnten kein Interesse daran haben, daß die katholischen Fürsten durch Unterwerfung der Kirche in ihren Gebieten und die Säkularisierung des Kirchengutes über ähnliche Machtmittel verfügten wie sie. Dazu kam, daß der zweitmächtigste katholische Fürst, Karl Theodor von Pfalz-Bayern, 1784 mit der Errichtung einer Nuntiatur in München ein fast noch gefährlicheres Mittel zur Unterwerfung der Bischöfe ergriffen hatte. Der Nuntius war kein Diplomat, sondern in erster Linie ein Erzbischof für alle wittelsbachischen Länder. Da diese über das ganze Reich verstreut waren, gab es von Lüttich bis Salzburg kaum einen geistlichen Herren, der von dieser Maßnahme nicht betroffen war. In der Empörung gegen diese Verletzung der Reichsverfassung, in der sich der Papst mit dem zweitstärksten katholischen Fürsten gegen die geistlichen Fürsten verbündet hatte, sah Erthal ein gemeinsames Interesse mit den protestantischen Ständen, das es zu aktivieren galt. Es schien daher nicht ausgeschlossen, die protestantischen Fürsten gegen diese Anmaßung des Papstes zu gewinnen. Erthals Pläne, die bei dem begeisterungsfähigen Mann nicht immer ganz klar zu erkennen waren, scheinen eine Vereinigung der evangelischen mit den geistlichen Fürsten vorgesehen zu haben, wobei Vorstellungen von einer von Rom weitgehend unabhängigen, wiedervereinigten Reichskirche, wie sie der Trierer Weihbischof Nikolaus von Hontheim in seinem unter dem Pseudonym Febronius erschienenen Buch "De statu ecclesiae" entwickelt hatte, eine nicht unerhebliche Rolle spielten. Erthal glaubte, die geistlichen Fürsten geschlossen in den Fürstenbund führen zu können. Das hätte ihm sowohl innerhalb wie außerhalb des Fürstenbundes eine Schlüsselstellung verliehen. Mit den geistlichen Fürsten stand und fiel nämlich die Mehrheit im Reichstag für den Kaiser.

Die Bemühungen Erthals galten in erster Linie seinem Bruder, dem Fürstbischof von Würzburg. Franz Ludwig von Erthal war aber nicht davon zu überzeugen, daß es ein gemeinsames Interesse zwischen den evangelischen und den geistlichen Fürsten gab. Ja, er fürchtete, daß aus dem Fürstenbund ein neuer österreichisch-preußischer Krieg erwachsen würde, an dessen Ende die Säkularisation stünde.

Auch die anderen geistlichen Fürsten konnten von Erthal nicht gewonnen werden. Nicht einmal der Erzbischof von Salzburg, Hieronymus Colloredo, der die österreichischen und bayerischen Maßnahmen zur Unterwerfung der geistlichen Fürsten gleichermaßen zu spüren bekam, ließ sich von ihm gewinnen. Nur Eichstädt, Konstanz, Brixen und Trient traten über Mainz dem Fürstenbund bei. Mit ihnen wurde der Fürstenbund freilich mehr belastet als gestärkt, so daß die Stellung des Mainzers im Fürstenbund dadurch nicht gefestigt wurde.

Einen neuen Auftrieb gewannen die Reichsreformpläne durch die Tätigkeit des mit Carl August von Weimar befreundeten Mainzer Domherrn Karl Theodor von Dalberg. Als Statthalter des zu Mainz gehörigen Erfurt war er in Weimar eine bekannte Erscheinung. Der geistreiche, begeisterungsfähige Prälat war dort ein beliebter Gesprächspartner. Schiller schätzte ihn, Wieland öffnete ihm die Spalten seines "Teutschen Merkur". Herder und Goethe sahen ihn an ihrem Tisch. Er war mit den Reichsreformplänen Carl Augusts vertraut.

Da das Domkapitel von Mainz 1785 dem Fürstenbund nicht beigetreten war, strebte Erthal die Wahl eines Coadjutors an, der durch seinen Beitritt der Mainzer Politik einige Festigkeit für die Zukunft verleihen sollte. Als einziger Kandidat kam Karl Theodor von Dalberg in Frage, der von beiden Seiten umworben wurde. Seine Wahl zum Coadjutor von Mainz am 30. März 1787 ist zunächst von beiden Seiten als Erfolg ausgegeben worden. Da Dalberg aber am 11. Juni dem Fürstenbund beitrat, war am Ende die Fürstenbundpartei der Sieger. In Wien sah man in diesem Vorgehen Verrat. Es half Dalberg nichts, daß er tatsächlich, wie er angekündigt hatte, eine Vermittlung zwischen Wien und Berlin versuchte.

Von Dalberg und Carl August von Weimar sind dann in Wien und Berlin Pläne zur Reform der Reichsjustiz vorgelegt worden, die in vielen Einzelheiten den Reformplänen des Kaisers aus den Jahren 1766–1772 ähnelten. Joseph hatte dafür nur Hohn übrig. Da er als Kaiser die Pläne, wenn sie vom Reichstag beschlossen wurden, vor ihrem Inkrafttreten ratifizieren mußte, saß er am längeren Hebel. Die Erfahrungen, die er mit der Reichskammergerichtsvisitation gemacht hatte, erklären seine Zurückhaltung. Ähnlich erging es Carl August. Als Berater Friedrich Wilhelms II. hatte er die Eifersucht der alten Minister Friedrichs, Finckenstein und Hertzberg, erregt. Beide hatten die nicht ganz unberechtigte Sorge, der König werde sich durch seinen Freund stärker in die Reichspolitik verstricken lassen als es den Interessen der auf Vergrößerung ausgerichteten Großmacht Preußen entsprach. Sie behaupteten daher, Carl August wolle den Fürstenbund in die Hände Erthals bringen. Über den von Erthal und Carl August für 1788 in Vorschlag gebrachten Kongreß der Mitglieder des Fürstenbundes in Frankfurt am Main kam es zum Bruch. Erthal und Carl August wollten dort die Pläne zur Reichsreform vorlegen. Auf diesem Kongreß sollten auch die badischen und zweibrückischen Pläne besprochen werden. Es gelang Hertzberg, den Kongreß zu hintertreiben. Carl August verlor das Vertrauen des Königs. Für Hertzberg war der Fürstenbund nie etwas anderes gewesen als eine Verlegenheitslösung, solange Preußen über keine anderen Allianzen verfügte. Das englisch-preußische Bündnis von 1788 ist daher das Ende des preußischen Engagements im Reich.

Damit endeten aber auch die hochgespannten Hoffnungen, die viele mit dem Fürstenbund verbunden hatten. Verärgert schrieb der Mitarbeiter Erthals, Johannes von Müller: "Wenn die deutsche Union zu nichts Besserem dienen sollte, als den gegenwärtigen Stand des Reiches zu erhalten, so ist sie unter mancherlei politischen Operationen, die in Deutschland vorgenommen werden, wirklich die uninteressanteste." Der Fürstenbund wäre wahrscheinlich ohne große Folgen auseinandergebrochen, hätte sich nicht am Ende auch Friedrich Wilhelm II. als ein Fürst demaskiert, dem das Reich und seine Interessen ziemlich gleichgültig waren.

Im August 1789, wenige Wochen nach dem Sturm auf die Bastille, brach in Lüttich ein Aufstand gegen den Fürstbischof Graf Hoensbroech aus. Noch am gleichen Tag, an dem die Nachricht vom Aufstand im Reichskammergericht eintraf, erließ dieses auf Antrag von Max Franz von Köln, der nun zum großen Gegenspieler Preußens im Reich wurde, den Auftrag an den westfälischen Kreis, gegen die Aufständischen vorzugehen. Für Hertzberg, der auch mit den Revolutionären in Belgien in Verbindung stand, kam die Nachricht überraschend. Er fürchtete, der belgische Aufstand würde zu früh ausbrechen. Er nahm daher mit den Lüttichern Verbindung auf und ließ Preußen die Exekution in Lüttich übertragen. Seine Absicht war, mit Hilfe der preußischen Truppen in Lüttich die Unruhen in Belgien zu schüren und zu lenken. Im Dezember 1789 zogen die preußischen Truppen unter dem Jubel der Bevölkerung in Lüttich ein. Der preußische Befehlshaber hatte vorher entgegen seinem Auftrag den Lüttichern die Errungenschaften ihrer Revolution garantiert. Aus Protest zog Max Franz seine Truppen zurück. Er veranlaßte einen zweiten Spruch des Reichskammergerichts, in dem es die preußischen Zusicherungen verurteilte. Hertzberg, der sich in dem Glauben wiegte, die Revolutionen in Belgien und Lüttich nach Belieben steuern zu können, erlebte nun, daß Max Franz seinen Herrn im ganzen Land als Rechtsbrecher hinstellte. Je beunruhigender die Nachrichten aus Paris klangen, desto schwieriger wurde die Lage Preußens. Max Franz begann einen Flugschriftenkrieg, der Hertzberg schnell unter die Haut ging. "Man könnte aus der Haut fahren über all die Schikanen und Anspielungen des Kurfürsten von Köln und seiner Minister", schrieb er damals dem preußischen Reichstagsgesandten Graf Görtz. Preußen stand ein halbes Jahr nach dem Bastillesturm als Beschützer der Revolution in Lüttich da. Alle Versuche, Hoensbroech zu einem Vergleich zu bringen, scheiterten an Max Franz, bei dem dieser Zuflucht gefunden hatte.

Im Mai 1790 wurden die preußischen Truppen aus Lüttich zurückgezogen. Die vom Reichskammergericht dem kurrheinischen, oberrheinischen, fränkischen und schwäbischen Kreis übertragene Reichsexekution scheiterte. Die Reichstruppen stießen auf fanatisierte Revolutionäre, von denen sie leicht in die Flucht geschlagen werden konnten.

Inzwischen war Joseph II. gestorben. Sein Nachfolger Leopold II. sah die Versöhnung mit Preußen als seine wichtigste Aufgabe an. Damit wollte er die Kaiserkrone dem Haus Habsburg sichern und im Reich den Fürstenbund auflösen. Sodann hoffte er mit Hilfe des Kölner Bruders, das Reich wieder in seine Hände bekommen zu können. Bei der Kaiserwahl gab es praktisch keine Alternative zu ihm. Nach der Versöhnung mit Friedrich Wilhelm II. in Reichenbach im Juli 1790 war die Bahn frei. Ein halbes Jahr nach dem Tod Josephs II. wurde sein Bruder Leopold im Oktober 1790 zum Kaiser gewählt. Auf dem Wahlkonvent wurde Preußen gezwungen, die Aufständischen in Lüttich preiszugeben. Die Reichsexekution wurde dem Kaiser übertragen, der nach der Niederwerfung der belgischen Revolution am 9. Januar 1791 Lüttich, ohne Widerstand zu finden, von seinen Truppen besetzen ließ.

In den Wochen der Lütticher Exekution wurden von Max Franz von Köln mehrfach Pläne entwickelt, einen neuen Fürstenbund zur Erhaltung der Reichsverfassung und zur Organisation des Reiches unabhängig von den Großmächten zu gründen. Er wandte sich deshalb an Mainz, Hannover, Dresden, Kassel und München. Die sich abzeichnende Versöhnung zwischen Österreich und Preußen gib diesen Plänen neue Chancen. Max Franz stieß aber überall auf taube Ohren. Die Resignation war allgemein. Ein neuer Fürstenbund hätte gegen Preußen errichtet werden müssen. Dazu war niemand bereit. An der Schwelle zu den Revolutionskriegen stand das Reich ohne eine eigene Stimme da.

Der Fürstenbund hat niemals eine solche Intensität erreicht, daß von ihm neue Verfassungsimpulse ausgegangen wären. Zwar konnte in Ansätzen wenigstens die konfessionelle Spaltung überwunden werden. Die hierarchische Struktur des Reiches blieb aber unangetastet. Die evangelischen Kurfürsten achteten peinlich darauf, daß ihre fürstlichen Mitstände mit ihnen nicht auf eine Stufe gestellt wurden. Die starke reichsverfassungsmäßige Stellung des in seiner Macht weder mit Sachsen noch mit Hannover zu vergleichenden Mainzer Kurfürsten konnte nicht mobilisiert werden. Dies hing freilich mit den gleichzeitigen kirchlichen Reformbestrebungen zusammen, die hinter den geschilderten Ereignissen standen und die zum Verständnis des Reiches in den Jahren 1763 bis 1791 wichtig sind.

5. Reformbestrebungen in der Reichskirche

1742 wurde bei der Kaiserwahl Karls VII. der Trierer Weihbischof Nikolaus von Hontheim beauftragt, die Gravamina der deutschen Nation, das sind die aus dem 15. Jahrhundert stammenden Beschwerden der deutschen Reichskirche gegen Rom, zusammenzustellen. Sie wurden zum erstenmal seit dem 16. Jahrhundert wieder in die Wahlkapitulation des Kaisers aufgenommen. Bei dieser Gelegenheit erkannte Hontheim, wie viele Beschwerden durch den Konfessionsgegensatz in Vergessenheit geraten waren und wieviel Gemeinsames Katholiken und Protestanten in ihrem Verhältnis zu Rom besaßen. 1762 entdeckte der Mainzer Staatsrechtslehrer Johann Baptist Horix das Mainzer Akzeptationsinstrument, in dem 1439 Kaiser Albrecht II. und die Kurfürsten und deutschen Erzbischöfe Reformdekrete erlassen hatten, die in Anlehnung an die Dekrete des Basler Konzils eine größere Selbständigkeit der Reichskirche einleiten sollten. Es war damals Papst Eugen IV. gelungen, diese Absichten in den Fürstenkonkordaten von 1448 zu hintertreiben. Die Wiederentdeckung des Mainzer Akzeptationsinstruments gab den episkopalistischen Strömungen dieser Zeit erheblichen Auftrieb. Sie wurden ein Jahr später in dem von Hontheim verfaßten, aber unter dem Pseudonym Febronius herausgegebenen Buch "De statu ecclesiae" in ein Febronianismus genanntes System gebracht.

Von diesem Buch gingen große Wirkungen aus. Sie haben eine Entwicklung eingeleitet, die am Ende zur Säkularisation der geistlichen Fürsten führte. Hontheims Buch hatte drei große Ziele:

1. Wie schon sein Titel "Buch von dem Zustand der Kirche und der rechtmäßigen Gewalt des römischen Papstes, die in der Religion widrig gesinnten Christen zu vereinen" ankündigt, war das eine und wesentliche Ziel die Wiedervereinigung der Konfessionen. Hierbei ist es Hontheim weniger um theologische Fragen gegangen. Er glaubte, eine solche Wiedervereinigung durch die Errichtung einer deutschen Nationalkirche zustandebringen zu können. Durch eine größere Selbständigkeit von Rom und die Berücksichtigung von Reformansätzen hoffte er, die Protestanten für diese Idee gewinnen zu konnen. Von evangelischer Seite ist dieser Gedanke insbesondere von dem Theologen Karl Friedrich Bahrdt zurückgewiesen worden, der mit Recht darauf hinwies, daß Hontheim das ganze Gebäude der evangelischen Theologie nicht zur Kenntnis nähme. Auch hat Hontheim die Probleme

offensichtlich gar nicht gesehen, die sich durch eine Trennung der Kirchengewalt von den evangelischen Landesherren und deren Übertragung auf katholische Bischöfe ergeben mußten. Hontheims Vorstellungen haben, was den Dialog zwischen den Konfessionen anbetrifft, kaum etwas bewirkt. Sie stellen aber den theologischen Hintergrund dar für Erthals Idee, im Fürstenbund eine Verbindung der geistlichen mit den evangelischen Fürsten herzustellen.

2. Hontheim wollte dem Papst keine andere Stellung einräumen als die eines Primus inter pares. In Fragen kirchlicher Lehren sollte er die letzte Entscheidung besitzen. Im übrigen aber sollten die einzelnen Nationalkirchen in größter Selbständigkeit verbleiben. Diese Ansicht richtete sich unter anderem gegen die während der Reformation errichteten Nuntiaturen in Köln und Luzern. Ursprünglich für die Gebiete Deutschlands errichtet, für die kein katholischer Bischof mehr zuständig war, hatte sich insbesondere die Kölner Nuntiatur dadurch zu einer Konkurrenz der Erzbischöfe entwickelt, daß sie kirchliche Prozesse und Dispenssachen an sich zog. Dies widersprach eindeutig den Bestimmungen des Trienter Konzils, wonach niemand in kirchlichen Prozessen seinen nationalen Richtern entzogen werden durfte. Hier konnte Hontheim auf breite Sympathie rechnen. Dieser Teil des Hontheimischen Werkes gab daher auch den episkopalistischen Strömungen innerhalb der Reichskirche Auftrieb, das heißt jenen Kräften, die eine Stärkung der Stellung der Bischöfe gegenüber Rom erstrebten. Hontheims Ideen hatten einen starken jansenistisch-gallikanistischen Kern. Mit dem französischen Leben war er über die Trierer Suffraganbistümer Metz, Toul und Verdun sowie über die nach Luxemburg übergreifenden Teile der Diözese Trier in Verbindung gekommen. Seine Ideen waren in ihren Auswirkungen zwiespältig. Er wollte dem Landesherrn größere Rechte einräumen, ließ aber offen, ob er mit dem Landesherrn den Kaiser oder den Territorialherrn meinte. Der Landesherr war für Hontheim aber wichtig, weil er über ihn

3. Reformansätze verwirklichen wollte, die sich sowohl gegen Rom wie gegen die deutsche Adelskirche richteten. Die deutschen Domkapitel befanden sich seit den Bullen Papst Alexanders VI. von 1501 und Sixtus' V. von 1588 fast ganz in der Hand des Adels. Adelsproben mit 16 oder 32 Ahnen waren in allen Domkapiteln vorgeschrieben. Diese widersprachen zwar den Bestimmungen des Tridentinismus, waren aber von Rom geduldet. Der katholische Adel besaß in den Domkapiteln und Reichsstiften einen festen politischen Rückhalt, der um so wichtiger war, als die geistlichen Fürsten als Kurfürsten (Mainz, Trier und Köln) und als kreisausschreibende Fürsten verfassungsmäßig wichtige Stellungen innehatten. Von daher wird aber verständlich, daß Domherrn und Bischöfe in erster Linie Politiker und nur in zweiter Linie Geistliche waren. Sie besaßen meist eine juristische und nur sel-

ten eine theologische Ausbildung. Hontheims Reformvorschläge richteten sich u. a. auch gegen diese Adelsvorrechte. Insofern unterstützte er das auf Reformen ausgerichtete Territorialkirchentum.

Hontheims Buch ist insgesamt gesehen ein Ausdruck dessen, was man katholische Aufklärung nennt. Diese wurde in erster Linie von den geistlichen Fürsten getragen. Unter ihnen befanden sich so hervorragende Persönlichkeiten wie die beiden Erthal, Max Franz von Köln, Ludwig Joseph Welden von Freising, Limburg-Styrum von Speyer, um nur einige zu nennen. Dasselbe gilt aber auch für die Kanonistik und Theologie. Beides hatte zur Folge, daß man sich Rom und der römischen Theologie, die sich starr gegen das Eindringen aufklärerischer Ideengüter stellte, weit überlegen fühlte. Eine weitere Folge war, daß die geistlichen Fürsten in ihrem Kampf mit Rom Sympathien bei den Aufklärern fanden, die an sich weder an der Einrichtung der geistlichen Fürsten noch an katholischen Bischöfen Gefallen finden konnten.

Die Adelskirche mit ihrer festen Verankerung in der Reichsverfassung war immer schon das geheime Ziel von Säkularisationsabsichten. Das evangelische Deutschland sah in ihrer Existenz eine Bevorzugung des katholischen Adels. Ähnlich sah es Friedrich Carl von Moser, als er in seiner Schrift "Über die Regierung der geistlichen Staaten in Deutschland" schrieb: "Es geht heutzutage mit allen Erz- und Hochstiften nicht mehr um Religion, welche entstand, ehe die Bischöfe zu Fürsten wurden, und bleiben wird, wenn auch kein Bischof mehr Fürst sein wird, sondern die Stifte sind nur noch das glückliche Medium zur Erhaltung des Adels, daß nicht alle von unersättlichen Monarchen und gewalttätigen Fürsten verschlungen werde, daß noch zwischen deutschem Volk und den politischen Fürsten ein das Gleichgewicht haltender Mitstand bleibe." Die geistlichen Adelsrepubliken kamen am Ende des 18. Jahrhunderts mit dem katholischen Territorialkirchentum der beiden größten katholischen Dynastien der Wittelsbacher und der Habsburger in Konflikt.

Die Unterwerfung der Kirche unter den Staat und die Säkularisierung des Kirchengutes waren für die katholischen Fürsten eine Notwendigkeit, wenn sie gegenüber den evangelischen Fürsten konkurrenzfähig bleiben wollten. Der Reichtum der Kirche stand in krassem Gegensatz zur Mittellosigkeit der katholischen Staaten. Dieses Problem hatte Joseph II. durch Einziehen von Kirchengütern zu lösen versucht. Der zweite große katholische Fürst im Reich, Karl Theodor von Pfalz-Bayern, ging das Problem durch die Errichtung der Münchner Nuntiatur an. Der Nuntius war, wie erwähnt, kein Gesandter, sondern ein Erzbischof für alle pfalz-bayerischen Länder. Der 1785 darüber ausbrechende Nuntiaturstreit stellte das Reichskirchensystem nicht weniger in Frage als der Josephinismus, ja, die von Karl Theodor und Papst Pius VI. hierbei begangenen Verfassungsbrüche gefährdeten das ganze Reichssystem. Da Karl Theodor im Grunde dasselbe tat wie Joseph II., hatte er in ihm einen Verbündeten. Der Unterschied war lediglich, daß man in Pfalz-Bayern dasselbe mit Hilfe des Papstes unternahm, was in Österreich in heftigen Konflikten mit Rom erkämpft werden mußte.

Schon hier zeigte sich die verwirrende Überkreuzung der Interessen, die für den Nuntiaturstreit so typisch sind und die erklären, weshalb der Nuntiaturstreit zur großen Krise der Reichsverfassung wurde. Auch das Interesse der evangelischen Reichsstände war in dieser Frage nämlich gespalten. An sich hatte der Mainzer Kurfürst gar nicht so unrecht, als er von einem gemeinsamen Interesse der evangelischen und der geistlichen Fürsten ausging. Da jede Einschränkung der Rechte der geistlichen Fürsten den katholischen Herrschern zugute kommen mußte, waren die evangelischen Fürsten grundsätzlich gegen die Maßnahmen des Kaisers und des bayerischen Kurfürsten. Sie waren um so leichter zu mobilisieren, wenn sich auch der Papst an diesen Verletzungen der Reichsverfassung beteiligte und so die alten, im evangelischen Deutschland unvergessenen Gravamina der deutschen Nation bestätigte. Das traf für Hannover und Sachsen auch zu. So schrieb der englische König Georg als Kurfürst von Hannover dem Mainzer Kurfürsten, als dieser 1789 anfragte, ob er den Nuntiaturstreit vor den Reichstag bringen sollte: "Es hat aber auch ferner bei mir keinen Zweifel, daß die deutsche Nation in Ansehung ihrer katholischen Kirche sich gegen den römischen Hof noch eine weitere Freiheit als bisher zueignen und ausbedingen könne, wie dies von anderen Reichen und Ländern in verschiedenen Zeitpunkten geschehen ist, noch geschieht und von Deutschland bei dem Basel'schen Consilio und den Fürstenkonkordaten geschah. Ich halte gleichfalls dafür, daß man über einen solchen Nationalgegenstand allerdings bei der deutschen Reichsversammlung zu traktieren, zu deliberieren und zu statuieren wäre."

Die Verwirrung kam auch diesmal von Friedrich Wilhelm II., der in Rom mit Girolamo Marchese Lucchesini einen ebenso eifrigen wie intriganten Gesandten besaß. Als sich Dalberg nach der Wahl zum Coadjutor von Mainz zunächst weigerte, dem Fürstenbund beizutreten, schloß Lucchesini 1786 mit dem Vatikan einen Vertrag, in dem sich Rom unter der Zusicherung verpflichtete, Dalbergs Wahl zum Coadjutor nur nach seinem Beitritt zum Fürstenbund zu bestätigen, wenn der Berliner Hof den Mainzer dazu bringe, nichts gegen die Münchner Nuntiatur zu unternehmen und alle Beschlüsse über Kirchenreform und Kirchendisziplin der deutschen Erzbischöfe hintanzuhalten. Damit war auch der Nuntiaturstreit mit dem Fürstenbund und seinen vielfältigen Interessen und Entwicklungen verknüpft, die sich aus der Coadjutorwahl Dalbergs, der Lütticher Affäre und der Kaiserwahl von 1790 mit ihren sich überkreuzenden Interessen ergaben. Von diesem Interessenwirrwarr her erklärt es sich, weshalb die um Kirchenreform und Nuntiaturstreit kreisenden Fragen in ihrem Ablauf und in ihren Auswirkungen zu den am schwersten darzustellenden Problemen der deutschen Geschichte am Ende des 18. Jahrhunderts gehören.

Die Auseinandersetzungen mit Rom hatten bereits 1769 mit den Koblenzer Beschlüssen der drei geistlichen Kurfürsten begonnen. Aus aktuellem Anlaß hatte damals unter der Leitung Hontheims eine Theologenkommission 31 Beschwerden gegen Rom beschlossen, deren wichtigste Rom das Recht bestritt, in Deutschland Nuntiaturen mit Befugnissen zu unterhalten, die in die Rechte des Episkopats eingriffen. Damit war ein wesentlicher Teil des Hontheimischen Programms unbeschadet der Verurteilung des Febronianismus durch Rom von den Erzbischöfen offiziell übernommen worden.

Über vierzehn Jahre vergingen, ehe Kaiser Joseph II. 1783 mit seinen Maßnahmen gegen Passau und Karl Theodor mit der Errichtung der Münchner Nuntiatur zwei Jahre später eine neue Runde der Auseinandersetzungen einläuteten. Während die Aufregung über Passau bald abflaute, dauerte der Streit um die Münchner Nuntiatur bis 1790. Auf die Frage, ob es sich um einen Gesandten oder um einen mit geistlichen Fakultäten ausgestatteten Nuntius handele, antwortete Rom herausfordernd, der Münchner Nuntius habe dieselben Fakultäten wie der Kölner. Kurfürst Karl Theodor fügte zur Klarstellung der Verhältnisse noch hinzu: "Die Nuntiatur erhöht die staatspolitische Stellung des bayerischen Kurfürsten und eint alle Staaten des Kurfürsten unter der einen apostolischen Nuntiatur."

Die erste Welle der Proteste verebbte ergebnislos. Rom hielt an seinem Standpunkt fest, Nuntiaturen nach Belieben einrichten zu können. Sie endete, als der am meisten betroffene Mainzer Erzbischof auf preußisches Betreiben hin und durch das Lucchesini-Abkommen behindert, seine Proteste einstellte. Die zweite Welle ging von Max Franz von Köln aus, der, durch Mißbräuche der Kölner Nuntiatur verärgert, auf die Koblenzer Beschlüsse zurückgriff und nun die Einrichtung der Nuntiaturen prinzipiell für einen Mißbrauch erklärte. Zu dieser Haltung hatte das schroffe und provokative Verhalten des 1786 nach Köln berufenen Nuntius Bartolomeo Pacca beigetragen, der bei seinem Eintreffen in Köln im Hinblick auf die Münchner Nuntiatur erklärte: "Nun ist der deutschen Kirche die Axt an die Wurzeln gelegt." Es kam zur Emser Konferenz im Juli 1786, auf der die Theologen der vier Erzbischöfe von Mainz, Köln, Trier und Salzburg über gemeinsame Maßnahmen berieten. Während es Köln um die Nuntiaturen ging, wollte der Mainzer Vertreter, Weihbischof Heimes, im Auftrag Preußens von diesem Thema ablenken. Ihm ging es um ein

Reformprogramm, das zum einen die katholische Kirche in Deutschland auf einen Stand heben sollte, der der Reform der Seelsorge in Österreich entsprach. Zum zweiten erstrebte er damit eine Abstellung von Mißbräuchen, die im Charakter der Adelskirche lagen. Zum dritten aber wollte er im Sinne der von Hontheim erstrebten Vereinigung der Konfessionen Reformen wie die Abschaffung des Zölibats erzwingen, die geeignet waren, eine Annäherung an die evangelische Kirche zu erleichtern. Mit steigender Verärgerung nahm Max Franz diese nur aus der Mainzer Politik erklärlichen Eskapaden zur Kenntnis, die er für eine "Ansammlung von dummem Zeug" und, ähnlich wie Hieronymus Colloredo von Salzburg, für gänzlich überflüssig erklärte. Die Emser Beschlüsse verurteilten zwar auch die Nuntiaturen, sie waren aber in ihren Reformwünschen ungeeignet, eine gemeinsame Front gegen Rom herzustellen. Der Kölner wandte sich daher an den Reichshofrat, der am 19. November 1787 ein Gutachten erließ, in dem die Nuntiaturen und das Vorgehen des Münchner Hofes verurteilt wurden, in dem aber auch die neue Diözesaneinteilung des Kaisers als verfassungswidrig erklärt wurde. Der Kaiser unterdrückte daher dieses Gutachten und Max Franz war seinem Bruder gegenüber loyal genug, sich dem zu fügen.

Max Franz wandte sich nun an den Reichstag. Dieses Vorgehen brachte Preußen in Verlegenheit, das sich im Lucchesini-Abkommen verpflichtet hatte, Mainz von allen Schritten gegen die Münchner Nuntiatur abzuhalten. In welche Abhängigkeit von Rom sich Friedrich Wilhelm II. begeben hatte, zeigt die Erklärung des päpstlichen Gesandten in Berlin, Guiccioli: "Der König von Preußen", heißt es hier, "muß die Nuntiaturen schützen, weil er dadurch 1. das dem Papst gegebene Versprechen erfüllt, 2. die geistliche Verfassung Deutschlands beschirmt, 3. sich dem Kurfürsten von Pfalz-Bayern verpflichtet, 4. das Vertrauen der Bischöfe (gegen die Erzbischöfe) gewinnt und 5. nur die vier Erzbischöfe reizt, deren Bund dem Berliner Hof immer verdächtig sein muß." Tatsächlich erreichte der Berliner Hof einen Aufschub. Je undurchsichtiger aber die Berliner Politik wurde, desto mehr bemühte sich Max Franz um eine Bloßstellung des Berliner Hofes, den er gleichzeitig in der Lütticher Affäre bereits in Mißkredit gebracht hatte. Schon im Juli 1789 war er damit so erfolgreich, daß man, wie der hannoversche Gesandte in Berlin, Lenthe, schrieb, in Berlin nur noch auf den Tod des Kaisers und das dann eintretende Interregnum hoffte, um den ärgsten Zudringlichkeiten des Kölners zu entgehen.

Die eindeutigste und politisch klügste Haltung nahm der so oft unterschätzte Karl Theodor von Bayern ein. In allen Schwierigkeiten hielt er sich zurück und ließ den Vatikan den Ärger ausbaden. Dem Kaiser gegenüber drohte er mit seinem Beitritt zum Fürstenbund, während er Preußen immer wieder mit seinem Anschluß an Österreich und seiner Bereitwilligkeit zum Tausch beunruhigte. Von Rom ließ er sich für zehn Jahre eine Besteuerung des bayerischen Klerus übertragen, die entgegen allem Reichsrecht von der Nuntiatur eingetrieben wurde. Als die Vorlage des Nuntiaturstreites beim Reichstag drohte, erreichte er 1789 die Errichtung eines exemten Münchner Hofbistums. Auf jede Maßnahme seiner Gegner antwortete er mit neuen Provokationen. Nach dem Tode Josephs II. setzte er als Reichsvikar entgegen allem Herkommen das Recht durch, wie der Kaiser zu Bischofswahlen einen Wahlkommissar entsenden zu können. Er erreichte, daß in Freising und Regensburg gegen alle Proteste des Domkapitels ein blinder Anhänger Roms und der Nuntiaturen gewählt wurde, der als Benediktiner an sich gar nicht wählbar war. Mit all diesen Maßnahmen setzte er wirklich die Axt an die Wurzeln der deutschen Kirchenverfassung.

Der Zähigkeit des Kölner Kurfürsten gelang in den Wahlkapitulationen von 1790 und 1792 ein später Sieg. Mit der Drohung, den Reichstag damit zu befassen, erreichte er, daß in den Wahlkapitulationen die Tätigkeit der Nuntiaturen entscheidend eingeschränkt wurde. Die Frage der Abschaffung der Nuntiatur wurde auf den Reichstag verwiesen. Ein Sieg der Erzbischöfe in Regensburg schien sicher, als der ausbrechende Revolutionskrieg die Diskussion darüber in den Hintergrund drängte.

Dieser Sieg war freilich ein Pyrrhussieg. Er machte Rom zum unversöhnlichen Feind der Reichskirche. Rom konnte sich einem Spruch des Reichstages nicht beugen, der seinen Einfluß in Deutschland entscheidend getroffen hätte. Die Reichskirche war Rom zur Bedrohung geworden.

Zusammenfassung

Als das Reich 1792 in die Wirren der Revolutionskriege ging, war die Reichsverfassung von innen her bedroht. Die Erfolglosigkeit der Reformbewegungen der achtziger Jahre hatte bei den Reichsständen zu tiefer Resignation geführt. Die Hoffnung, das Reich zu modernisieren, war erloschen, die mit der Reichsverfassung eng verbundenen Einrichtungen der katholischen Kirche waren in ihrer Existenz bedroht. Wenn Rom die Entmachtung der deutschen Fürstbischöfe erstrebte, wie sollten sich diese auf die Dauer dem Ansturm des Territorialkirchentums erwehren?

Ähnlich ist das Verhältnis der beiden deutschen Großmächte zum Reich zu beurteilen. Die Annäherung Preußens an das Reich hatte die norddeutsche Großmacht in eine Reihe von Problemen verstrickt, denen sich das preußische Ministerium nicht gewachsen gezeigt hatte. Das Ergebnis war ein allgemeines Mißtrauen gegen den Berliner Hof, dessen Folge wiederum eine Abkehr Preußens vom Reich war. Dasselbe gilt für Österreich. Der Versuch, Schlesien wieder zu gewinnen, war 1763 endgültig gescheitert. Von da an beherrschte die Idee, einen Ersatz finden zu müssen, um dem Rivalen Preußen Paroli bieten zu können, die Politik Josephs II. Bei der polnischen Teilung hatte Preußen mit der Landbrücke zu Ostpreußen die wesentlich interessantere Erwerbung gemacht. Im Teschner Frieden gewann Österreich zwar das Innviertel, mit der Zusage, Ansbach-Bayreuth mit Preußen vereinigen zu können, hatte Friedrich der Große jedoch erneut das wesentlich bessere Los gezogen. Die österreichische Politik war daher seit 1763 auf Landerwerb aus. Von daher erhielt die bis dahin so statische kaiserliche Politik unter Joseph II. eine Richtung, die im Reich als Bedrohung empfunden wurde. Die Beziehungen des Reiches zum Kaiser waren daher in eine schwere Krise geraten. Die unter Leopold II. begonnene Reichspolitik hätte einer langen Zeit bedurft, um das Vertrauen wiederzugewinnen, das Joseph II. verspielt hatte. Als Leopold nach nur zweijähriger Regierung starb, hinterließ er seinem Sohn die Aussöhnung mit Preußen als Vermächtnis. Damit waren die politischen Verhältnisse in Deutschland wieder da angelangt, wo sie 1763 nach dem Frieden von Hubertusburg gewesen waren. Es kam zwar nach 1763 zu keiner Aussöhnung zwischen Österreich und Preußen. Es gab jedoch mehrfach Ansätze dazu. Die polnische Teilung von 1772 zeigte, wie gefährlich ein Zusammengehen der beiden deutschen Großmächte für die Existenz der Reichsstände werden konnte, die als Machtfaktoren in der europäischen Politik keine Rolle spielten. Frankreich, das als Garant der Reichsverfassung auch über die Existenz der kleineren Reichsstände gewacht hatte, versank in den Augen der Politiker 1789 im Chaos der Revolution. Von daher erklärt sich, weshalb in den Revolutionskriegen sehr bald in den Überlegungen der deutschen Großmächte Pläne zur territorialen Umgestaltung des Reiches auftauchten.

Zweiter Teil

REVOLUTIONSKRIEGE UND ENDE DES ALTEN REICHES

1. Von der österreichisch-preußischen Rivalität zum Bündnis

Als Friedrich Wilhelm II. und Leopold II. im Januar 1792 eine Militärallianz gegen Frankreich schlossen, waren sich zumindest die beiden Herrscher in der Überzeugung einig, man sollte, wenn irgend möglich, jedes direkte Eingreifen in Frankreich vermeiden. Leopold hatte mehrfach Hilferufe seiner Schwester ignoriert. Auch Friedrich Wilhelm II. wollte Frieden. Sowohl die österreichische als auch die preußische Armee befanden sich in keinem guten Zustand. Das alles schien auf eine längere Periode des Friedens hinzudeuten. Auch die Konflikte mit Frankreich, die an der deutschen Westgrenze durch die Aufnahme französischer Emigranten an einigen Höfen entstanden waren und zur Folge hatten, daß die französische Regierung 1791 alle Rechte und Besitzungen deutscher Fürsten im Elsaß kassierte, trübten dieses Bild nur unwesentlich. Die preußisch-österreichische Annäherung war nicht das Ergebnis einer von Frankreich und der Französischen Revolution ausgehenden Bedrohung. Weder in Berlin noch in Wien sah man in diesen Vorgängen etwas Bedrohliches. Man hat vielmehr die Schwächung des französischen Nachbarn mit großem Vergnügen wahrgenommen. Weder in Wien noch in Berlin stritt man der Revolution eine gewisse Berechtigung ab. Man hielt die Vorgänge in Frankreich für das Ergebnis einer schlechten Verwaltung. Mit dem Hochmut aufgeklärt-absolutistischer Monarchen glaubte man, in Frankreich ein verlottertes, weit zurückgebliebenes Staatswesen sehen zu können. Kaunitz sah in der Ausschaltung Frankreichs als bestimmende Macht des Kontinents das Wichtigste an den Vorgängen. Er meinte, daß es nicht schwer sein dürfte, "ein solches Mittelding von Vergleich und einer monarchischen Regierungsverfassung zustande zu bringen, woraus für Frankreich nichts anderes als eine fortdauernde Fluktuation, innerliche Schwäche und äußerliche Nullität entstehen kann". Von der Schwere der Herausforderung besaß man weder in Wien noch in Berlin eine Ahnung, in welch letzterem man sich ja auch nicht gescheut hatte, die Revolution in Belgien und Lüttich zu unterstützen, weil man in ihr eine begrenzte Revolte sah, die sich zur Schwächung der Habsburgermonarchie benutzen ließ.

Ein ganz anderer Gedanke begann sich bei den deutschen Großmächten festzusetzen: Mit dem Verschwinden Frankreichs aus dem Kreis der europäischen Großmächte eröffnete sich erneut die Möglichkeit einer Aufteilung des deutsch-polnischen Raumes unter die drei östlichen Großmächte. Tatsächlich hat der preußische Gesandte Bischoffwerder schon im Januar 1791 die ersten Andeutungen darüber in Wien gemacht. Konkret wurden diese Pläne erst nach dem Tod Leopolds II. und dem Eintreffen der französischen Kriegserklärung in Wien und Berlin am 20. April 1792. Bereits am 21. März hatte der österreichische Staatsrat Spielmann dem preußischen Gesandten in Wien eine Entschädigung der den beteiligten Mächten bei einem Feldzug in Frankreich entstehenden Unkosten durch eine neue Teilung Polens und für Österreich durch den Austausch Bayerns gegen die österreichischen Niederlande vorgeschlagen. Obgleich beide Vorschläge für Preußen heikle Probleme aufwarfen, war das Echo in Berlin positiv. Die Tauschfrage war schließlich für eine Macht nicht unproblematisch, die sieben Jahre zuvor das Reich in dem Willen gegen Österreich geeinigt hatte, eben diesen Tausch zu verhindern. Nicht weniger bedenklich für die politische Moral des Berliner Hofes war die Tatsache, daß man noch im März 1790 eine Garantie der polnischen Selbständigkeit abgegeben hatte. Ungeachtet dessen schlug man aber am 21. Mai 1792 den Österreichern einen gemeinsamen Einmarsch in Polen vor, um den Ambitionen Katharinas II. zuvorzukommen, die man in der Ukraine entschädigen könne.

In der nun beginnenden Diskussion um Kriegsentschädigungen und Vergrößerungen sind drei Momente wichtig. Einmal zweifelte man nicht einen Augenblick daran, daß die Aktion gegen Frankreich als eine Art Polizeiaktion ablaufen würde und man sich in Paris von Frankreich die Kosten des Feldzuges erstatten lassen könnte. Davon unabhängig bestand zweitens die feste Absicht, das Verschwinden Frankreichs aus dem Kreis der Großmächte zu Vergrößerungen zu benutzen, die sich die drei östlichen Großmächte nach dem Beispiel der polnischen Teilung von 1772 gegenseitig genehmigen würden. Dabei waren die Aspirationen zumindest Österreichs von Anfang an auf Vergrößerungen im Reich und an der deutschen Westgrenze gerichtet, während Preußen eine vollständige Aufteilung Polens vorgezogen hätte. Bei diesen Überlegungen scheint die Tatsache, daß sich der polnische Reichstag am 3. Mai 1791 eine schriftlich fixierte Verfassung gegeben hatte, für Preußen nur eine untergeordnete Rolle gespielt zu haben. Viel schwerwiegender war die darin ausgesprochene Einführung des Erbkönigtums für das Haus Wettin, was insbesondere in Berlin und Petersburg Unbehagen hervorrief, da sie weiteren Vergrößerungen einen Riegel vorschieben mußte. Man kann daher, so naheliegend der Gedanke auch zu sein scheint, nicht von einem Gefühl der revolutionären Bedrohung sprechen, der sich die östlichen Großmächte durch die polnische Verfassung ausgesetzt gesehen hätten. Sie wollten ihre Einigkeit wie schon zwanzig Jahre zuvor zu Vergrößerungen benutzen. Das heißt aber, daß mit dem Beginn der Revolutionskriege – ganz gleich, wie diese militärisch auch ausgegangen wären – die Existenz des Reiches auf dem Spiele stand, dessen Verfassung viel zu kompliziert war, um derartige Gewichtsverschiebungen ausgleichen zu können. Das hat man im Reich auch durchaus gesehen, wo insbesondere Hannover und Sachsen die Vergrößerungsabsichten der Großmächte mit größtem Mißtrauen betrachteten. Im Dezember 1791 hatte der Fürstbischof von Würzburg ahnungsvoll zum österreichischen Gesandten gesagt: "Wenn Österreich und Preußen einig sind, so ist das Ende des Reiches gekommen." Die hannoverschen Minister aber schrieben Ende August 1792, daß der französische Krieg "nur dazu dienen würde, unter einem anderen Vorschub höchst bedenkliche Vergrößerungsabsichten zu befördern". In einem Nachsatz meinten sie, daß dies das Ende der Reichsverfassung nach sich ziehen würde.

Tatsächlich war das Gleichgewicht im Reich nicht nur durch die Tauschabsichten des kaiserlichen Hofes in Gefahr. Am 2. Dezember 1791 waren die Markgrafentümer Ansbach-Bayreuth an Preußen gefallen. Damit war Preußen in den süddeutschen Raum eingedrungen. Das bedeutete nicht nur einen erheblichen Machtzuwachs Preußens in strategisch wichtiger Lage, es bedeutete auch, daß der fränkische Reichskreis, der neben dem schwäbischen der einzige voll funktionierende Reichskreis mit regelmäßigen Kreisversammlungen und einem regen Verfassungsleben war, in die Hände einer Großmacht gelangt war. Das Auftreten des ersten preußischen Ministers in Franken, des späteren Fürsten Hardenberg brachte den Kreis in wenigen Jahren weitgehend in preußische Abhängigkeit.

Diese Fragen spielten auch in den Verhandlungen um die Entschädigungen im Sommer 1792 eine Rolle. Zunächst hatte der preußische Minister Schulenburg geglaubt, das Problem so lösen zu können, daß Rußland in der Ukraine, Preußen in Polen und Österreich im Elsaß entschädigt werden würden. Österreich, das nicht allein das Odium auf sich nehmen wollte, sich auf Kosten Frankreichs zu vergrößern, brachte erneut die Tauschfrage in die Diskussion. Obwohl man in Berlin sehr zurückhaltend reagierte, ging nun in Wien die alte Rechnerei wieder los. Der alte Feldmarschall Graf Lacy kam auf die Idee, in den Tausch, der Österreich nicht vergrößerte, Ansbach-Bayreuth einzubeziehen. Der preußische Anteil in Polen sollte entsprechend vergrößert werden. Die geheime Konferenz vom 21. Juli 1792 billigte dieses Vorgehen, das bei seiner Verwirklichung sicherlich Österreich die Vorherrschaft im Reich gesichert hätte, das aber doch in vielem utopisch war. Nicht nur, daß man sich der Zustimmung Karl Theodors und des Herzogs von Zweibrücken nicht versicherte, es war auch äußerst unwahrscheinlich, daß die protestantische Vormacht Preußen darin einwilligen würde, die hohenzollernschen Stammlande dem katholischen Haus Habsburg zu überlassen. Eine solche Frage mußte überdies mit größter Delikatesse behandelt werden, wozu der Wahlkonvent zur Kaiserwahl Franz' II. in Frankfurt sicher der denkbar ungeeignetste Ort war. Kein Wunder, daß der von den Verhandlungen weitgehend ausgeschaltete Kaunitz mit äußerster Schärfe reagierte, als er davon hörte. "Ich ersehe daher", schrieb er Ende Juli 1792, "bei diesem ganzen Betragen nichts als Habsucht und politische Grundsätze, welche für die künftigen Zeiten sehr wenig Vertrauen einflößen können und wenig Gutes versprechen." Als der Kaiser Anfang August von Frankfurt zurückkehrte, legte ihm Kaunitz sein Rücktrittsgesuch vor, das auch bewilligt wurde.

Inzwischen hatten die österreichischen Unterhändler Spielmann und Cobenzl in Mainz, wohin die Verhandlungen verlegt worden waren, vollkommen versagt. Ohne sich vorher zu vergewissern, ob Preußen überhaupt den österreichischen Plänen zuzustimmen bereit war, hatten sie in der Hoffnung, den König für ihren Plan einer Einbeziehung Ansbach-Bayreuths gewinnen zu können, die Bereitschaft des Kaisers erklärt, Preußen in Polen ein größeres Gebiet einzuräumen, als Friedrich Wilhelm II. vorgeschlagen hatte. Friedrich Wilhelm II. lehnte nicht nur die Abtretung Ansbach-Bayreuths, sondern auch den Tausch Bayerns gegen die österreichischen Niederlande ab und verwies Österreich erneut auf Eroberungen im Elsaß. Man ging in Mainz ergebnislos auseinander. Es war für Preußen nicht schwierig, das Mißtrauen der versammelten Kurfürsten durch Andeutungen auf den Kaiser zu lenken.

Während Preußen mit eindeutigen Zusagen wegen seiner Entschädigung in den Feldzug gegen Frankreich ging, hatte Österreich durch seine Beteuerungen, an Erwerbungen in Polen nicht interessiert zu sein, auch die letzte Möglichkeit einer relativ leichten Erwerbung ausgeschlagen. Während man in Wien noch davon träumte, die Niederlande durch Eroberungen in Nordfrankreich vergrößern zu können, befand sich die vom Herzog von Braunschweig miserabel geführte österreichisch-preußische Armee seit der berühmten Kanonade von Valmy am 20. September 1792 auf dem Rückzug, der beinahe in eine regellose Flucht ausgeartet wäre. Einen Monat später, am 21. Oktober 1792, öffnete die Festung Mainz dem französischen Revolutionsgeneral Custine ihre Tore. Aus dem Spaziergang zur Befreiung des französischen Königs war ein Krieg auf Leben und Tod geworden.

Während Österreichs Kriegsentschädigung nach der Eroberung der österreichischen Niederlande durch die Franzosen in weite Ferne rückte, holte sich Preußen am 5. Januar 1793 in der zweiten polnischen Teilung den ihm von Österreich unter der Voraussetzung zugesprochenen Teil, daß Friedrich Wilhelm II. in die Abtretung Ansbach-Bayreuths einwillige. Rußland vergrößerte sich in Ostpolen, während Österreich leer ausging. Im März 1793 mußten Spielmann und Cobenzl ihre Posten räumen. An ihre Stelle trat Johann Amadeus Freiherr von Thugut, der, ein prinzipieller Gegner Preußens, seine wichtigste Aufgabe darin sah, Österreich ein Äquivalent für die Vergrößerung der beiden östlichen Großmächte zu verschaffen.

2. Die "Deutsche Revolution"

Die Vorgänge in der von französischen Truppen eroberten und bald von einer österreichisch-preußischen Armee belagerten Festung Mainz im Winter 1792/93, die Gründung von Jakobinerklubs, das Pflanzen von Freiheitsbäumen und nicht zuletzt die Person des revolutionären Idealisten und Weltreisenden Johann Georg Forster haben die Frage nach einer deutschen Revolution aufkommen lassen. Sie kann nicht damit beantwortet werden, daß man wie der DDR-Historiker Heinrich Scheel oder wie Walter Grab alle Aufstände, Revolten und Revolutionen aufzählt und zu einem Gesamtereignis addiert. So verdienstvoll diese Untersuchungen auch sind, so wird man doch als Quintessenz dieser Arbeiten sagen müssen, daß es in Deutschland kaum Ansätze für eine Revolution, das heißt für einen Umsturz aller politischen und sozialen Verhältnisse gegeben hat. Das ist bei der Not, die die Revolutionskriege ausgelöst haben, bei dem immer unsinniger werdenden Charakter des Krieges und seiner Kriegsführung, und schließlich bei der revolutionären Propaganda eine bemerkenswerte Feststellung, die Klaus Epstein veranlaßt hat, von einer Immunität der Mehrheit des deutschen Volkes gegenüber revolutionären Ideen zu sprechen. Die dieser These widersprechenden Arbeiten von Scheel und Grab sind unter souveräner Mißachtung der historischen Tatsachen geschrieben. Ihr Bild von der deutschen Geschichte der Jahre 1789–1800 entspricht der borussischen Historiographie der Jahrhundertwende. Die Behauptungen vom despotischen Absolutismus, der in Deutschland vor 1790 geherrscht habe, sind längst widerlegt. Insofern muß alles, was von ihnen über eine revolutionäre Situation in Deutschland am Ende des 18. Jahrhunderts gesagt wird, mit größter Zurückhaltung aufgenommen werden.

Andererseits aber ist es unbestreitbar, daß es etwa gleichzeitig mit dem Beginn der Französischen Revolution in Belgien, Lüttich, dem Rheinland und in Sachsen zu Aufständen kam. Sie haben allerdings sehr unterschiedliche Zielrichtungen gehabt. Die belgische Revolution war ein Adelsaufstand gegen die Reformen Josephs II. Die Unruhen im Rheinland und besonders in Sachsen waren das Ergebnis einer echten, durch Mißernten und feudale Bedrückungen hervorgerufenen Notlage. In der Person Benjamin Geißlers ist in Sachsen auch ein Mann mit einem revolutionären, an den Ideen der Französischen Revolution ausgerichteten Programm aufgetaucht. Die schnelle Unterdrückung dieses Aufstandes durch die sächsische Regierung hat ihm seine Wirkung auf die Öffentlichkeit genommen, wobei die Tatsache eine erhebliche Bedeutung hatte, daß der Aufstand von der Regierung vertuscht wurde, so daß wir erst im 20. Jahrhundert aus den Akten den vollen Umfang rekonstruieren konnten. Am deutlichsten ist die Verbindung mit der Französischen Revolution in Lüttich, wo unter dem Bürgermeister Fabry ein wirkliches revolutionäres Programm in Angriff genommen wurde. Von Belgien und Lüttich abgesehen, haben die von dem mit erstaunlicher Schnelligkeit reagierenden Reichskammergericht ausgelösten Aktionen genügt, um die Aufstände zu ersticken.

Nach Ausbruch des Krieges sind insbesondere die Vorgänge in Mainz nach der Besetzung durch Custine und während der Belagerung 1792/93 von Interesse. In Mainz bildete sich ein Jakobinerklub, der insbesondere Anhänger unter den zurückgebliebenen Professoren der Mainzer Aufklärer-Universität fand. Die Mainzer Vorgänge sind Teil einer ersten Welle der Begeisterung über die Verwirklichung aufklärerischer Ideen in Frankreich, die einen großen Teil der deutschen Intellektuellen erfaßt hatte. Allerdings haben die Mainzer Jakobiner das Volk nicht mitreißen können, obwohl ihnen in dem Weltreisenden Georg Forster eine imponierende Persönlichkeit zur Verfügung stand. So reichten die Zünfte den neuen Machthabern eine Eingabe ein, in der es hieß: "Unsere Abgaben waren gering, der Nahrungsstand blühend und wir durften, wo es unsere Sache betraf, mit Freimütigkeit reden. In welchem dieser Punkte wir durch die Franken glücklicher geworden sein sollen, fühlen wir auf keine Weise." Die Wahl zum rheinisch-deutschen Nationalkonvent fand bereits unter der Bedrohung der Belagerung durch die preußische Armee statt. In Mainz gingen von 10 000 Wahlberechtigten 345 zur Wahl. Auf dem Land und in anderen Städten lag die Wahlbeteiligung bei bis zu 30 %. Auf Antrag Forsters beschloß der Konvent am 21. März den Anschluß von Mainz an Frankreich. Custine trug mit seiner herrischen Art wesentlich dazu bei, daß die Mainzer sich weniger als Befreite denn als Besetzte fühlten. So sind die Mainzer Jakobiner nach der Eroberung von Mainz

(23.7.1793) ebenso schnell verschwunden wie sie aufgetaucht waren. Harte Strafen genügten, um dem Spuk, wie man sagte, ein Ende zu bereiten.

Die Verschwörung der Wiener Jakobiner 1794 gehört insofern in denselben Umkreis, als sie ihren Antrieb ebenfalls aus der Begeisterung der Intellektuellen über die Französische Revolution, mehr allerdings noch aus dem Abstoppen der Reformen Leopolds II. bezog. Leopold II., der die französische Verfassung von 1791 begrüßt und ein eigenes Verfassungsprojekt für die Toskana ausgearbeitet hatte, hatte für Österreich ein Reformprogramm entwickelt, von dem wir freilich nur die Umrisse kennen. Aus seinem Umkreis kamen die jakobinischen Verschwörer in Wien und Ungarn. Ihre Verschwörung ist das Ergebnis der Regierungsart Kaiser Franz II., der nicht nur die Entschädigungsfrage in unfähige Hände gelegt, sondern der auch in Österreich durch das Abstoppen aller Reformen Unzufriedenheit ausgelöst hatte. Eines der Häupter dieser Wiener Verschwörer war der ehemalige Mathematiklehrer des jungen Kaisers, Andreas Freiherr von Riedel, der über die Vorstellung, daß dieser "kaiserliche Dummkopf" die Geschichte der Monarchie bestimmen sollte, zum Gegner der Monarchie und zum Revolutionär geworden war. Das eigentliche Haupt der Verschwörer war der ehemalige Professor für Physik der Universität Lemberg, Ignaz von Martinovics. Allerdings hatten weder in Wien noch in Ungarn die Verschwörer je die Chance besessen, einen Umsturz herbeizuführen. Das Ganze blieb im Rahmen dilettantischer Pläneschmiederei, wie auch die ca. achtzig Anhänger kaum in der Intelligenz, geschweige denn in den oberen Schichten der österreichischen Hauptstadt hatten Fuß fassen können. Der Prozeß gegen sie erregte einiges Aufsehen. Der Kaiser wurde durch diese Vorkommnisse endgültig zum starren Reaktionär, der jede Reform als eine Vorstufe revolutionärer Ereignisse betrachtete. Nach den Vorgängen in Mainz und Wien erhielten von österreichischer Sicht die Revolutionskriege den Anschein eines Kreuzzuges gegen die Bedrohung der Menschheit durch die Ideen der Französischen Revolution.

Dieser Stimmungsumschwung, der übrigens auch weite Teile der Intellektuellen ergriff, hat allerdings tiefere Gründe. Er hängt vordergründig mit der Hinrichtung Ludwigs XVI. am 21. Januar 1793 und mit Robespierres Schreckensherrschaft sowie mit der immer auffallenderen Diskrepanz zusammen, die zwischen den Idealen der Revolutionspropaganda und den Zuständen in Frankreich bestanden.

Ursprünglich hat man in Wien und Berlin in der eingebildeten Überlegenheit des Systems des Aufgeklärten Absolutismus einen sicheren Hort gegen jede revolutionäre Gefahr gesehen. Die Vorstellung, die Französische Revolution sei das Ergebnis zu spät oder gar nicht vorgenommener Reformen, die die Regierenden in Berlin und

Wien so sehr in Sicherheit wiegte, verflog in dem Moment, als man in Paris an die Verwirklichung der politischen Freiheit des einzelnen ging. Dieses Ideal hat die Fürsten des Aufgeklärten Absolutismus nie interessiert, die mit der Beseitigung der ständischen Freiheit in Deutschland auch die letzten Reste der Freiheit überhaupt beseitigt hatten. Die Tatsache, daß man in Frankreich daran ging, nicht nur den Staat zu reformieren, sondern in erster Linie die politische Freiheit des einzelnen zu verwirklichen, rief die Begeisterung der deutschen Intellektuellen, eines Kant, Fichte, Gentz, Forster und anderer hervor. Sie erkannten sehr deutlich, daß mit der Französischen Revolution Ideale der Aufklärung vor ihrer Verwirklichung standen, die bei der pragmatischen Lösung des Aufgeklärten Absolutismus nie eine Chance besessen hatten. Die merkwürdige Tatsache, daß die Reformregime in Preußen, Österreich, Toskana, Neapel und Spanien beim Zusammenprall mit der Französischen Revolution wie Kartenhäuser zusammenbrachen, erklärt sich nicht zuletzt aus ihrem absolutistischen Charakter, der auch die letzten Reste ständischer Freiheit beseitigt hatte. Die Freiheitsparolen der Französischen Revolution stießen in den aufgeklärt-absolutistisch regierten Ländern auf die totale Unfreiheit. Nicht zuletzt daraus erklärt sich das relativ geringe Echo dieser Parolen in den Reichslanden, in denen sich der Aufgeklärte Absolutismus nicht hatte durchsetzen können und in denen zum größten Teil die altständischen Freiheiten noch bestanden.

Der einzige Monarch, der dieses begriffen hatte, war Leopold II. Mit Entsetzen hatte er die Reformversuche seines Bruders verfolgt, die zwar wohlgemeint waren, die aber in der despotischen Form, in der sie befohlen wurden, nur ein negatives Echo fanden. Er war daher schon bei seinem toskanischen Verfassungsprojekt von der Vorstellung ausgegangen, daß das Volk in einer Volksvertretung einen Schutz vor der Despotie des Herrschers erhalten müsse. Sein Tod im Jahr 1792 war daher für viele in Österreich das Ende weitgespannter Hoffnungen. Zur selben Zeit hatte Friedrich Wilhelm II. in Preußen unter dem Einfluß seiner reaktionären Umgebung alle Reformen abgestoppt. Die neue politische Richtung zeigte sich unter anderem auch im Allgemeinen Preußischen Landrecht in seiner 1794 veröffentlichten Form, das dem König in Rechtsdingen wieder die Möglichkeit von Machtsprüchen einräumte.

Von daher erklärt sich die anfängliche Begeisterung vieler deutscher Intellektueller über die Vorgänge in Paris, die sowohl bei den Mainzer wie bei den Wiener Ereignissen eine Rolle spielten. Einen feststellbaren Einfluß auf die Politik haben sie nicht gehabt. Sie haben lediglich nach 1793 dazu geführt, daß sich in ganz Deutschland antirevolutionäre reaktionäre Strömungen durchsetzten und es ein breites konservatives Schrifttum gab.

Merkwürdigerweise fühlten sich aber nicht nur die Regime des Aufgeklärten Absolutismus, sondern auch die Reichsstände der Französischen Revolution gegenüber überlegen. Wir kennen Wielands stolzes Wort von der Überlegenheit des Reichssystems gegenüber dem Despotismus der Französischen Revolution. "Dürfen wir uns jemalen einen französischen salto mortale wünschen," schrieb Friedrich Karl von Moser, "oder wollen wir es nicht lieber bei unserer confusione divinitas conservata, genannt Reichsverfassung die nächsten hundert Jahre bewenden lassen?" Viele Reichsjuristen jedenfalls sahen in den ersten Jahren der Revolutionskriege und unter dem Eindruck der Schreckensherrschaft die Reichsverfassung positiv. Selbst Hegels 1802 verfaßte Schrift "Die Verfassung Deutschlands" geht von der Überlegenheit des Reichssystems aus, an dem er im wesentlichen nur die Korrektur anbringen wollte, daß die Städtebank am Reichstag eine gewählte Volksvertretung sein sollte. Dieses Gefühl der Überlegenheit, dem Justus Möser am eindrucksvollsten Ausdruck verlieh, richtete sich gegen alle aufklärerischen Reformen, ganz gleich, ob sie vom Aufgeklärten Absolutismus oder von der Revolution herkamen. Es ging von der Überlegenheit ständischer Freiheiten aus und beklagte deren Zerstörung durch den Absolutismus. In dieser Sicht war die Revolution die Folge der durch den Absolutismus erfolgten Rechtsbrüche. Der Aufgeklärte Absolutismus mit seinen aufklärerischen, gegen den Feudalismus gerichteten Reformen machte die Sache nur schlimmer. An die Idee der ständischen Freiheit und nicht etwa an die Ideen der Französischen Revolution knüpften Rehberg und Stein mit ihren Reformprogrammen an, die in ihrem Kern nicht revolutionär – wie man lange geglaubt hat –, sondern konservativ waren. Wenn man wie Klaus Epstein von einer Immunität der Deutschen gegenüber den Ideen der Französischen Revolution spricht, wird man als Grund dafür auch die altständischen Verhältnisse des Reiches in Betracht ziehen müssen, die man bisher nur allzu leicht als "verlottertes, zum Absterben verurteiltes System" betrachtet hat.

Eine neue Phase in den revolutionären Strömungen begann 1795/96 in Süddeutschland mit dem veränderten Charakter der Revolutionskriege, als Österreich nach dem Frieden von Basel ohne Preußen versuchte, das revolutionäre Frankreich zu besiegen. Nach der Erklärung der natürlichen Grenzen durch die französische Revolutionsregierung 1793 war das ganze linke Rheinufer von französischen Okkupationsgelüsten bedroht. Als im Sommer 1796 die Armeen Moreaus und Jourdans tief nach Süddeutschland vordrangen, mußten die deutschen Jakobiner feststellen, daß die französischen Generäle von ihren deutschen Gesinnungsgenossen nichts wissen wollten, sondern von den erschrockenen fürstlichen Regierungen hohe Kontributionen erpreßten. Die Not in diesen Jahren, in denen Süddeutschland zum Kriegsgebiet wurde, stieg, wie die Berichte der bayerischen Marschkommissare enthüllen, ins Unerträgliche. Nach den von den Regierungen im Sommer 1796 mit Frankreich geschlossenen Verträgen behandelte die nach den Siegen Erzherzog Karls bei Amberg und Würzburg vorrückende österreichische Armee das Land teilweise wie Feindesland. Trotzdem wurde der Sieger, Erzherzog Karl, als Retter des Vaterlandes gefeiert. Von einer revolutionären Stimmung war in diesen stürmischen Jahren nichts zu spüren. Die anfängliche Begeisterung über die Vorgänge in Paris wich einer nüchternen Betrachtung, was nicht ausschloß, daß manche Pläne sich noch an revolutionären Ideen ausrichteten.

Das Reich war freilich nicht nur durch Jakobiner oder, wie wir sehen werden, durch die Entschädigungspläne der deutschen Großmächte gefährdet, es haben sich am Ende des 18. Jahrhunderts auch andere Kräfte gezeigt, die auf die Dauer den durch die Reichsverfassung gesetzten Rahmen gesprengt hätten. Dazu gehört eine insbesondere Preußen erfassende Zunahme der Bevölkerung, von der nur Bayern ausgenommen war. Zwischen 1740 und 1800 nahm die Bevölkerung in manchen Gebieten bis zu einem Drittel zu. "Die Ursachen dieser ,demographischen Revolution' vor dem eigentlichen Industriezeitalter liegen noch ziemlich im Dunkeln" (H. U. Wehler). Sie hatte in dem hier beschriebenen Zeitraum nur geringe Auswirkung, gehört jedoch zu den Entwicklungen, die eine Veränderung der Lebensverhältnisse der Menschen ankündigte.

Trotz revolutionärer Ansätze, die allerdings in einem neun Jahre währenden Krieg gegen eine revolutionäre Macht nicht ausbleiben konnten, hat es zu keiner Zeit eine Chance gegeben, daß grundlegende Veränderungen durch eine Revolution herbeigeführt wurden. Der Staat, ganz gleich, in welcher Form er in Deutschland auch existierte, war in Deutschland an keiner Stelle ernsthaft bedroht.

Man hat viele Gründe dafür vorgebracht, warum es in Deutschland nicht zur Revolution gekommen ist. Die politische Apathie der Bevölkerung, die Dezentralisierung Deutschlands in unzählige Residenzen sind dafür ebenso ins Feld geführt worden wie das Fehlen eines aufgeklärten, reichen und zur politischen Verantwortung drängenden Bürgertums. Im Grunde ist diese Frage aber unhistorisch. Eine der Französischen Revolution vergleichbare Revolution konnte in Deutschland nicht ausbrechen, weil hier Verhältnisse herrschten, die mit denen Frankreichs unvergleichbar waren. Eine deutsche Revolution hätte notgedrungen ganz anders aussehen müssen. Sie wäre ebenso sicher zu einem anderen Zeitpunkt ausgebrochen. Deutschland hatte zu Beginn der 90er Jahre des 18. Jahrhunderts keine revolutionäre Situation. Das Feudalsystem herrschte noch ungebrochen in weiten Gegenden des Reiches. Auch ist das Fehlen einer Revolution am Ende des 18. Jahrhunderts in Deutschland trotz Palmers These von der atlantischen Revolution keine einmalige Erscheinung. Im Gegenteil, weder in Rußland noch in Italien oder Spanien gibt es vergleichbare Ereignisse. Die Bedeutung der Französischen Revolution für diese Länder besteht in der Interdependenz der europäischen Geschichte. Die Tatsache, daß die Revolution nicht nach Deutschland übergriff, sagt daher noch nicht, daß sich in Deutschland nicht auch grundlegende Veränderungen, wenn auch auf evolutionärem Weg, zwischen 1789 und 1815 vollzogen.

Diese Veränderungen sind vorbereitet in einem mehrfach beobachteten politischen Desinteresse der deutschen Intelligenz, die sich nach einer fast hektisch zu nennenden Anteilnahme an der Amerikanischen und Französischen Revolution in den Elfenbeinturm geistiger Interessen zurückzog. Diese Intelligenz hatte die alte Reichsverfassung im Geiste der Aufklärung längst aufgegeben. Von den Ereignissen der Schreckensherrschaft in Frankreich verschreckt, war sie aber nicht in der Lage, neue Ziele anzustreben. Schillers Bekenntnis: "Deutsches Reich und deutsche Nation sind zweierlei Dinge. Indem das politische Reich schwankt, hat sich das geistige immer fester und vollkommener gebildet", gibt diese Haltung am klarsten wieder.

Von daher wird verständlich, weshalb das Reich, von unfähigen Herrschern in Österreich und Preußen im Stich gelassen, am Ende des 18. Jahrhunderts zum passiven Partner Europas wird. Die Reichsverfassung, in der Mitte des Jahrhunderts von Rousseau noch als perfekte, für Europa unentbehrliche Einrichtung gefeiert, war den Erschütterungen eines modernen Krieges nicht gewachsen. Ihre Erhaltung im Sturm der Türken- und Franzosenkriege am Ende des 17. Jahrhunderts verdankt sie nicht zuletzt dem Festhalten des Kaisers an dieser Einrichtung. In dem Augenblick, als man in Wien das Reich preisgab und in den Entschädigungsplänen als frei verfügbare Masse Land betrachtete, war ihr Ende unabwendbar. Eine eigene Ordnungsvorstellung stand nicht dahinter. Das hatte zur Folge, daß man erst 1812 ernsthaft darangehen konnte, ein neues Deutschland aufzubauen.

3. Der Reichskrieg gegen Frankreich bis zum Frieden von Basel

War der Feldzug 1792 von den deutschen Großmächten in der Überzeugung begonnen worden, man werde in Frankreich Ludwig XVI. retten, Frankreich aber zu einer Macht zweiten Ranges herabdrücken und so die Voraussetzung für Vergrößerungen schaffen, die sich die drei östlichen Großmächte gegenseitig genehmigen würden, so war die

Illusion eines leichten Sieges nach der Einnahme von Mainz durch Custine verflogen. Die Hinrichtung Ludwigs XVI. am 21. Januar 1793 gab der "Polizeiaktion gegen Frankreich" eine andere Richtung. Die Bestrafung der Königsmörder schien zwar nicht weniger wichtig als die Befreiung des Königs, doch stand man nun nicht mehr unter Zeitdruck.

Für Friedrich Wilhelm II. war es um des angeschlagenen Ansehens seiner Armee willen wichtig, Mainz zurückzuerobern und die Franzosen aus dem Reichsgebiet zu vertreiben. Er hielt im Winter 1792/ 93 in Frankfurt Hof und ließ sich als deutscher König und Verteidiger des Reiches feiern. Nach der zweiten polnischen Teilung war er saturiert. Seine Pläne waren mehr auf Verteidigung als auf Eroberungen angelegt, die nur dem Rivalen Österreich zugute kommen konnten.

Der neue Mann in der Wiener Staatskanzlei, Thugut, sah in der Vergrößerung Österreichs das eigentliche Ziel seiner Politik. Unter diesem Gesichtspunkt kam im Frühjahr 1793 in Wien die Idee eines Austausches Bayerns gegen die österreichischen Niederlande wieder zur Sprache. Offenbar wollte man Kurfürst Karl Theodor in einer Gewaltaktion zu diesem Tausch zwingen, der bei der exponierten Lage der Niederlande und der Revolutionsfurcht des Kurfürsten für diesen nichts Verlockendes mehr hatte. Es ist nicht ganz klar, ob dies ein letzter, verzweifelter Plan des Gespanns Spielmann/Cobenzl war oder ob Thugut seine Amtszeit mit einem Paukenschlag beginnen wollte. Jedenfalls alarmierte der Reichsvizekanzler den hannoverschen und sächsischen Gesandten. Diese gaben die Warnung nach München weiter. Eine Zeitlang sah es aus, als würde sich aus Hannover, Sachsen und Pfalz-Bayern der Kern eines neuen Fürstenbundes zur Erhaltung des status quo im Reich bilden. Grund zur Beunruhigung boten im Frühjahr und Sommer 1793 nicht nur die Tauschgerüchte. Preußens unklare Haltung gab zu vielen Gerüchten Anlaß. So hieß es, es billige den Austausch Bayerns, sei es gegen die Niederlande, sei es gegen das Elsaß, und es würde die Säkularisierung entweder aller oder doch eines Großteils der geistlichen Fürsten betreiben. Die Gefahr gegenseitiger Vergrößerungen der beiden Großmächte stand den Zeitgenossen deutlich vor Augen. Die hannoverisch-sächsische Allianz zur Erhaltung der Besitzverhältnisse im Reich besaß in England, an das sich sowohl der Wiener wie der Berliner Hof 1793 mit der Bitte um Subsidien wandte, einen schwer überwindbaren Rückhalt.

War man 1792 an Verbündeten wenig interessiert gewesen, die bei der Verteilung der Beute mit lästigen Forderungen hervortreten konnten, so änderte sich 1793 die Lage. Am 7. September 1792 hatte man zwar die Frage einer Beteiligung des Reiches am Krieg an den Reichstag gebracht, das ganze Problem war aber vom Kaiser dilatorisch behandelt worden, bis die Einnahme von Mainz die Frage der Reichsverteidigung dringend werden ließ. Auch in dieser Frage wurde Hannover der Gegenspieler der Großmächte. Es verbreitete die Ansicht, daß sich Österreich und Preußen einseitig vergrößern wollten und daß es in diesem Krieg keineswegs – wie die Großmächte vorgaben – um die Bekämpfung der Revolution ginge. Der verfehlte Feldzug 1792 und die davon ausgehende Bedrohung des Reiches sei die alleinige Schuld der Großmächte. Als Österreich und Preußen von den Reichsständen die Zahlung von hundert Römermonaten verlangte, stellte sich Hannover quer. Mit dem Hinweis, das Reich sei nicht bereit, einseitige Vergrößerungswünsche der Großmächte zu finanzieren, verlangte es die Aufstellung einer eigenen Reichsarmee. Am 1. Februar 1793 wurde diese Aufstellung einer eigenen Armee auf dem im Krieg üblichen dreifachen Matrikularanschlag sowie dreißig Römermonaten zur Bildung einer Operationskasse bewilligt. Das rege Mißtrauen kam in dem Beschluß noch einmal zum Vorschein, die Reichsarmee dürfe nur zu Verteidigungszwecken benutzt werden. Die Reichsarmee ist dann zunächst nicht ein eigener Verband gewesen, sondern war in die österreichische Armee eingegliedert. Trotz intensiver Bemühungen der Großmächte kam es zu keiner Kriegserklärung des Reiches an Frankreich. Es wurde nur am 22. März 1793 eine Resolution beschlossen, daß der von Frankreich dem Reich abgenötigte Krieg "als ein allgemeiner Reichskrieg zu achten sei". Das allgemeine Mißtrauen wäre sicher noch viel größer gewesen, hätte man im Reich von den wahren Plänen des Berliner und Wiener Hofes gewußt. Sie betrafen keineswegs nur das Problem der Kriegsentschädigung. Vielmehr hat Thugut zu Beginn seiner Amtstätigkeit im März 1793 eine Denkschrift vorgelegt, die einen vollständigen Umsturz der Besitzverhältnisse im Reich zum Ziel hatte. Thugut ging davon aus, daß das Reich nach dem Verlust der österreichischen Niederlande und des Rheinlandes seine Rettung nur von den Großmächten erwarten könne. In dieser Denkschrift, die ein Jahr später die Zustimmung der adeligen Opposition gegen Thugut fand, wurde die Idee propagiert, die Westgrenze des Reiches durch die drei mächtigsten Reichsfürsten Österreich, Preußen und Pfalz-Bayern abzudecken, eine Idee, die bis 1814 mehrfach in österreich erwogen worden ist. Die drei geistlichen Kurfürsten sollten ins Innere des Reiches verpflanzt werden, wobei Österreichs Stellung im Reich durch die Erwerbung Bayerns und durch erhebliche Vergrößerungen an der Westgrenze entscheidend gestärkt werden sollte. Thugut sah bei einem österreichischen Sieg und bei der sich abzeichnenden Erschöpfung der preußischen Kassen keine unüberwindlichen Schwierigkeiten für die Verwirklichung seiner Ideen. Man kann diesem Thugutschen Plan eine gewisse Großartigkeit nicht absprechen. Seine Verwirklichung hätte die Vorherrschaft Österreichs im Reich fest verankert, aber auch Preußen, das Luxemburg erhalten sollte, fest an das

Reich gebunden. Die vorgesehenen Vertauschungen machen es wahrscheinlich, daß mit diesem Plan das ganze Reichssystem ins Wanken geraten wäre. Auch das war man in Wien bereit hinzunehmen. Wie spätere Äußerungen Thuguts beweisen, ließ ihn die Vorstellung einer weitgehenden Umverteilung der Besitzverhältnisse in Deutschland kalt. Selbst an die Errichtung eines erblichen Kaisertitels hat er gedacht, die Österreich von dem Stimmverhältnis im Kurfürstenkollegium unabhängig gemacht hätte. Die Idee einer befestigten, von den mächtigsten Reichsständen bewachten Westgrenze zeigt aber noch etwas anderes. Thugut hatte den Gedanken einer Polizeiaktion gegen das revolutionäre Frankreich aufgegeben. Der Krieg ist ihm ein Vehikel zur Umgestaltung des Reiches geworden, die er im Einvernehmen mit Preußen und unter Ausschaltung der übrigen Großmächte durchführen wollte. Ein eindeutiger österreichischer Sieg und die sich abzeichnende Schwäche Preußens sollten dieses Einvernehmen erleichtern. Schon hier ist im Ansatz die Vorstellung einer Art Militärgrenze gegen das revolutionäre Frankreich enthalten, dessen Ideen Thugut für eine ständige und durch militärische Aktionen auch nicht besiegbare Bedrohung hielt. Thuguts spätere fixe Idee, die den Krieg unsinnig verlängerte, der Kaiser könne mit den Königsmördern nicht verhandeln, war hier vorgezeichnet.

Die wichtigste Voraussetzung für diesen Plan, der Sieg der Alliierten, trat auch 1793 nicht ein. Zwar wurde Mainz am 23. Juli 1793 und die österreichischen Niederlande im Frühjahr zurückerobert, der Sieg jedoch, der die französischen Machthaber zum Frieden gezwungen hätte, konnte nicht errungen werden. Verrätereien des Preußischen Oberbefehlshabers Feldmarschall von Moellendorff, der in den Österreichern noch immer den Erbfeind sah, ließen den von Preußen entworfenen Feldzugsplan scheitern. Am Ende des Jahres zeichnete sich die totale Erschöpfung der preußischen Kassen ab. An dieser Entwicklung war Österreich nicht ganz unschuldig. Die von den Reichsständen bewilligten 30 Römermonate sowie jene Zahlungen, mit denen einige Reichsstände ihre Verpflichtung zur Gestellung von Soldaten ablösten, flossen in die vom Kaiser verwaltete Reichsoperationskasse. Das verbündete Preußen sah davon nichts. Versuche, aus dieser Kasse etwas zu erhalten, wurden vom Wiener Hof beharrlich abgewiesen. Von daher baute sich zwischen den Alliierten ein Konfliktpotential auf, das von einigen preußischen Ministern benützt wurde, um aus dem Bündnis mit dem alten Erbfeind herauszukommen. Von seinen Beratern irregeführt, die dem König, um zum Frieden mit Frankreich zu kommen, die vollkommene Erschöpfung der preußischen Kassen vorspiegelten, trat Friedrich Wilhelm II. an England und Österreich mit der Forderung heran, Preußen zur Unterhaltung seiner Armee für den Feldzug von 1794 die damals gigantische

Summe von 22 Millionen Taler als Subsidien zu zahlen. Da man gleichzeitig in Berlin die österreichischen Entschädigungswünsche, die diesmal auch polnisches Gebiet betrafen, zurückwies, war die Krise in den Beziehungen der beiden Verbündeten unvermeidlich. Sie wurde noch durch die Ernennung Lucchesinis zum preußischen Gesandten am Kaiserhof vertieft. Lucchesini galt an enragierter Gegner Österreichs. Seine Anwesenheit in Wien mußte zu Mißverständnissen und gegenseitigen Sticheleien führen.

Wie nicht anders zu erwarten, erklärten sich England und Österreich außerstande, die verlangte Summe aufzubringen. Der zu Verhandlungen nach Berlin geschickte Österreicher Graf Lehrbach konnte dort tiefe Einblicke sowohl in die Kassenlage wie in die Antikriegsstimmung weiter Kreise tun, die den Wert des preußischen Alliierten nicht gerade in rosigem Licht erscheinen ließen. War schon das Ansinnen an England und Österreich eine zweischneidige Maßnahme, so zeigt die später erwogene Idee, zehn von den 22 Millionen aus dem Reich mit der Drohung zu erpressen, andernfalls die preußische Armee vom Reich zurückziehen zu wollen, nicht gerade von großem Einfühlungsvermögen. Sie wirkte nicht zuletzt deshalb besonders verbitternd, weil Preußen sich auch die Unterhaltung seines Kontingents zur Reichsarmee (15 000 Mann) und der allianzmäßig zu stellenden von 20 000 Mann vom Reich bezahlen lassen wollte. Es war den österreichischen Gesandten im Reich ein leichtes, diese Forderung zu einer Schmälerung des preußischen Ansehens zu benutzen. Der vom preußischen Minister in Ansbach-Bayreuth, Graf Hardenberg, im Frühjahr in Frankfurt vorgesehene Kongreß, auf dem die Summe unter den Reichsständen aufgeteilt werden sollte, kam gar nicht zustande.

Etwa gleichzeitig wurde von Wien eine allgemeine Volksbewaffnung zur Verteidigung des Reiches propagiert, die in einigen Ländern – wie in Württemberg und Bayern – ein durchaus positives Echo fand. Die Alternative, eigene Truppen aufzustellen oder zehn Millionen Taler zum Unterhalt der wegen ihrer Disziplinlosigkeit verschrieenen preußischen Armee aufzubringen, die sich bisher nicht gerade mit Ruhm bedeckt hatte, konnte kaum zugunsten der preußischen Vorstellungen ausfallen. Im März 1794 ging der Kaiser noch einen Schritt weiter. Er erfüllte eine Forderung der Stände und stellte eine eigene Reichsarmee unter seinem Onkel, dem Herzog Albrecht von Sachsen-Teschen, auf. Sie erreichte zwar nie die geplante Stärke von 120 000 Mann, wies aber mit den im Mai 1794 erreichten 76 000 Mann, von denen 34 000 Mann ständische und 42 000 Mann österreichische Truppen waren, eine beachtliche Stärke auf.

Mit der Idee einer allgemeinen Volksbewaffnung hatte Thugut freilich eine für Österreich gefährliche Illusion geweckt. Das Reich war durchaus bereit, Opfer zu bringen, aber nicht, um Krieg zu führen, sondern um – mit einer starken Armee im Hintergrund – zu einem annehmbaren Frieden zu kommen. Als der Feldzug von 1794 erneut durch die Untätigkeit und offenen Verrätereien preußischer Heerführer verlorenging und im Herbst die Österreicher zum zweitenmal aus den Niederlanden vertrieben wurden, sah man im Reich die Zeit für einen Frieden gekommen. Da man einen ehrenvollen Frieden haben wollte, fielen die von Thugut im August 1794 ins Reich geschickten Hilferufe auf fruchtbaren Boden. Nach relativ kurzen Verhandlungen bewilligte der Reichstag den fünffachen Matrikularanschlag und hundert Römermonate. Aber nicht nur dies: Im Sommer begannen unter der Leitung des Landgrafen von Hessen-Kassel, der als einziger noch über erhebliche Geldmittel verfügte, Verhandlungen über die Errichtung einer ständischen Armee, die schließlich Ende September zur Wilhelmsbader Konferenz führten. In Wilhelmsbad beschlossen der anwesende Landgraf von Hessen-Kassel und Karl Friedrich von Baden die Aufstellung einer eigenen Armee von 40 000 Mann und eine Anleihe von 24 Millionen Gulden. Die geschäftige Anwesenheit eines kaiserlichen Abgesandten wiegte die Verbündeten in der Illusion, der Kaiser werde das Unternehmen unterstützen. Tatsächlich aber genügte der Name Fürstenbund, um den Reichsvizekanzler zum Gegner des Projekts zu machen. Eine eigene ständische Armee, die den Rückhalt für ständische Forderungen abgeben konnte, war in Wien nicht gefragt. Man verzögerte die Antwort so lange, bis auch die positive Reaktion Katharinas von Rußland den Plan nicht mehr retten konnte. Es war das letzte Mal, daß sich die mittleren Reichsstände wie Hessen-Kassel, die sächsischen Herzogtümer, Pfalz-Bayern, Würzburg und Bamberg zu einer eigenen Initiative zusammenfanden. Zurück blieb eine tiefe Verstimmung gegen den Kaiser, der dauernd um Hilfe rief, es aber dann nicht einmal für nötig hielt, auf freiwillige Hilfsangebote seiner Stände zu antworten.

Zur selben Zeit versuchte Preußen über den Mainzer Minister von Albini vom Reich die Vermittlung des Friedens für das Reich übertragen zu bekommen. Moellendorff und Hardenberg waren die Betreiber dieses Planes. Eine solche Aktion hätte Preußen die Sympathien in Deutschland eingebracht, weshalb der Wiener Hof das Vorgehen mit größtem Mißtrauen betrachtete. Es wäre auch höchst ungewöhnlich gewesen, wenn nur einer der beiden deutschen Großmächte dieses wichtige Geschäft übertragen worden wäre. Hinter den Kulissen ging ein heftiger Streit um die Frage, ob überhaupt vom Reichstag eine Friedensinitiative ausgehen sollte. Als schließlich Mainz im Oktober die Frage von Friedensverhandlungen an den Reichstag brachte, war Erthal so unsicher geworden, daß er Schweden und Dänemark als Vermittler vorschlug. Am 22. Dezember beschloß der Reichstag, Österreich und Preußen gemeinsam mit der Einleitung von Friedensverhandlungen zu beauftragen. Die Entscheidung war für beide Mächte enttäuschend. Preußen hatte gehofft, die von Frankreich angebotenen Verhandlungen allein zum Ziel führen zu können. Thugut, der Friedensverhandlungen zu diesem Zeitpunkt überhaupt ablehnte, war von dieser Entscheidung betroffen und deutete sie so aus, als müßte der Berliner Hof erst nach Eröffnung von Verhandlungen zugezogen werden. Die im Winter 1793/94 auch von Frankreich angebotene Möglichkeit, zu Friedensverhandlungen zu kommen, blieb ungenutzt.

Während Österreich völlig passiv blieb, begann Preußen in Basel Verhandlungen, die schließlich am 5. April 1795 zum Frieden von Basel führten. Diese Ereignisse leiteten einen allgemeinen Stimmungsumschwung im Reich ein. Hatte Preußen 1794 durch seine Politik und Kriegsführung fast alles Ansehen im Reich verloren, so traf dieses Schicksal nun Österreich. Unter der Alternative, Preußen ist für den Frieden, Österreich für den Krieg, fielen die Sympathien Preußen zu.

Die österreichische Politik wurde in dieser Zeit von zwei anderen Ereignissen bestimmt, die ihr beide kaum eine andere Wahl ließen, als im Krieg zu bleiben, so ungünstige Rückwirkungen dies auch im Reich hatte. Einmal gewann Österreich in England einen Verbündeten, der mit seinen Subsidien das Ausscheren Preußens leicht wettmachen konnte, zum anderen konnte Thugut in langwierigen Verhandlungen Rußland für die Idee einer endgültigen Aufteilung Polens unter die drei östlichen Großmächte gewinnen. Unter Ausschaltung Preußens kam am 23. Januar 1795 zwischen Österreich und Rußland eine Vereinbarung zustande, der Preußen nach fast ultimativer Aufforderung am 24. Oktober 1795 beitrat. Sie brachte Preußen mit Warschau und Brest-Litowsk die größte, wenn auch problematische Ausdehnung im Osten, befriedigte aber auch Österreichs Vergrößerungswünsche. Im Frühjahr 1794 hatten Aufstände im polnischen Teil Preußens dieses zum Unterhalt einer zweiten Armee gezwungen. Das Zentrum dieser Aufstände lag im noch unabhängigen Restpolen. Die Beseitigung dieses Unruheherdes lag daher auch im preußischen Interesse, so unangenehm sonst auch Preußen jede Vergrößerung Österreichs war. Mit der dritten polnischen Teilung im Oktober 1795 verschwand Polen von der Landkarte. Die stillschweigende Voraussetzung für die Zustimmung Katharinas war das weitere Verbleiben Österreichs im Krieg gegen Frankreich. Von daher waren Österreich die Hände gebunden, als im Sommer 1795 das Reich auf allgemeine Friedensverhandlungen drängte. Andererseits schien die neue Konstellation Thugut einen guten Schritt näher an die Verwirklichung seiner Idee von einer durch Österreich bestimmten Umgestaltung des Reiches zu bringen. "Endlich muß der Zeitpunkt kommen", schrieb er im März 1795, "wo Österreich sich über alle Rücksichten gegen das Reich hinwegsetzt und an sich selbst denkt".

4. Von Basel bis Rastatt. Der Kampf um einen allgemeinen Frieden

Der Friedensschluß von Basel (5. April 1795), in dem Preußen unter Preisgabe des linken Rheinufers aus der Koalition gegen Frankreich ausschied, und der von Campo Formio, in dem Österreich zwei Jahre später am 18. Oktober 1797 dasselbe tat, sind oft gegeneinander aufgerechnet worden. Dabei macht es nur einen moralischen Unterschied, daß Preußen die Koalition ohne jeden Grund verließ, während Österreich zum Frieden gezwungen wurde, als Napoleon Bonaparte vier Tagesmärsche vor Wien stand. Schwerwiegender und für die deutsche Geschichte folgenreicher war die Tatsache, daß sowohl Preußen wie Österreich im Frieden die reelle Chance verspielten, das Reich durch den Friedensschluß zu einen. Beide haben im Endergebnis um eigener Vorteile willen das Reich an Frankreich verraten und so eine Entwicklung eingeleitet, die 1806 zur Gründung des Rheinbundes und zur Vorherrschaft Napoleons in Deutschland führte.

Als Hardenberg Mitte März 1795 die Verhandlungsführung mit den Vertretern der französischen Republik in Basel übernahm, war er fest entschlossen, einen Frieden zu schließen, der nicht nur Preußen aus dem unseligen Krieg führte, sondern der auch das Reich oder weite Teile davon einschloß. Er war sich im klaren, daß dies nur zu erreichen war, wenn er mit einer Fortsetzung des Krieges drohen konnte. Daher versuchte er, gleichzeitig Verhandlungen mit England über Subsidien zu führen. Inzwischen siegte aber in Berlin unter Moellendorff und Alvensleben die Friedenspartei. Sie zwang Hardenberg am 5. April 1795 zu einem Frieden um jeden Preis. Das Bedenkliche war die bereits erwähnte Einwilligung Preußens in die Abtretung des linken Rheinufers. Ausbaufähig im Sinne der von Hardenberg angestrebten Reichspolitik war die von Preußen ausgemachte Neutralitätszone im Reich, die im Süden bei Nördlingen fast an die Donau reichte. Sie war nur bei einem allgemeinen Reichsfrieden zu verwirklichen. Diese Möglichkeit scheiterte am allgemeinen Mißtrauen gegen Preußen. Ende Mai 1795 wurde nicht Preußen, sondern dem Kaiser die Einleitung von Friedensverhandlungen übertragen. Frankreich wäre bereit gewesen, Preußen bei einem Übertritt auf die französische Seite noch größere Zugeständnisse zu machen. Der sich durch den Frieden selbst verächtlich gewordene König konnte sich dazu jedoch nicht entschließen. Erst ein Jahr später, am 5. August 1796, als die Erfolge der französischen Armeen einen baldigen Sieg über Österreich wahrscheinlich machten, ging Preußen noch einen Schritt weiter. Es ließ sich von Frankreich die Säkularisierung der Bistümer Münster, Würzburg und Bamberg übertragen, die entweder an Preußen kommen oder als Entschädigung für das mit den Hohenzollern verwandte Haus Oranien für die Vertreibung aus Holland dienen sollten. Der

Weg zur Auflösung des Reiches war beschritten. "Preußen", urteilt Willy Real über diese Politik, "war verachtet von den Franzosen, verlassen von den Engländern, beargwöhnt von den Russen, verfeindet mit den Österreichern, vereinsamt und entmachtet, ohne daß es auch nur in einer einzigen Feldschlacht entscheidend besiegt worden wäre." Unübersehbar war freilich, daß es in der Norddeutschen Neutralität und in der Tatsache, daß es keinen Krieg mehr führen mußte, wichtige Ansätze für eine Erholung besaß.

In der Reichspublizistik wurde der Basler Friede heftig verurteilt. Zurückhaltender war das Urteil der Reichsstände, die es angesichts der Untätigkeit des Kaisers nicht mit Preußen verderben wollten. Man wollte abwarten, wie sich der Kaiser verhielt. Angesichts dieser Haltung blieb auch Thugut am 19. Mai nichts anderes übrig, als in einem kaiserlichen Hofdekret an den Reichstag die Einleitung von Verhandlungen um einen annehmbaren Reichsfrieden zu versprechen. Wie wenig ehrlich das gemeint war, enthüllt die Tatsache, daß er einen Tag später das Bündnis mit England abschloß, das Österreich zur Fortführung des Krieges verpflichtete. Er gewann eine Anleihe von beträchtlicher Höhe, die bei ihm die Illusion erweckte, Österreich werde trotz des Ausscherens von Preußen, Spanien und der Toskana aus der Allianz den Krieg nach seinen Vorstellungen beenden und Frankreich einen Frieden aufzwingen können, in dem das Reich ganz nach den Wünschen Österreichs umgestaltet werden würde. "Es besteht unsere Absicht darin", schrieb er im Juli seinem Mitarbeiter Lehrbach, "die Eröffnung wirklicher Reichsfriedensverhandlungen auf alle nur tunliche Art und durch alle aus der Natur des Geschäfts und den Formalitäten und Weitläufigkeiten reichsverfassungsmäßige Behandlungsart zu verzögern, mithin den Antrag dieser Reichsfriedensunterhandlungen soweit als möglich hinauszuschieben und, wenn am Ende solches nicht mehr zu verhindern und es doch zu Reichsfriedensunterhandlungen kommen sollte, solche baldmöglichst wieder zerfallen zu lassen."

Thugut handelte nach dieser Devise. Spätestens im August wurde klar, daß der Kaiser nicht wirklich bereit war, in Friedensverhandlungen einzutreten. Die Verhandlungen mit Katharina von Rußland, die am 28. September 1795 zur Tripelallianz England-Österreich-Rußland führten, brachten in Thugut jeden Wunsch nach Frieden zum Schweigen. Mehrere Äußerungen Thuguts aus dieser Zeit belegen, daß er geglaubt hat, im Falle eines Sieges freie Hand für eine Umgestaltung des Reiches zu bekommen. Das war eine gefährliche Illusion. Schon Ende Mai 1795 schrieb der bayerische Gesandte in Wien, Reichlin: "Österreich, so mächtig es an Ländern, Leuten und Hilfsmitteln auch ist, ... kann nie entscheiden, und alles, was es tun kann, bleibt, die Geschenke anzunehmen, die ihm die übrigen Mächte zuschieben wollen.

Es kommt daher bloß auf Rußland, England und Frankreich an, welches Schicksal das Reich und höchstdero Staaten haben werden." Wie recht Reichlin hatte, zeigte sich, als England Thuguts Wunsch, den Tausch Bayerns gegen die Niederlande durchzuführen, Anfang August 1795 glatt zurückwies.

Als die österreichische Wendung zum Krieg erkennbar wurde, versuchten sich einige Reichsstände durch Separatfriedensverhandlungen zu retten. Am 28. August schloß der seit Wilhelmsbad schwer gekränkte Landgraf von Hessen-Kassel mit Frankreich Frieden. Braunschweig schloß sich an. Württemberg, Baden und Bayern versuchten dasselbe, wurden aber böse bloßgestellt, als Clerfayt im September mit der Reichsarmee die Franzosen vom rechten Rheinufer vertrieb und die Akten der französischen Armee in seine Hände fielen. Am meisten Aufsehen erregte die Verhaftung der kurpfälzischen bzw. zweibrückischen Minister Oberndorff und Salabert nach der Einnahme von Mannheim Ende November 1795. Beide hatten sich im Auftrag ihrer Herren um eine Aufnahme in die Neutralitätszone bemüht und büßten ihren Diensteifer mit mehreren Jahren Haft in österreichischen Gefängnissen. Ein Versuch des oberrheinischen, schwäbischen und fränkischen Kreises wie im frühen 18. Jahrhundert eine Kreisassoziation zur Verteidigung ihrer Gebiete zu gründen, wurde von Österreich hintertrieben. Man wollte keine selbständigen Initiativen der Reichsstände mehr. Das Mißtrauen war in Wien zu groß geworden. Auch befürchtete Thugut aus jeder freiwilligen Aktion Verpflichtungen, die ihn hindern konnten, bei einem Friedensschluß nach Gutdünken zu handeln. Die von Preußen garantierte norddeutsche Neutralität teilte Deutschland in zwei Teile. In dem einen herrschte Frieden. Die zweite südliche Hälfte wurde Kriegsschauplatz.

Clerfayts Siege wurden nicht ausgenutzt, sondern am 1. Januar 1796 ein befristeter Waffenstillstand mit Frankreich vereinbart. Man sah in Wien nicht die Notwendigkeit eines raschen Sieges. Insbesondere machte die ausbleibende Hilfe Rußlands die Fortsetzung des Krieges, an der Thugut unbeirrt festhielt, problematisch. Diese Politik kam daher in erster Linie Preußen zugute, dem es gelang, sich die in der Norddeutschen Neutralität versammelten Stände zu unterwerfen.

Hatte Preußen im Winter 1795/96 noch die in der Norddeutschen Neutralität vereinten Stände zur Zahlung von Geldern für die Beobachtungsarmee von 30 000 Mann pressen müssen, so wandte sich das Blatt im Frühjahr. Auf dem Hildesheimer Kongreß Juli/August 1796 konnte es die versammelten Stände verpflichten, keine Zahlungen mehr an den Kaiser oder an die Reichsoperationskasse zu leisten, sondern nur noch in die preußische Kasse zu zahlen. Der Hildesheimer Kongreß, der wieder von Februar bis Juni 1797 tagte, wurde zu einer Art norddeutschem Gegenreichstag.

Preußens Ansehen im Reich stieg in dem Maße, wie das Österreichs sank, das seine Kräfte in einem sinnlosen Krieg verschliß und die im Aufmarschgebiet seiner Armeen liegenden Reichsstände wie besetztes feindliches Land behandelte. Süddeutschland litt in diesen Jahren entsetzlich. Die Berichte österreichischer Marschkommissare und ihrer württembergischen und bayerischen Verhandlungspartner enthüllen ein erschütterndes Bild.

Entgegen allen Zusagen unternahm Thugut auch im Frühjahr 1796 keine Schritte für einen Frieden. Unter diesem Eindruck beschloß das französische Direktorium unter dem Einfluß Carnots, Österreich in einer groß angelegten Zangenoperation dreier Armeen, deren Ziel Wien war, zum Frieden zu zwingen. Die Rheinarmee übernahm Moreau, die Moselarmee Jourdan, die Italienarmee Napoleon Bonaparte. Nach der Kündigung des Waffenstillstandes im Frühsommer brachen die drei Armeen vor. Nach seinen Siegen bei Milesimo und Lodi schloß Bonaparte die österreichische Armee in Mantua ein. Moreau drang bis München, Jourdan bis Amberg vor. Der rasche Rückzug der österreichischen Armee wurde allgemein als der Anfang vom Ende angesehen. Baden, Württemberg und Bayern erkauften sich in Waffenstillstandsverträgen gegen hohe Summen eine pfleglichere Behandlung durch die Franzosen. In dem von Württemberg und Baden in Paris im August 1796 abgeschlossenen Sonderfrieden war sowohl die Anerkennung der Abtretung des linken Rheinufers als auch der Grundsatz enthalten, daß die geschädigten Stände durch Säkularisationen entschädigt werden sollten. Die Reichsarmee löste sich durch den Rückruf vieler Kontingente praktisch auf. Niemand ahnte, daß der Rückzug Teil einer genialen Strategie des neuen kaiserlichen Befehlshabers Erzherzog Karl, des jüngeren Bruders des Kaisers, war. Während alles die Auflösung des Reiches erwartete, schlug der Erzherzog Jourdan bei Amberg und Würzburg und trieb die sich auflösende französische Armee über den Rhein. Moreau konnte sich durch einen raschen Rückzug retten. Die militärische Situation schien wieder hergestellt. An eine Verfolgung der Franzosen über den Rhein nach Frankreich, die militärisch möglich gewesen wäre und die Erzherzog Karl auch befürwortete, wurde nicht gedacht. Der kleinliche Kaiser, dem der Feldherrnruhm seines Bruders unheimlich wurde, verhinderte weitere Operationen.

Politisch war das Reich freilich gefährlich durcheinandergewirbelt. Die Reichsstände des deutschen Südwestens, bisher die treuesten Anhänger des Kaisers, waren bloßgestellt und wurden von den siegreichen kaiserlichen Truppen wie Besiegte behandelt. Nur die Furcht vor Preußen hinderte Thugut daran, nach Art des Mannheimer Vorgehens neue Exempel zu statuieren. Die kaiserliche Armee erregte Furcht, aber kaum noch Sympathie. Ende November schloß Sachsen unter preußischer Vermittlung einen Frieden mit Frankreich und trat der Norddeutschen Neutralität bei.

Während man in Wien im Winter 1796/97 die Zeit verstreichen ließ, wurde die ohnehin problematische russische Hilfe nach dem Tod der Zarin am 17. November 1796 immer ungewisser. Eine Meuterei in der englischen Flotte im Januar 1797 und das Ausbleiben englischer Subsidien ließ auch diesen Bündnispartner in einem neuen Licht erscheinen. In Wien drängte alles auf Frieden. Nur Thugut hielt starr an seiner Politik fest. Die Entscheidung wurde ihm durch Bonaparte abgenommen. Anfang März brach er mit seiner Armee auf, eroberte Alpenpaß für Alpenpaß und stand vier Wochen später in Leoben, vier Tagesmärsche von Wien entfernt. In der Hauptstadt brach Panik aus. Es gab keine Armee mehr, die man entgegenstellen konnte. In dieser Situation war es eine Erlösung, daß sich Bonaparte in einem noblen Schreiben an Erzherzog Karl wandte und ihm einen ehrenvollen Frieden anbot.

Auch Thugut konnte sich dieser Notwendigkeit nicht mehr verschließen. Die adelige Opposition unter Trauttmansdorff lief Sturm gegen den "Kriegsbaron". Nach kurzen Verhandlungen wurde in Leoben am 10. April ein Vorfrieden abgeschlossen, der für Österreich sehr günstig war. Es mußte die Niederlande an Frankreich abtreten und die sogenannten konstitutionellen Grenzen anerkennen, das heißt, in die Abtretung der Gebiete einwilligen, die wie Lüttich damals bereits in die französische Republik eingegliedert waren. Der Reichsfrieden sollte auf dem Boden der Integrität des Reiches auf einem Kongreß in Bern abgeschlossen werden. In einem Geheimvertrag wurde die Abtretung der Lombardei festgelegt, wofür Österreich den festländischen Besitz von Venetien nebst Istrien und Dalmatien erhalten sollte. Da die Republik Venedig noch bestand, konnten diese Abmachungen nur geheim getroffen werden. Und doch sollten sich diese Geheimartikel als schwerer Fehler erweisen. Am 14. Mai 1797 besetzte Bonaparte Venedig. Die Verhandlungen um den endgültigen Frieden zogen sich den ganzen Sommer hin. Als schließlich am 10. Oktober 1797 auf dem Schloß Passariano bei dem Dorf Campo Formio der endgültige Friede abgeschlossen wurde, war das Ergebnis für Österreich sehr viel ungünstiger.

In Wien hatte sich ähnlich wie in Berlin 1795 die Friedenspartei durchgesetzt, die einen Frieden unter allen Bedingungen und unter vollständiger Preisgabe des Reiches erstrebte. Im Nachlaß Trauttmansdorff hat sich ein Papier erhalten, in dem die adelige Opposition ihr Vorgehen niederlegte, um den Kaiser zur Preisgabe des linken Rheinufers und zur Anerkennung der Säkularisation aller geistlichen Fürsten mit Ausnahme der Kurfürsten zu bewegen. Die Opposition erstrebte eine enge Zusammenarbeit mit Frankreich. Der Frieden von

Campo Formio enthielt für Österreich viel härtere Bedingungen, ohne daß militärische oder andere Ereignisse diese Verschlechterung erzwungen hätten. Thugut hatte den Frieden in der Hoffnung auf eine Gegenrevolution in Frankreich verzögert. Der Staatsstreich vom 18. Fructidor, der die Radikalen im Direktorium an die Regierung brachte, zerstörte alle Hoffnungen. Tatsächlich stand Frankreich im Herbst stärker und geschlossener da als im Frühjahr. Im wesentlichen bestätigte der Friede von Campo Formio die österreichischen Erwerbungen, nur daß Österreich nur noch einen Teil Venedigs bekam. Der wichtigste Unterschied war die in den Geheimartikeln ausgesprochene Einwilligung in die Abtretung des linken Rheinufers bis zur Nette bei Andernach. Die nördlich davon gelegenen preußischen Gebiete wollte man ausklammern, um Preußen aus dem Entschädigungsgeschäft zu halten. Österreich wurde in neuen Geheimartikeln Salzburg und der östliche Teil Bayerns zugesprochen. Von einer Säkularisation war zwar unmittelbar nicht die Rede, aber Österreich hatte mit der Annahme Salzburgs und der Tatsache, daß die auf dem linken Rheinufer eingetretenen Verluste der Stände im Reich entschädigt werden sollten, praktisch auch darin eingewilligt. Zwanzig Tage nach der Unterzeichnung sollte Österreich Mainz, Ehrenbreitstein und Mannheim räumen. "Meine Verzweiflung", schrieb Thugut nach dem Eintreffen des vollständigen Textes, "wird voll durch den wahnsinnigen Jubel der Wiener auf das bloße Wort Friede! Niemand fragt, ob die Bedingungen gut oder schlecht sind. Niemand fragt nach der Ehre der Monarchie und was aus derselben binnen zehn Jahren geworden sein mag."

Die knappe Frist von zwanzig Tagen hätte die sofortige Bekanntgabe der Bedingungen nahegelegt. Aber Thugut konnte sich dazu nicht entschließen. Auf alle Anfragen aus dem Reich hatte er stereotyp geantwortet, der Reichsfriede werde auf der Basis der Integrität des Reiches abgeschlossen werden. Als der Kaiser am 1. November 1797 in Regensburg den Abschluß des Friedens von Campo Formio bekanntgab und die vom Reichstag gebildete Deputation zu einem allgemeinen Friedenskongreß nach Rastatt einlud, hieß es erneut in dem kaiserlichen Kommissionsdekret, daß dort auf der Basis der völligen Integrität des Reichsgebietes und der Reichsverfassung über einen Reichsfrieden verhandelt werden sollte. Diese Erklärung war unverantwortlich, weil die Wahrheit spätestens bei der Preisgabe von Mainz und Ehrenbreitstein herauskommen mußte. Tatsächlich sind die meisten Gesandten nach Rastatt in dem Glauben gefahren, die Integrität des Reiches stehe nicht auf dem Spiel. Graf Solms, der Vertreter der Wetterauischen Grafen, schrieb einem Freund vor der Abreise: "Von Säkularisationen wird hoffentlich keine Rede sein, denn sonst möchte wohl der Friede die Leichenrede des deutschen Reiches werden, auch hoffe ich immer noch, daß die französische Republik, was ihre Grenzen betrifft, eher dem Gutachten ihrer erfahrenen Soldaten, als dem Wunsch der Menge folgen wird, die einstimmig behaupten, daß die Maasgrenze militärisch sicherer ist, als die des Rheines." Selbst größere Reichsstände wie Pfalz-Bayern ahnten nichts. Ursprünglich war das Mißtrauen gegen Preußen größer. Durch eine Indiskretion war im April der Inhalt des preußisch-französischen Vertrags vom 5. April 1796 mit der Einwilligung in Säkularisationen bekannt geworden. Der preußische Minister Haugwitz wollte sich mit der Erklärung herauslügen, dieser Vertrag gelte erst, wenn Österreich mit Frankreich Frieden schließe. Bonaparte, der vor den Vertretern Österreichs und Preußens in Rastatt eintraf, schürte geschickt das Mißtrauen gegen die deutschen Großmächte, ohne die Tatsache der Abtretung des linken Rheinufers zu offenbaren. Am 1. Dezember schloß er mit den österreichischen Vertretern einen Vertrag, in dem als Tag der Auslieferung der Festung Mainz an Frankreich der 30. Dezember bestimmt wurde. Als dieser Vertrag, der selbst dem kurmainzer Vertreter von Albini verheimlicht worden war, bekannt wurde, brach eine ungeheure Empörung los, unter deren Eindruck Österreich nicht wagte, Salzburg und das östliche Bayern zu besetzen.

Aus den Berichten und Erklärungen reichsständischer Vertreter in diesen Tagen spricht kalte Wut und Panik. Während das Ende des Reiches neun Jahre später kaum Emotionen auslöste, gingen im Dezember 1797 die Wogen hoch. Der junge Görres schrieb einen hohnvollen Grabgesang: "Am 30. Dezember 1797, am Tage des Übergangs von Mainz nachmittags um 3 Uhr starb zu Regensburg in dem blühenden Alter von 955 Jahren 5 Monaten und 28 Tagen sanft und selig an einer gänzlichen Entkräftung und hinzugekommenem Schlagfuß bei völligem Bewußtsein und mit allen heiligen Sakramenten versehen das heilige römische Reich schwerfälligen Angedenkens."

Unter dem Eindruck dieses Ereignisses blieben die beiden deutschen Großmächte weitgehend isoliert. Frankreich übernahm für die mittleren Reichsstände die Rolle des Beschützers. Es zwang Preußen, auch den ihm gehörenden nördlichen Teil des linken Rheinufers abzutreten und durchkreuzte so die Absicht Österreichs, den Rivalen aus dem Entschädigungsgeschäft herauszuhalten, der nicht Mitglied der Deputation war. In Umrissen wurde der Rheinbund bereits erkennbar. Frankreich konnte zwei wichtige Beschlüsse durchsetzen. Am 9. März wurde der endgültige Verzicht auf das linke Rheinufer ausgesprochen. Am 4. April gaben die Reichsstände, nicht zuletzt auf Veranlassung des Mainzer Vertreters von Albini, dem harten Drängen Frankreichs nach und beschlossen als Entschädigung für die am linken Rheinufer geschädigten Reichsstände die Säkularisation aller geistlichen Fürsten mit Ausnahme der drei geistlichen Kurfürsten. Albini, der in Rastatt eine höchst unglückliche Rolle spielte, gab sich der Illusion hin, mit seinem Eingehen auf die französischen Wünsche wenigstens die Reste des Mainzer Kurstaates retten zu können. Zu der von Preußen angestrebten Zusammenarbeit der beiden deutschen Großmächte in der Entschädigungsfrage kam es nicht. Österreich verlangte eine Verteilung der säkularisierten Gebiete, die von einer angemessenen Entschädigung der drei geistlichen Kurfürsten und des Kurfürsten von Pfalz-Bayern ausging, der sowohl für seine linksrheinischen Gebiete wie für den größten Teil Bayerns entschädigt werden mußte, den Thugut für Österreich beanspruchte. Im Hintergrund stand hierbei die Idee, die säkularisierten Gebiete in erster Linie in die Hände katholischer Fürsten gelangen zu lassen. Die Erhaltung der drei geistlichen Kurfürsten war für Österreich lebenswichtig, wenn es nicht eine protestantische Mehrheit im Kurfürstenkollegium und damit den voraussehbaren Verlust der Kaiserkrone hinnehmen wollte.

Preußen erstrebte die vollständige Säkularisierung. Bei der Begehrlichkeit der Stände war vorauszusehen, daß es auf die Dauer mit dieser Forderung durchdringen würde. Allenfalls der Erzkanzler und Kurfürst von Mainz, dessen Minister Albini in Rastatt die französische Partei anführte, hatte Aussicht, zu überleben.

War Thugut schon der Friede von Campo Formio unerträglich erschienen, so mußte ihn die Entwicklung in Rastatt noch mehr überzeugen, daß der eingeschlagene Weg für Österreich verhängnisvoll war. Daß er selbst mit seinen höhnischen Erklärungen, nun habe das Reich den Frieden, den es immer hatte haben wollen, zur Isolierung des Kaisers beitrug, sah er nicht ein. Ein Jahr zogen sich die Rastatter Verhandlungen noch hin. Sie wurden für Österreich immer unerquicklicher.

Zu dem Entschluß, erneut einen Krieg zu wagen, trug neben dem enttäuschenden Verlauf des Rastatter Kongresses insbesondere die Tatsache bei, daß sich der bedeutendste französische Feldherr Napoleon Bonaparte seit Mai 1798 in Ägypten befand und seit Nelsons Seesieg von Abukir am 1. August von Frankreich abgeschnitten war. Dazu kam, daß der neue Zar Paul I. eine Allianz mit England eingegangen war und Österreich ein Hilfskorps von 60 000 Mann anbot. Als die russischen Truppen im Februar 1799 in Österreich erschienen, erklärte Frankreich am 1. März den Krieg. Der Rastatter Kongreß ging trotzdem noch weiter, bis er von den österreichischen Truppen bedroht wurde. Die im letzten Moment abreisenden französischen Diplomaten wurden am 28. April von österreichischen Husaren ermordet. Die Hintergründe dieser Bluttat sind nie ganz aufgeklärt worden.

Noch einmal wurde das Schicksal Deutschlands den Unwägbarkeiten eines Krieges ausgesetzt. Die Aussichten, ihn zu gewinnen, wären sicher größer gewesen, wäre es gelungen, den jungen preußischen König Friedrich Wilhelm III., der am 16. November 1797 seinem Vater gefolgt war, in die Koalition einzubeziehen. Dazu hatte aber Thuguts Politik keinen Ansatz geboten, der in Rastatt allen Versuchen Preußens ausgewichen war, ein Einverständnis zwischen den beiden deutschen Großmächten herzustellen. Auch jetzt ging es Thugut wie 1795 darum, mit einem Sieg die Herrschaft Österreichs im Reich, und sei es auch nur im Süden, zu erringen. Bestand zu Beginn der Revolutionskriege die Gefahr einer Aufteilung Deutschlands durch das Einvernehmen der beiden deutschen Großmächte, so kündigte sich nach Rastatt diese Teilung durch ein Auseinanderleben von Nord- und Süddeutschland an. Die Stellung Preußens in der Norddeutschen Neutralität war von Österreich auch durch einen Sieg über Frankreich nicht zu erschüttern. Seine Vorherrschaftspläne konnten sich in erster Linie auf den Süden richten, wo Bayern zum festen Kriegsziel der Monarchie wurde. Dort regierte seit dem 16. Februar 1799 der bisherige Herzog von Zweibrücken, Kurfürst Max IV. Joseph, dessen Minister Montgelas enge Verbindung mit Preußen hielt. Die inzwischen in die preußische Monarchie eingegliederten Markgrafentümer Ansbach-Bayreuth und der preußisch gesinnte Kurfürst von Pfalz-Bayern, der im Gegensatz zu seinem Onkel jeden auch noch so günstigen Tausch ablehnte, setzten den österreichischen Vorherrschaftsplänen in Süddeutschland enge Grenzen. Im Grunde konnte Österreich kaum mehr erreichen, als den Frieden von Campo Formio rückgängig zu machen.

5. Der Auflösung entgegen: Die letzte Phase des Krieges 1798/1800

Wenn der Entschluß zum Krieg mehr sein sollte als ein Ausweg aus einer unerfreulichen Situation, so müßten dahinter irgendwelche Vorstellungen stehen, wie man das Reich künftig gestalten wollte. Immerhin waren in Rastatt so wichtige Beschlüsse wie die gefallen, daß man die auf dem linken Rheinufer geschädigten Stände durch Säkularisation der geistlichen Fürsten entschädigen würde. Hatte Preußen die Entschädigung des aus Holland vertriebenen Hauses Oranien erstrebt, so versuchte Österreich dasselbe mit den aus Italien vertriebenen habsburgischen Sekundogenituren Toskana und Modena. Der in Rastatt nicht überbrückbare österreichisch-preußische Konflikt hatte eine Einigung der beiden deutschen Großmächte über diese wichtige Frage verhindert. Von einem nach Lage der Dinge nur gemeinsam durchzuführenden Plan für die Neugestaltung Deutschlands ist selbst in Ansätzen nichts zu erkennen. Selbst als Preußen den Vorschlag machte, die beiden Großmächte sollten auf alle Vergrößerungsvorschläge ganz verzichten, würdigte Thugut diesen Vorschlag voller Mißtrauen keiner Antwort. Da an eine Verwirklichung des ursprünglichen

Kriegsziels, die Beseitigung der revolutionären Machthaber in Frankreich, im Grunde kaum noch gedacht werden konnte, ging es bei der erneuten Eröffnung der Feindseligkeiten um die Erhaltung des status quo im Reich, die im Grunde von niemandem erstrebt wurde und nur insofern eine Chance besaß, als es der einfachste Nenner war, auf den man sich einigen konnte. Beide deutschen Großmächte, und diese Feststellung belastet den Kaiser mehr als das in keiner verfassungsmäßigen Verantwortung stehende Preußen, zeigten auch nur in Ansätzen eine Verantwortung für das gesamte Reich. Es ging ihnen bei einer Neuordnung Deutschlands lediglich um eigene Vergrößerungen und um den eigenen Einfluß. Preußen, das die vollständige Aufteilung des Besitzes der geistlichen Fürstentümer mit aller Energie vertrat, zeigte keinerlei Perspektiven auf, wie die Reichsverfassung nach dieser wichtigen Entscheidung, die die Mehrheitsverhältnisse in allen Verfassungsgremien des Reiches grundlegend verändern mußte, gestaltet werden sollte. Österreich, das die Erhaltung der drei geistlichen Kurfürsten erstrebte, verhielt sich ähnlich. Da die Territorien der geistlichen Kurfürsten zu erheblichen Teilen auf dem linken Rheinufer lagen, war es auch in dieser Hinsicht eine wichtige Frage, ob das linke Rheinufer in einem künftigen Frieden zurückgewonnen werden konnte oder nicht. Blieb es beim Reich, so war eine neue Besitzaufteilung überflüssig. Kam es aber zur Abtretung, so mußten auch diese entschädigt werden, was bei der Verflechtung von weltlichem Besitz und geistlichen Aufgaben ein schwieriger Prozeß zu werden versprach. Die Thugutschen Pläne von 1793 und die in Rastatt geweckte Begehrlichkeit der größeren Stände zeigen aber, daß selbst die Rückgewinnung des linken Rheinufers zu erheblichen territorialen Veränderungen geführt hätte. Dies wird noch deutlicher zu Kriegsbeginn, wo nur die energische Weigerung Rußlands, sich an irgendwelchen Tauschplänen zu beteiligen, den reibungslosen Übergang Pfalz-Bayerns an den Herzog von Zweibrücken ermöglicht hatte, den man im Reich ohne Kenntnisse der wahren Zusammenhänge für ein Anzeichen dafür hielt, daß Österreich seine Absichten auf Bayern aufgegeben hatte.

Von den ehrlichen Absichten Österreichs überzeugt, regte sich im Frühjahr 1799 in Süddeutschland einige Bereitschaft, den Kaiser zu unterstützen. Noch einmal bewilligte der Reichstag hundert Römermonate und das Quintuplium. Die Reichsarmee von 31 000 Mann, die auf diese Weise zusammenkam, war aber nicht nur deshalb so klein, weil sich die Stände der Norddeutschen Neutralität versagten. Die Kraft des Reiches war nach sieben Jahren Krieg ausgelaugt. Andrerseits gelang es im Sommer 1799 dem Mainzer Minister Albini, der in Rastatt die französische Partei angeführt hatte, mit Mainzer und Reichstruppen sowie der von ihm organisierten Landwehr als Generalfeldzeugmeister den über den Rhein vorgedrungenen französischen

Marschall Augereau wieder zurückzudrängen und ihm erhebliche Verluste beizubringen. Albini wußte, daß es in diesem Krieg um das Überleben der geistlichen Fürsten ging und daß er allen Anlaß hatte, einen siegreichen Kaiser zu fürchten.

Angesichts der Rüstungen blieb auch dem neuen Kurfürsten von Bayern sowie dem Herzog von Württemberg nichts anderes übrig, als mit Österreich einen Bündnisvertrag zu schließen. Hier freilich spielte die Überzeugung eine Rolle, das Reich werde auch bei einem Sieg der österreichischen Waffen umgestaltet. Wie der württembergische Gesandte in Rastatt beim Auseinandergehen seinem Darmstädter Kollegen sagte, war er fest davon überzeugt, daß auch bei einem kaiserlichen Sieg die deutsche Reichsverfassung von Grund auf verändert würde. Die mittleren Stände bereiteten sich darauf vor, von wem auch immer für ihre Politik belohnt zu werden. Die noch ein letztes Mal erwogene Idee, eine eigene Bundesarmee von 40 000 Mann aufzustellen, kam über Ansätze nicht hinaus.

Diese Bemühungen können freilich nicht darüber hinwegtäuschen, daß auch eine siegreiche Koalition den Reichsständen kaum ein Mitspracherecht bei der Neugestaltung des Reiches gelassen hätte. Es kam alles, wie der bayerische Gesandte Reichlin schon 1795 gemeint hatte, auf die Alliierten, insbesondere auf Rußland, an, das seit Teschen den Anspruch erhob, Garant der Reichsverfassung zu sein. Es zeigt die Planlosigkeit, mit der die Wiener Regierung in diesen Krieg ging, daß in den Verhandlungen mit Rußland bis auf den Versuch, Bayern zu bekommen, kein Wort über die künftige Gestalt Deutschlands gesprochen wurde. Wäre der Kaiser mit der Absicht in den Krieg gegangen, den status quo im Reich zu erhalten, so wäre diese Politik verständlich. Tatsächlich hat man sich aber in diesen Jahren in Wien mit allen möglichen Vergrößerungsabsichten getragen, deren Ziele teilweise in Italien, zum großen Teil aber auch in Deutschland lagen. Auch Österreich war an der Erhaltung des status quo im Reich nicht wirklich interessiert. Man überließ wieder einmal alles dem Kriegsglück.

Die Euphorie des raschen Sieges, die Thugut nach dem Auftauchen starker russischer Truppenverbände in Deutschland und Norditalien ergriffen hatte, dauerte nur ein halbes Jahr. Es ist die Zeit, in der der Feldherrnruhm des Erzherzogs Karl in den Schlachten von Zürich und Stockach erstrahlte, wo Suworow die Franzosen durch Norditalien trieb. Nach einem halben Jahr leitete die Eifersucht zwischen den Verbündeten und die Furcht des Kaisers vor dem Feldherrnruhm seines von der Armee vergötterten Bruders den Umschwung ein. Im Herbst 1799 wurden den Russen in einer Umgruppierung der Armeen Alpenmärsche zugemutet, die ihre Schlagkraft erheblich verminderten. Im entscheidenden Augenblick war die Schweiz, die bisher der wichtigste Kriegsschauplatz gewesen war, von Truppen entblößt. Die Österreicher waren auf Befehl des Kaisers an den Oberrhein gezogen. Nach der schweren Niederlage von Zürich und von dem Alpenübergang erschöpft, trat Suworow noch im November 1799 auf Befehl des Zaren den Rückzug nach Rußland an. Paul I. hatte die Umgruppierung der Armee, die Erzherzog Karl an den Oberrhein rief, mit Recht den Wiener Intrigen und insbesondere Thugut angelastet. Auch jetzt vermochte der starre Mann nicht zur rechten Zeit Frieden zu schließen. Im März 1800 fiel auch Erzherzog Karl den Intrigen des Wiener Hofes zum Opfer. Er wurde als Statthalter in Prag kaltgestellt. Im Frühjahr 1800 stand Österreich wieder allein im Feld.

Die Haltung Preußens im Sommer 1799 war nicht weniger unklar. Haugwitz, der für die bisherige Neutralitätspolitik verantwortlich war, hatte sich gegenüber dem ängstlichen König Friedrich Wilhelm III. mit seiner Absicht, der Koalition beizutreten, nicht durchsetzen können. Dem Darmstädter Gesandten Lichtenberg gegenüber entschlüpfte ihm am 24. Mai 1799 der verräterische Satz: Solange das Kriegsglück nicht entschieden sei, könne und werde niemand in Deutschland gezwungen, am Krieg teilzunehmen. Aber wenn man mit den Successen bis auf einen weiteren Punkt gekommen sei und sichere Aussichten vorhanden seien, dann, setzte er nach dem Bericht Lichtenbergs hinzu, nehmen wir alle in ganz Deutschland wohl keinen weiteren Anstand, gleichfalls zu marschieren. Unter dem Eindruck dieser Unentschlossenheit fingen auch die Reichsstände der Norddeutschen Neutralität wieder an, sich nach Frankreich zu orientieren. Sie taten es um so mehr, als sich im Sommer 1800 das Schicksal der österreichischen Armeen rasch erfüllte.

Am 14. Juni schlug der aus Ägypten zurückgekehrte Bonaparte die Österreicher bei Marengo und zwang sie, sich aus Norditalien zurückzuziehen. Moreau gelangte mit seiner Armee bis München, so daß die Österreicher im Juli um einen Waffenstillstand baten. Ein Vorfriede von Paris, auf der Basis von Campo Formio abgeschlossen, wurde von Thugut, der eben das Bündnis mit England erneuert hatte, verworfen. Ludwig Cobenzl, der untätig in Lunéville, wo der endgültige Friede verhandelt werden sollte, ausharren mußte, erregte in London und St. Petersburg Mißtrauen, wo man ein geheimes österreichisch-französisches Zusammenspiel vermutete. Als im November die Waffenruhe ablief, kam es zur Katastrophe. Die letzte, von dem achtzehnjährigen, völlig unerfahrenen Erzherzog Johann geführte Armee wurde von Moreau am 3. Dezember durch den Wald von Hohenlinden getrieben und völlig aufgerieben. In Wien brach angesichts dieser Schreckensnachricht das Regierungschaos aus, das durch fünf Jahre anhielt und Österreich in den für Deutschland entscheidenden Jahren regierungsunfähig machte. Schon im September hatte der Kaiser Thugut formell entlassen. Für einen Tag wurde Lehrbach sein Nachfolger, der schließlich durch Ludwig Cobenzl und Franz Graf Colloredo-Waldsee ersetzt wurde. Damit war der unfähige ehemalige Erzieher des Kaisers an die Spitze gelangt. In Wahrheit regierte Thugut aus dem Hintergrund. Nach der Niederlage von Hohenlinden mußte er auf Betreiben Bonapartes Wien verlassen. Da Cobenzl weiter in Lunéville blieb, wurde Trauttmansdorff, das Haupt der adeligen Opposition gegen Thugut, zum provisorischen Leiter der Außenpolitik ernannt. Er traf in der Staatskanzlei das völlige Chaos an. Wie aus seinem Abschlußbericht hervorgeht, weigerte sich der Kaiser in dieser entscheidenden Zeit, seinen Außenminister anders als in öffentlicher Audienz zu empfangen. Auch Franz Colloredo verhandelte mit ihm vorwiegend schriftlich. Wichtige Aktenstücke wurden ihm vorenthalten. In den entscheidenden Monaten vor und nach der Unterzeichnung des Friedens von Lunéville am 9. Februar 1801 war Österreich ohne handlungsfähige Regierung.

6. Die Säkularisation

Längst ehe in Rastatt der Beschluß gefaßt worden war, die auf dem linken Rheinufer geschädigten weltlichen Fürsten durch Säkularisation zu entschädigen, war das Problem der Aufhebung der geistlichen Staaten in der Diskussion. Seit im Westfälischen Frieden die Säkularisationen der Reformationszeit legalisiert worden waren, kam das Thema immer wieder hoch. Der Würzburger Bischof Erthal hatte Säkularisationen für den Fall eines Krieges prophezeit. Die im Fürstenbund 1785 ausgesprochene Garantie der Reichsverfassung war von den geistlichen Fürsten als Verzicht auf Säkularisationsabsichten interpretiert worden. Ein Jahr später hatte der Fuldaer Domherr Philipp Anton von Bibra in der von ihm herausgegebenen Zeitschrift "Journal von und für Deutschland" eine Preisfrage über den Zustand der geistlichen Staaten ausgeschrieben. Die Antworten u. a. des bereits erwähnten Friedrich Karl von Moser aber auch von dem als Reichspublizist hervorgetretenen Joseph von Sartori waren nicht unbedingt schmeichelhaft für die Regierungen und den Zustand der geistlichen Staaten gewesen. Es wurden viele Gründe genannt, die gegen die Existenz der geistlichen Wahlstaaten sprach. Friedrich Karl von Moser hatte zwar den Vorteil von Wahlstaaten des Adels herausgestellt, das geistliche Amt aber eher als Hindernis gewertet. Sartori hielt an der Verbindung von geistlichem und weltlichem Amt fest und hatte eine ganze Reihe von Reformvorschlägen ausgearbeitet. Mit dem Beginn der Französischen Revolution wurde das Problem in doppelter Weise wieder akut. Die Eingliederung des Elsaß in Frankreich durch die Französische Revolution hatte nicht nur den Besitz einiger Fürsten berührt. Es waren davon auch die Diözesanrechte einer ganzen Reihe rheinischer geistlicher Fürsten betroffen. Frankreich hatte zwar Entschädigungen für beschlagnahmte Besitzungen angeboten. Diözesanrechte ließen sich aber nicht entschädigen, so daß die geistlichen Fürsten eine Einigung verhindert hatten. Gleichzeitig hatten sich französische Emigranten in Trier, Mainz und Speyer niedergelassen. Sie hatten Truppen angeworben und im Westen eine auch von Leopold II. gerügte gefährliche Situation geschaffen. Als der Krieg ausbrach, wurden die rheinischen geistlichen Fürsten von beiden Seiten für die Entwicklung verantwortlich gemacht. Frankreich erklärte ihre Beseitigung zum Kriegsziel. Im Reich war der Widerwille gegen die geistlichen Fürsten wegen ihrer Haltung in den Jahren 1790–92 noch gestiegen.

Die Existenz oder Nichtexistenz der geistlichen Fürsten war auch ein Verfassungsproblem. Die Mehrheit des katholischen Reichsteils auf dem Reichstag beruhte auf ihnen. Die nach 1763 einsetzende politische Verschärfung des konfessionellen Gegensatzes machte den Kaiser von den Stimmen der geistlichen Fürsten abhängig. Der katholische Adel und insbesondere die katholische Reichsritterschaft besaß in den geistlichen Staaten einen festen politischen Rückhalt. Wichtige Verfassungseinrichtungen, wie das Erzkanzleramt, das Kreisausschreibamt des schwäbischen, fränkischen, oberrheinischen und bayerischen Kreises waren in den Händen geistlicher Fürsten. Mehr als 40 % der katholischen Bevölkerung lebten in geistlichen Staaten. Die Katholizität und die hierarchische Ordnung des Reiches waren von den geistlichen Staaten geprägt. Die Säkularisation mußte daher erhebliche Auswirkungen haben. Es ist daher nicht verwunderlich, wenn nach 1795, als die Frage der Säkularisation überall diskutiert wurde, von den Verteidigern der geistlichen Staaten das Argument gebracht wurde, die Säkularisation wäre gleichbedeutend mit dem Ende des Reiches. Diesem Argument war schwer etwas dagegen zu setzen. In dem nun 1797 einsetzenden Flugschriftenkrieg konnten selbst die Befürworter der Säkularisation diese Konsequenz nicht ganz leugnen. Eine Flugschrift versuchte, dem Argument so beizukommen, daß sie behauptete, die geistlichen Fürsten hätten ihre Länder "vom Kaiser und bei guten Zeiten, auf gewisse Art nur bedingungsweise eingeräumt und gelehnt" erhalten, so daß sie zu ihrer nötigen Selbsterhaltung wieder zurückgefordert und eingezogen werden könnten. Der katholische Publizist Seuffert ging so weit, daß er im Umkehrschluß aus Artikel 7 des Lunéviller Friedens den Schluß zog, die hier als Ziel angesprochene Erhaltung der Reichsverfassung bedeute den Verzicht auf die Säkularisation der geistlichen Fürsten.

Dieser Streit der Federn, eine im Alten Reich häufig anzutreffende Erscheinung, hatte auf den Gang der Ereignisse keinen Einfluß. Er zeigt nur, daß in weiten Kreisen um 1800 Klarheit darüber herrschte, daß mit der Säkularisation das Ende des Reiches in seiner alten Form gekommen war und daß man auch bereit war, diese Entwicklung zu akzeptieren.

7. Der Frieden von Lunéville und seine Folgen

Der Friede, der von Ludwig Cobenzl am 9. Februar 1801 in Lunéville unterschrieben wurde, kam in vielem einem Diktat gleich. Österreich verlor mit seinen italienischen Sekundogenituren in Modena und Toskana, die im Reich entschädigt werden mußten, und seinen norditalienischen Besitzungen jeden Einfluß in Italien. In dem drei Wochen später mit dem Reich abgeschlossenen Frieden wurde der Rhein von Basel bis Holland zur Westgrenze des Reiches. Die auf dem linken Rheinufer geschädigten Stände sollten im Reich durch Säkularisation entschädigt werden. Frankreich wurde das Recht eingeräumt, sich an den Entschädigungsverhandlungen zu beteiligen.

Trotzdem waren die letzten Entscheidungen noch nicht gefallen. In Rußland, das als Garantiemacht der Reichsverfassung leicht eingeschaltet werden konnte, regierte seit der Ermordung Zar Pauls I. am 13. März 1801 dessen junger, idealistisch gesinnter Sohn Alexander. Preußen war ungeschlagen. Auch hatte der Lunéviller Frieden den Umfang der Entschädigungen nicht festgelegt. Da die rechts des Rheins liegenden geistlichen Staaten in ihrem Umfang erheblich größer waren als die auf dem linken Rheinufer verlorengegangenen Gebiete, so war durchaus die Möglichkeit gegeben, daß die geistlichen Kurfürsten erhalten blieben. Freilich hätte eine solche Politik das engste Einvernehmen der nichtfranzösischen Kräfte zur Voraussetzung gehabt.

Daß schließlich mit dem Reichsdeputationshauptschluß mit Ausnahme des nach Regensburg versetzten Kurfürsten-Erzkanzlers von Mainz die vollständige Säkularisation und somit der vollständige Umsturz der Reichsverfassung beschlossen wurde, hat verschiedene Gründe.

Einmal hat das Regierungschaos in Wien jede engere Fühlungnahme mit Petersburg verhindert. Zunächst besaß man gar keinen Botschafter in St. Petersburg. Die Mission des Fürsten Schwarzenberg nach Rußland anläßlich der Thronbesteigung Alexanders blieb ohne Folgen, weil der in die Verhandlungen nicht eingeweihte Graf Trauttmansdorff ihm in der wichtigsten Frage keine Instruktion mitgeben konnte. Die aufgenommenen Beziehungen wurden dann im September 1801 durch die hinter dem Rücken Trauttmansdorffs vom Kaiser vorgenommene Ernennung des in ganz Europa verachteten Wiener Polizeiministers Graf Saurau zum österreichischen Botschafter schwer belastet. Es ist in der wichtigen Frage der Entschädigungen daher zu keinem russisch-österreichischen Einverständnis gekommen, obwohl es von St. Petersburg mehrfach angeboten wurde. Selbst als im November Rußland in Wien einen Entschädigungsplan vorlegte, der die Erhaltung der drei geistlichen Kurfürstentümer vorsah, nahm Kaiser Franz die Tatsache des preußisch-russischen Einverständnisses zum Anlaß, den Plan abzulehnen. In unbegreiflicher Verblendung nannte man nun selbst Paris als den Ort, wo die Verhandlungen geführt werden sollten. Vorher schon hatte der Kaiser die Leitung des Entschädigungsgeschäfts abgelehnt und am Reichstag die Einsetzung einer eigenen Deputation verlangt. Er zögerte freilich die Zusammenberufung dieses Gremiums bis zum 14. Juli 1802, also bis zu einem Zeitpunkt hinaus, zu dem die wichtigsten Entscheidungen bereits gefallen waren.

Die Frage der Erhaltung der drei geistlichen Kurfürstentümer, nach außen hin der eigentliche Zankapfel zwischen den deutschen Großmächten, wurde mit dem Tod des Kurfürsten Max Franz von Köln am 27. Juli 1801 akut. Die Wahl eines Nachfolgers wurde in der aufgeheizten Situation des Sommers 1801 zur Entscheidung für oder gegen die Säkularisation. Preußen verlangte die Aussetzung der Wahl, erstrebte aber ein Einvernehmen mit Wien. Dort ließ man die Dinge treiben, bis im Herbst 1801 Erzherzog Anton Viktor, der jüngere Bruder des Kaisers, in Köln und Münster gewählt wurde. Anstatt nun die Dinge zu entscheiden, ging Wien den schwächlichen Weg, den Erzherzog sein Amt nicht antreten zu lassen. Das verärgerte Preußen und signalisierte gleichzeitig den geistlichen Fürsten, daß Wien nicht einmal die Erhaltung eines geistlichen Kurfürstentums für einen Erzherzog durchzusetzen gewillt war. Als ein Jahr später am 25. Juli 1802 der Mainzer Kurfürst Friedrich Karl von Erthal starb, wandte sich dessen Nachfolger Dalberg nach Paris. Dort wußte man durchaus den Vorteil zu schätzen, den neuen Erzkanzler des Reiches auf seiner Seite zu wissen. Zur Ehre Dalbergs muß allerdings gesagt werden, daß er vorher in Wien mit seinen Wünschen vollständig gescheitert war. Die von Napoleon 1804 Dalberg gegenüber gemachte Bemerkung, die beiden geistlichen Kurfürstentümer Köln und Trier hätten gerettet werden können, wenn Österreich darauf verzichtet hätte, Erzherzöge wählen zu lassen, hat einige Wahrscheinlichkeit für sich.

Der allgemeinen Tendenz, sich an Frankreich zu halten, schloß sich auch Preußen an. Auf russisches und französisches Betreiben hin hatte Preußen Anfang April 1801 Hannover besetzt und damit nicht nur England verärgert, sondern auch den Auftakt für die großen territorialen Veränderungen der nächsten Zeit gegeben. Der Plan Hardenbergs, Preußen dadurch zur deutschen Vormacht zu erheben, daß man ihm durch die Erwerbung von Würzburg und Bamberg in Süddeutschland und durch die Erwerbung von Paderborn, Osnabrück, Münster und Köln auch im katholischen Westfalen die beherrschende Stellung erwarb, wurde von Haugwitz und Friedrich Wilhelm III. abgelehnt. Es stand kein höheres Ziel hinter den preußischen Erwerbungen, sondern man versuchte zu kriegen, was man kriegen konnte. Trotz der guten Beziehungen zum Zaren verschloß man sich auch in Berlin allen weiterschauenden Plänen.

In dieser Situation kamen die mittleren Reichsstände zum Zug. Dort war man nicht einfach an Vergrößerungen interessiert, sondern trachtete danach, die bisher verstreuten Gebiete in einem geschlossenen Territorium zusammenzufassen. Damit kam ein neuer Gedanke zum Tragen. Wie die Arbeit von Eberhard Weis über Montgelas gezeigt hat, strebte man aus der Enge des Reiches heraus zur Staatssouveränität. Hatten bisher, wie Friedrich gespöttelt hatte, diese Länder nur aus Grenzen bestanden, so wurden jetzt in sich geschlossene Länder angestrebt. Das mußte auf die Dauer gesehen aus dem hierarchisch gegliederten Reich einen föderalistischen Bund machen. Setzte sich dieser Grundsatz durch, so war die Mediatisierung der kleinen Fürsten, der Grafen und Reichsritter nur noch eine Frage der Zeit. Sie mußte der Säkularisation auf dem Fuß folgen. Das war nicht nur deshalb notwendig, weil die Enklaven in den sich bildenden Ländern dem neuen Prinzip der Staatssouveränität widersprachen. Mit den geistlichen Fürsten verlor auch der katholische Adel seinen politischen Rückhalt. Der Einfluß des Kaisers, der bisher auf diesen kleinen Territorien beruht hatte, mußte sich neue Stützen suchen. Die Auflösung des Reiches wurde dann unabwendbar. Den modernen Staaten Österreich und Preußen stand dann nicht mehr eine Masse ineinander verbundener und verschlungener kleinerer und kleinster Stände gegenüber, sondern eine Gruppe von Staaten, die alle Voraussetzungen zu einer modernen Staatsorganisation in sich trugen. Hier konnte der Kaiser bestenfalls künftig der Primus inter pares sein. Es war von einer weitreichenden Bedeutung, daß den süddeutschen Staaten die Möglichkeit zum modernen Staat von Frankreich eröffnet wurde.

Mit den arrondierten süddeutschen Staaten trat im Reich ein neues Element auf. Wie die deutschen Großmächte besaßen diese Länder kein Interesse mehr an der Einheit des Reiches. Im Sommer 1801 schlossen Bayern, Württemberg, Baden und Hessen-Darmstadt in Paris Verträge, die ihnen aus der Masse der Säkularisation erhebliche Vergrößerungen und eine Arrondierung ihres Besitzes in Aussicht stellten. Die Untätigkeit des Wiener Hofes ließ es geschehen, daß diese Verträge ohne Rücksicht auf das Reich und seine Verfassung abgeschlossen wurden.

Der Reichsdeputationshauptschluß vom 25. Februar 1803 kam auf der Basis der Säkularisation aller geistlichen Territorien mit Ausnahme der des Kurkanzlers zustande. Es war die vollständige Niederlage der von Österreich nur mit halbem Herzen betriebenen Pläne und Versuche, die alte Reichsverfassung zu retten. Der auf dem französisch-russischen Plan beruhende Reichsdeputationshauptschluß benachteiligte Österreich noch insofern, als es weder für Belgien noch für den an Modena gefallenen Breisgau eine Entschädigung erhielt. Neben der Einbuße an Macht und Besitz bedeutete dies auch, daß die überwiegende Mehrzahl der aus den ehemaligen geistlichen Fürstentümern bestehenden katholischen Länder unter protestantische Herrschaft kam und damit nach dem im Reich gültigen konfessionellen Proporz politisch von protestantischen Fürsten vertreten wurden. Es war die Frage, ob sich die Reichsverfassung nach diesen Gegebenheiten umformen ließ oder ob die föderalistischen Tendenzen so stark waren, daß sie über die Reste der hierarchischen hinweg zur föderativen Struktur drängen würden. Vergleicht man die handelnden Personen, einen Friedrich von Württemberg, Karl Friedrich von Baden, ja selbst den biederen Max Joseph von Bayern mit dem Kaiser oder Friedrich Wilhelm III. und erweitert man den Vergleich auf die Minister, einen Montgelas, Reitzenstein (Baden) oder Barckhaus (Hessen-Darmstadt) mit einem Colloredo, Cobenzl oder Haugwitz, so konnte kaum zweifelhaft sein, wie die künftigen Entscheidungen ausfallen würden.

Um den Kern ihrer bisherigen Besitzungen erhielten Bayern, Württemberg und Baden Vergrößerungen, die ihre Verluste auf dem linken Rheinufer um ein Vielfaches übertrafen. Das bis dahin unbedeutende Hessen-Darmstadt erhielt die rechtsrheinischen Gebiete des Kurfürstentums Köln, was den besitzergreifenden Beamten wie eine ferne Kolonie im Norden erschien. Die großen territorialen Veränderungen, die "Flurbereinigung", hatte im Süden begonnen. Auch wenn es sich zum Teil noch um zersplitterte Gebiete handelte, so war doch das Entstehen größerer und möglichst geschlossener Territorien abzusehen. Insbesondere für Bayern bedeutete die Säkularisation der Landesklöster einen tiefen Einschnitt. Mit dem Reichsdeputationshauptschluß begann in all diesen Ländern auch die Zeit der Reformen.

8. Die letzte Phase der Reichsverfassung

Die Jahre bis zum Ende des Reiches sind von sehr zwiespältigen Erwartungen erfüllt. Der heute fast unerklärlichen Euphorie mancher Staatsrechtslehrer, die einer modernisierten Reichsverfassung entgegenfieberten, stand in den meisten Regierungen der nackte Wille gegenüber, aus der Konkursmasse Reich so viel wie möglich herauszuholen. Die Bemühungen, der hierarchischen Reichsverfassung neues Leben einzuhauchen, gingen nicht vom Kaiser aus, dessen indolenter Schlendrian unfähig war, die Neugestaltung des Reiches in Angriff zu nehmen. Sie sind in der Umgebung Dalbergs beheimatet, der in diesen Jahren zu einer der umstrittensten Figuren der deutschen Geschichte wurde. Hochbegabt und ein geistreicher Gesprächspartner, trug er alle Unklarheiten der katholischen Aufklärung in sich. Von einer kaum zu bremsenden Geltungssucht und einem bemerkenswerten Sendungsbewußtsein getragen, hat sein Charakter nicht allen Belastungen standgehalten, die auf ihn im Laufe der Zeit zukamen. Seiner Person und weniger dem Kaiser ist es zu verdanken, daß in diesen schicksalhaften Jahren die Alternative hierarchische Ordnung-Föderalismus gleichzeitig die Alternative zwischen katholischer und evangelischer Lösung der deutschen Frage darstellte.

Ebenso unklar wie der Wille des Kaisers war der seines norddeutschen Gegenspielers Friedrich Wilhelm III. Im Grunde waren beide "ein Mirakel des Legitimismus", wie Metternich einmal den schwachsinnigen Kaiser Ferdinand I. von Österreich bezeichnet hat. Als Hardenberg 1804 sein Amt als Außenminister antrat, war er überzeugt, daß das Reich künftig föderalistisch organisiert sein werde. Ein Verfassungsentwurf zur Erneuerung des Reiches vom Februar 1806 geht von der Überzeugung aus: "Die Aufgabe der Neuerrichtung der deutschen Verfassung fällt Preußen zu." In ihm findet sich als Punkt 1: "Deutschland bildet einen Staatenbund." Mit dieser föderalistischen Lösung wäre Preußen Österreich überlegen gewesen, das an der alten hierarchischen Struktur festhielt, ohne sich wirklich für sie einzusetzen. Die wichtigste Neuerung des Hardenbergschen Planes waren drei Föderationen: eine norddeutsche unter Preußen, eine süddeutsche unter Bayern und eine österreichische. Der Kaiser sollte den Reichstag anführen, die Beschlüsse genehmigen und im Genuß seiner bisherigen Rechte bleiben. Dieser Plan ist aber von Preußen nie mit dem Nachdruck vertreten worden, der notwendig gewesen wäre, um ihn zu verwirklichen. Weder Friedrich Wilhelm III. noch sein Minister Haugwitz zeigten Interesse, bei der Neuordnung Deutschlands mitzuwirken. Sie haben mit ihrer auf Preußen beschränkten Betrachtungsweise die Chance vertan, in der heillosen Situation des Frühjahrs 1806 eine deutsche Initiative in die Diskussion zu bringen, die von dem besiegten Österreich nicht ausgehen konnte.

Die durch das Entschädigungsgeschäft zu mittelgroßen Staaten herangewachsenen Länder waren zu sehr mit sich selber beschäftigt, um eine Initiative in der Frage der künftigen Organisation Deutschlands zu entwickeln. Wie Hardenbergs Pläne erst nach 1812 zum Tragen kamen, so hat diese Passivität der mittelgroßen Staaten in der

Frage der Neugestaltung Deutschlands praktisch bis 1815 angehalten. Man wußte hier sehr viel deutlicher, was man nicht wollte. Dazu gehörte 1806 der Rheinbund ebenso wie der Deutsche Bund von 1815, den man sich ganz anders vorgestellt hatte. In beiden Fällen haben sich die süddeutschen Länder den stärkeren Einflüssen von außen beugen müssen.

Als man 1803 daran ging, den Reichstag neu zu organisieren, stellte sich sehr bald die Unmöglichkeit heraus, dies einfach durch Übertragung der bisherigen Zustände zu tun. Im Kurkollegium waren Trier und Köln verschwunden. An ihre Stelle waren Salzburg, das an den Großherzog von Toskana, Erzherzog Ferdinand, gekommen war, Württemberg, Baden und Hessen-Kassel getreten. Die Zahl der Kurfürsten war auf zehn gestiegen. Im Konfessionsproporz standen vier katholische (bisher fünf) sechs evangelischen (bisher drei) gegenüber. Die Wahl eines protestantischen Kaisers war damit wahrscheinlich geworden. Auch im Fürstenrat gab es eine protestantische Mehrheit von 78 zu 53. Da die neuen Besitzer die Stimmen der neu erworbenen Gebiete übernahmen, war der Fürstenrat nur noch ein Anhängsel des Kurfürstenrates, denn 78 seiner 131 Stimmen wurden von Kurfürsten geführt. Auf der Städtebank blieben nur sechs: Nürnberg, Frankfurt/Main, Hamburg, Lübeck, Bremen und Augsburg. Die anderen waren im Lauf der Säkularisation, mit der sie gar nichts zu tun hatten, verschwunden. Der Kaiser erkannte diese Stimmverteilung nicht an und versuchte, durch Erhebung von kleinen katholischen Fürsten wie Colloredo, Metternich, Croy, Fugger und Truchseß das Stimmverhältnis zu korrigieren. Im Grunde war das ein untauglicher Versuch, der die eigentliche Absicht, die kaiserliche Klientel zu vergrößern, allzu deutlich durchschimmern ließ. Der Reichstag setzte sich daher über den österreichischen Einspruch hinweg. Die angedeuteten Widersprüche konnten nicht überwunden werden Ebenso blieb die angestrebte neue Kreiseinteilung in den Eifersüchteleien der Einzelstaaten stecken. Auch diese Pläne erlebten nach 1812 eine eigentümliche Renaissance.

Die Versuche, das hierarchisch gegliederte Reich zu retten, hängen eng mit den Versuchen Dalbergs zusammen, die katholische Kirche in Deutschland in einem Reichskonkordat neu zu organisieren. Sein Plan ging von seiner verfassungsmäßigen Stellung als Reichserzkanzler aus. Von der alten Verbindung zwischen dem Reichsadel und der katholischen Kirchenorganisation war nichts geblieben als die Reichsgrafen, die sich teilweise sogar, wie die Öttingen und Arenberg, im Entschädigungsgeschäft hatten vergrößern können, die Reichsritterschaft, deren Selbständigkeit in einer salvatorischen Klausel festgelegt worden war, und schließlich die zwei Ritterorden. Von ihr wurde die Reichsritterschaft unmittelbar nach dem Frieden von den größeren Fürsten bedroht, die wie Bayern, Württemberg, Baden und Nassau darangingen,

Burgen und Schlösser mit Gewalt in ihre Hand zu bringen. Dem letzten wichtigen Beschluß des Reichstags, dem vom Kaiser veranlaßten Konservatorium der Reichsritterschaft vom 23. Januar 1804, verdankten die treuesten Anhänger des Kaisers für kurze Zeit ihr politisches Überleben.

Ausgangspunkt der Überlegungen Dalbergs war der Artikel 25 des Reichsdeputationshauptschlusses, wonach der Reichserzkanzler nach den Statuten des Mainzer Domkapitels gewählt werden sollte. In seinen Überlegungen ging er davon aus, dem katholischen Reichsadel das Amt des Erzbischof-Erzkanzlers zu sichern. Das Domkapitel sollte aus 24 Mitgliedern, zwölf aus den Reichsgrafen und der Reichsritterschaft, und zwölf Kanonisten, bestehen. Von ihnen sollten die Adeligen das aktive und passive, die Theologen nur das aktive Wahlrecht haben. Zusammen mit den beiden Ritterorden hoffte er, dem katholischen Adel damit ein Mindestmaß an politischem Rückhalt geben zu können.

Mit dieser Idee ist Dalberg freilich in das Kreuzfeuer gegensätzlichster Interessen geraten. In Rom sah man in ihm, in der Nachfolge der Erthalschen Pläne, einen Mann, der als deutscher Primas ganz im Sinn febronianischer Ideen eine institutionelle Vereinigung der Konfessionen in einer deutschen Nationalkirche anstrebte. In Wien betrachtete man ihn seit seinem Beitritt zum Fürstenbund 1787 mit Mißtrauen. Die mittelgroßen Staaten aber wollten von einem Reichskonkordat nichts wissen, sondern erstrebten eine eigene landesabhängige Kirchenorganisation, wie sie Österreich und Preußen im Reichsdeputationshauptschluß erhalten hatten. Der eigentliche Gegner Dalbergs aber war Rom. Für Rom war die Idee eines deutschen Primas, der als einziger neben dem Papst als souveräner Fürst auftreten konnte, nach den im Nuntiaturstreit zutage getretenen Gegensätzen zur deutschen Adelskirche beängstigend. Die von Rom gegenüber Dalberg einzuschlagende Politik faßte Kardinalstaatssekretär Consalvi in die Worte: "Tun wir doch dem Kurfürsten von Mainz recht schön, soweit es irgend geht. Was er auch für Grundsätze haben mag, seine Worte sind angenehm und honigsüß."

Dalberg hat die prinzipielle Gegnerschaft, die sich gegen ihn als Vertreter der Rom unheimlich gewordenen deutschen Adelskirche richtete, lange nicht begriffen. In den Wiener Konkordatsverhandlungen von 1803/04, die sich durch österreichische Schuld bald festliefen, trat dieser Gegensatz noch nicht in aller Schärfe zutage. Dem Kaiser ging es im Grunde nur um ein österreichisches Konkordat. Er versagte daher Dalberg auch in der für diesen wichtigsten Frage jede Hilfe. Offiziell war Dalberg nur Erzbischof der gar nicht mehr existierenden Diözese Mainz. Seine Übertragung auf Regensburg sowie die Unterstellung aller deutschen Diözesen unter ihn war für ihn lebensnotwendig. Der Kaiser unternahm nichts, um Dalberg diese Stellung zu verschaffen. Diesem Ziel kam Dalberg erst in seiner schicksalhaften Unterredung mit Napoleon in Mainz am 20. September 1804 näher. Er war von Napoleon fasziniert. Aber auch Napoleon fand an dem geistreichen Mann Gefallen, von dem er später sagen sollte: "Er ist der Einzige, der mich nie um etwas gebeten hat." Er versprach dem Kurerzkanzler in Paris bei seiner Kaiserkrönung, zu der Papst Pius VII. kommen würde, die Fragen der künftigen deutschen Kirchenorganisation im Sinne Dalbergs zu lösen.

Aus dieser Verbindung erwuchs die Groteske, daß sich Napoleon, in dessen Interesse die Förderung der größeren Stände lag, der Interessen der reichischen Kräfte annahm. Auch diese Verbindung, die beim Ende des Reiches und bei der Gründung des Rheinbundes eine wichtige Rolle spielen sollte, war durch das Versagen des Kaisers zustande gekommen.

Als Dalberg sichere Nachrichten von der Abreise des Papstes nach Paris hatte, begab auch er sich dorthin. Er erlebte eine herbe Enttäuschung. Der gutmütige Pius VII. wäre wahrscheinlich bereit gewesen, seine Wünsche zu erfüllen. Seine Umgebung aber, insbesondere der schlaue Kardinal Leonardo Antonelli, sahen in einem Verweigern aller Zugeständnisse die Chance, die Eigenentwicklung der deutschen Kirche endgültig zu brechen. So, wie man in Rom gegen die Säkularisation nichts einzuwenden gehabt hatte, weil mit ihr die Sonderstellung der deutschen Adelskirche verschwand, so blieb man jetzt gegenüber Dalberg hart, ungeachtet der Folgen, die diese Haltung für die deutschen Katholiken heraufbeschwören mußte. Für fast zwanzig Jahre wurden in Deutschland kein neuer Bischof und keine neuen Priester geweiht, ungeachtet aller Folgen, die das für die Seelsorge haben mußte. Was Frankreich im Konkordat von 1801 zugestanden wurde, eine neue, das ehemals deutsche linke Rheinufer einschließende Diözesaneinteilung, wurde Deutschland verweigert. In den Pariser Verhandlungen verstieg sich Antonelli zu der Behauptung, der Papst könne um so weniger nachgiebig für andere Länder sein, je mehr man gezwungen worden wäre, in Frankreich nachzugeben, weshalb man beschlossen habe, in Deutschland keine Dispens mehr zu geben, keine Gelübde zu lösen und keine Mischehen zu dulden. Schließlich griff Napoleon ein und beendete das unwürdige Spiel. Gegen den zeternden Widerstand Antonellis wurde am 23. Januar 1805 die Übertragung des Erzbistums Mainz auf Regensburg und die Berechtigung Dalbergs, den Primastitel zu tragen, durchgesetzt. Das Versprechen, zwischen Dalberg und dem Papst ein Reichskonkordat zu vermitteln, hat Napoleon allerdings nicht eingelöst. Dagegen hatten sich insbesondere Bayern und Württemberg ausgesprochen, die Napoleon wichtiger waren als der Reichserzkanzler.

Dalbergs Pläne, als letzter geistlicher Fürst des Reiches die Organisation der deutschen Kirche in einer von ihm gewünschten Form durchführen zu können, waren damit gescheitert. In ihm hatte sich aber die Vorstellung festgesetzt, mit Hilfe Napoleons das Reich retten zu können. Auch hier befand er sich in einem gewaltigen Irrtum. Die neu erstarkten süddeutschen Länder wollten von einem Reich, wie es Dalberg vorschwebte, nichts mehr wissen.

Wer weiß, wie sich die Dinge weiter entwickelt hätten, wäre nicht im Sommer 1805 ein neuer Krieg, der dritte Koalitionskrieg, ausgebrochen. Kaiser Franz hatte am 10. August 1804 den Titel eines erblichen Kaisers von Österreich angenommen und so seine Bereitschaft signalisiert, seine Lande vom übrigen Deutschland zu trennen. Zar Alexander I. von Rußland und England drängten zu einer neuen kriegerischen Auseinandersetzung mit Napoleon, für die man Österreich und Preußen gewinnen wollte. Friedrich Wilhelm versagte sich. Gegen die Warnungen des Erzherzogs Karl, der als Hofkriegsratspräsident den Zustand der Armee für ungenügend erklärte, ließ sich das Kabinett Colloredo-Cobenzl, "das törichste Ministerium, das die Sonne je beschienen" (H. Rößler), von einigen Heißspornen, zu denen der Publizist Gentz und der spätere Staatskanzler Metternich gehörten, in einen Krieg drängen.

Auch diesmal ging der Krieg nicht um Deutschland. Die Tatsachen des Friedens von Lunéville und des Reichsdeputationshauptschlusses ließen sich nicht mehr rückgängig machen. Es war die Sorge, endgültig aus Italien verdrängt zu werden, die den Kaiser zu den Waffen greifen ließ. Am 9. August 1805 wurde das Offensivbündnis mit Rußland und England geschlossen. Bayern hielt die österreichischen Unterhändler hin, bis der Kurfürst seine Armee bei Würzburg mit der Napoleons vereint hatte. Baden trat gleich dem Bündnis bei, während Friedrich von Württemberg diesen Schritt erst tat, als französische Truppen seine Hauptstadt besetzten. Der Zielsetzung des Krieges entsprechend stand die österreichische Hauptarmee unter Erzherzog Karl in Italien. Noch während der österreichische Befehlshaber in Deutschland, Feldzeugmeister Mack, den Feind in Frankreich wähnte und seine Truppen bei Ulm sammelte, war Napoleon über den Kraichgau und das Maintal in seinen Rücken gelangt. Der völlig überraschte Mack wurde in die Festung Ulm geworfen, wo er am 20. Oktober mit seiner ganzen Armee kapitulierte. Nur der Kavallerie gelang in einer abenteuerlichen Operation der Durchbruch nach Böhmen. Noch ehe Erzherzog Karl von Italien zum Entsatz heran war, zogen die Franzosen am 13. November in Wien ein.

Noch war der Feldzug nicht verloren. Vergeblich bestürmte der Zar Anfang November in Potsdam am Grabe Friedrichs des Großen Friedrich Wilhelm III., in den Krieg auf der Seite der Koalition einzutreten.

Er erreichte lediglich, daß der König versprach, Haugwitz zu Napoleon zu schicken und sich als bewaffneter Friedensvermittler anzubieten. Sollte sich Frankreich nicht auf seine natürlichen Grenzen beschränken, so war Friedrich Wilhelm III. bereit, auf der Seite der Koalition in den Krieg einzutreten. Das schwächliche Zögern rächte sich bitter. Am ersten Jahrestag seiner Krönung, am 2. Dezember 1805, schlug Napoleon in der Dreikaiserschlacht von Austerlitz das russisch-österreichische Heer vernichtend. Während der Zar die Trümmer seines Heeres nach Norden rettete, blieb Österreich nur die Bitte um Frieden. Der nun erst zu Napoleon vorgelassene Haugwitz getraute sich nicht, seine eigentliche Mission zu erfüllen, sondern schloß in Schönbrunn einen schmählichen Bündnisvertrag, der Preußen gegen Verzicht auf Ansbach, Kleve und das schweizerische Neuenburg den Besitz von Hannover zusprach.

Am 26. Dezember 1805 kam es zum Frieden von Preßburg, der für Österreich schwere Einbußen brachte. Venetien, Dalmatien und Istrien gingen an das Königreich Italien, Tirol und Vorarlberg an Bayern verloren. Ebenso verlor es seine Besitzungen in Schwaben an Bayern und Württemberg und Vorderösterreich an Baden. Als Ersatz erhielt es Berchtesgaden und Salzburg, dessen Kurfürst Großherzog von Würzburg wurde. Kaiser Franz willigte ein, daß die Kurfürsten von Bayern und Württemberg am 1. Januar 1806 den Königstitel annahmen. Er hätte auch kaum etwas dagegen sagen können, denn er selbst hatte am 21. September 1805 dem Bayern im Falle eines Anschlusses an die Koalition den Königstitel angeboten. Baden und Hessen-Darmstadt erhielten den Titel eines Großherzogs.

Zwar war im Frieden von Preßburg festgelegt, daß diese Rangerhöhungen das Verbleiben dieser Länder innerhalb des Reiches nicht berühren sollte, doch war bald jedem klar, daß das Reich in der Agonie lag. Unklar war freilich, wie Deutschland künftig organisiert sein sollte. Bayern erhoffte sich einen Aufstieg unter die selbständigen europäischen Mächte. "Mit Tirol mache ich Bayern zum Königreich", hatte Napoleon bei seinem Münchner Aufenthalt in der ersten Hälfte Januar 1806 gesagt. In München legte man das so aus, als würde Bayern ein mächtiger Pufferstaat zwischen Österreich und Frankreich werden. Der Austausch Bergs gegen Ansbach vergrößerte diese Chance noch. Die dem neuen König Max I. Joseph schwer gefallene Verlobung seiner ältesten Tochter Auguste mit Napoleons Stiefsohn Eugen Beauharnais, dem Vizekönig von Italien, schien die Aussichten noch zu erhöhen.

Wäre Bayerns Einrücken unter die europäischen Mächte noch möglich gewesen, so verbot sich das für Württemberg, Baden und Hessen-Darmstadt von selbst. Die Idee, Süddeutschland unter bayerische Oberhoheit zu stellen, so, wie Napoleon Preußen im Sommer

1806 anbot, Norddeutschland unter einem norddeutschen Kaiser zu einen, ist nie erwogen worden. Was blieb, war ein süddeutscher Bund oder die Weiterführung des Reiches unter Napoleon. Sie ist von Dalberg und merkwürdigerweise auch von den treuesten Anhängern des Reiches, der Reichsritterschaft, erwartet worden. Es war Hans Christoph von Gagern, der im August 1806 rückblickend zu Talleyrand sagte: "Ich habe längst des Kaisers Trachten nach der Macht Karls des Großen beobachtet. Wenn er auf irgendeinem Weg zur Kaiserkrone gekommen wäre, so hätte ich mich diesem Schicksal gern gefügt, weil ich darin große Erfolge erwartet hätte – aber diesen Bund (Rheinbund) gewähren kann ich nicht."

Napoleon selbst scheint zwischen den beiden möglichen Lösungen geschwankt zu haben. Dalberg wollte das Reich durch Napoleon und mit Ausschluß von Österreich und Preußen retten. Im Krieg hatte er sich zum Ärger Napoleons für neutral erklärt. Eine Unterredung mit Napoleon im Januar in München hatte ihn zutiefst beunruhigt. So kam er auf den verhängnisvollen Gedanken, den Onkel Napoleons, Kardinal Fesch, zu seinem Coadjutor mit dem Recht der Nachfolge zu machen. Am 27. Mai 1806 gab er diesen Beschluß dem Reichstag bekannt. Dalberg verlor mit diesem unüberlegten Schritt alles Ansehen im Reich. Er glaubte, damit die Übertragung der Kaiserkrone auf Napoleon eingeleitet und so das Reich vor einer föderalistischen Lösung bewahrt zu haben. Napoleon steuerte aber inzwischen die Gründung eines vom Reich unabhängigen Fürstenbundes unter französischer Vorherrschaft an. Den widerstrebenden Verbündeten drohte er an, die kleinen Grafen und Fürsten unter seine Hoheit zu nehmen und so die alte Reichsverfassung wiederaufleben zu lassen. Dies war jedoch nur als letzte Drohung gedacht. Als Dalberg die ersten Nachrichten von der bevorstehenden Gründung des Rheinbundes hörte, war er, nach einem Bericht Albinis, wie vom Donner gerührt. Albini konnte ihm nur mit Mühe und mit dem Argument, es sei seine Aufgabe, als Fürstprimas des neuen Bundes den Geist der Reichsverfassung in den Rheinbund zu retten, vom Rücktritt zurückhalten. Am 31. Juli legte Dalberg die Würde eines Erzkanzlers nieder.

Bayern und Württemberg hätten eine lose Allianz einem Bund vorgezogen. Dieser Weg schien sich in der geheimen Allianz vom 16. Januar 1806 zwischen Frankreich, Bayern, Baden, Württemberg und Italien, der später noch die Schweiz beitrat, anzukündigen. Die zwischen den drei süddeutschen Ländern um Gebietsfetzen ausgebrochenen Streitigkeiten sollten unter Leitung eines französischen Ministers geschlichtet werden. Der Vertrag wurde von Friedrich von Württemberg, der sich am skrupellosesten bereicherte, nicht unterzeichnet. Für die Unentschlossenheit Napoleons spricht, daß er den Plan einer Allianz nicht weiter verfolgte. Es war schließlich Talleyrand, der die seit

Jahren erwogene Idee eines Bundes zur Ausführung brachte. Ihm widerstrebten Bayern und Württemberg, die nur unter Anwendung von erheblichem Druck am 12. Juli 1806 zum Beitritt gezwungen werden konnten. Der Rheinbund umfaßte sechzehn Mitglieder: die Könige von Bayern und Württemberg, die Großherzöge von Baden, Hessen-Darmstadt und das Murat überlassene Großherzogtum Berg, zu denen als 17. Mitglied im September 1806 der Großherzog von Würzburg, der Bruder des Kaisers, kam, zwei Herzöge von Nassau, den Herzog von Arenberg, die hohenzollernschen Fürsten von Sigmaringen und Hechingen, die beiden Fürsten Salm, die Häuser Isenburg-Birstein, Liechtenstein und den Neffen Dalbergs, den zum Fürsten erhobenen Grafen von der Leyen. Dazu kam als Fürstprimas und späterer Großherzog von Frankfurt Dalberg, der eine dem Erzkanzler ähnliche Stellung erhalten sollte. Protektor des Bundes war der Kaiser der Franzosen. Die wichtigsten Bestimmungen galten der Gestellung der Truppen. Die sechzehn Fürsten erklärten nach der Ratifizierung der Rheinbundakte am 25. Juli 1806 ihren Austritt aus dem Reich.

Damit durchkreuzte Napoleon die Pläne des Kaisers, der aus der Niederlegung der Kaiserkrone noch ein Geschäft hatte machen wollen. Von mehreren Seiten gedrängt, konnte er sich zunächst nicht entschließen. Auf ein Gutachten seines Ministers Philipp Graf Stadion schrieb er an den Rand: "Der Zeitpunkt der Abtretung der Kaiserwürde ist jener, wo die Vorteile, die uns selber für Meine Monarchie entspringen, durch die Nachteile, die durch eine fernere Beibehaltung derselben entspringen können, überzogen werden, wo Ich meine beschworenen kaiserlichen Pflichten nicht mehr zu halten im Stande sein sollte und wo eine solche Einschränkung der Kaiserlichen Würde und Vorrechte vorauszusehen ist, daß deren Abtretung und Verlust, ohne einigen Vorteil für Meine Monarchie zu erhalten, ebenfalls notwendig und unausweichlich werden müßte." Der junge Metternich traf zu spät in Paris ein, um wegen der Niederlegung der Kaiserkrone noch in Kompensationsverhandlungen treten zu können. Am 22. Juli verlangte Napoleon ultimativ den Rücktritt des Kaisers. Dieser erfolgte schließlich am 6. August 1806. Kaiser Franz ging aber noch einen Schritt weiter und erklärte das Reich für beendet.

Dieser Schritt fand kaum noch ein Echo. Als einziger protestierte der König von Schweden am Reichstag. Der sachsen-weimarische Minister Goethe meinte, ein Streit seines Kutschers mit seinem Diener errege ihn mehr als diese Nachricht. Eine neunhundertjährige Einrichtung hatte sich selbst überlebt. Es war die Frage, ob Deutschland ähnlich wie Polen und Italien zu einem rein geographischen Begriff herabsinken würde oder ob sich künftig eine Form des Zusammenlebens aller Deutschen in einem Haus organisieren ließe.

9. Der Untergang des alten Preußen

In der öffentlichen Diskussion der Jahre 1795–1805 hat Preußen als Schutzmacht des Nordens eine wichtige Rolle gespielt. In dieser Funktion hat Preußen in Norddeutschland die Ruhe und die Sicherheit für eine kulturelle Blüte garantiert, wie sie in der deutschen Geschichte nur selten anzutreffen war. Was bisher als die besondere Stärke Preußens galt, die Armee, wurde nun der Grund der größten Krise dieses Staatswesens, seit es zur Großmacht aufgestiegen war. Einem gut ausgebildeten und verantwortungsbewußten Beamtentum stand eine Truppe gegenüber, die in ihren letzten Einsätzen deutliche Zeichen des Verfalls gezeigt hatte. Disziplinlosigkeit und schlechte Kommandoführung waren an der Tagesordnung. Es rächte sich nun, daß Friedrich eine Heeresreform für überflüssig gehalten hatte. Der Aufgeklärte Absolutismus, der unter Friedrich II. bei allen Einseitigkeiten eine effektive Staatsführung garantiert hatte, war unter seinen Nachfolgern degeneriert. Bei dem Übergewicht, das die Armee in Preußen besaß, und dem von ihr trotz allem zur Schau getragenen Selbstbewußtsein mußte eine Krise der Armee zur Krise des ganzen Staatswesens werden. Verschärfend kam hinzu, daß die Amtsführung der preußischen Könige Friedrich Wilhelm II. und Friedrich Wilhelm III. solch deutliche Schwächen zeigte, daß auch der zivile Sektor nicht mehr voll funktionierte. Das Bild des friderizianischen Preußen, das immer wieder beschworen wurde, war verblichen. Der Verfall war nun nicht nur eine Folge unwürdiger Nachfolger, sondern ergriff den ganzen Staat. Das System des Aufgeklärten Absolutismus friderizianischer Prägung hatte sich überlebt. Vielleicht, daß sich dies alles noch längere Zeit hätte verdecken lassen, wären nicht in der Außenpolitik so gravierende Fehler gemacht worden, die nun eine Katastrophe unausweichlich machten.

Ähnlich wie in Wien ließ man auch in Berlin die Dinge treiben. Der von Haugwitz kritisierte Entschluß des Königs, 1799 neutral zu bleiben, hatte sich im Nachhinein als richtig erwiesen. Mit der Besetzung Hannovers 1801 hatte Preußen seinen größten Umfang angenommen. Der Entschluß zur Neutralität im Jahr 1805 war sicher nicht unrichtiger als der von 1799. Es gab keine preußischen Interessen, die auf dem Spiel standen, es sei denn, man schloß sich der Überzeugung der Höfe von London und St. Petersburg an, die in Napoleon eine Gefahr für Europa sahen. Die Idee, als bewaffneter Vermittler aufzutreten, die der Zar dem zaudernden Friedrich Wilhelm III. abgerungen hatte, war sicher nicht glücklich. Wollte man in die deutschen Verhältnisse gestaltend eingreifen, so hätte man es 1799 tun müssen. 1805 war das Reich nicht mehr zu retten. Mit dem Hardenbergschen

Föderativplan hätte man nur einem geschlagenen Österreich kommen können. Das Bündnis von Schönbrunn mit Napoleon degradierte Preußen auf den Stand einer mittleren Macht. Kein Wunder, daß in Berlin die Wogen hoch gingen und selbst Haugwitz nach seiner Rückkehr den Vertrag preisgab. Was nun folgte, war ein Satyrspiel politischer Torheiten. Am 15. Februar 1806 wiederholte Haugwitz den Fehler eines Vertrags mit Napoleon. Nach Paris geeilt, um die Konflikte mit England heraufbeschwörende erneute Besetzung Hannovers hinauszuzögern, unterschrieb er einen Vertrag, der Preußen zur sofortigen Besetzung Hannovers und zur Sperrung aller preußischen Häfen für englische Schiffe zwang.

England beantwortete den Vertrag mit der Kriegserklärung an Preußen. So stand man plötzlich auf der falschen Seite. In dieser Situation wäre es sicher das Klügste gewesen, das Angebot des Korsen anzunehmen und Norddeutschland in einem norddeutschen Bund zu einen. Dabei wäre sogar Hardenbergs Plan vom Februar 1806 nicht ohne Aussicht auf Erfolg gewesen, auch wenn sich Napoleon das Protektorat über den süddeutschen Bund nicht hätte nehmen lassen. Eine solche Politik wäre durchaus im Sinne der bisher betriebenen borussischen Politik gewesen. Das negative Echo im Land und die offensichtliche Verachtung Napoleons ärgerte Friedrich Wilhelm III. Durch die "Erfolge" seines Außenministers irritiert, knüpfte er hinter dessen Rücken mit dem Zaren Verbindungen an. Der Erfolg war ein nichtssagendes Abkommen, in dem der König versprach, nicht auf französischer Seite in den Krieg einzutreten und sich für die Räumung Deutschlands von französischen Truppen einzusetzen. Durch diese Politik machte sich Friedrich Wilhelm zum Gespött der ganzen Welt und insbesondere Napoleons, der seine Verachtung offen zur Schau trug. Weil Napoleon den Engländern, um zu einem Frieden zu kommen, die Rückgabe Hannovers angeboten hatte, machte Friedrich Wilhelm im denkbar ungünstigsten Augenblick am 9. August, drei Tage nach der Abdankung des Kaisers Franz, mobil. Napoleon, stutzig geworden, forderte Anfang September in durchaus verbindlicher Sprache die Demobilmachung der preußischen Armee. Ende September antwortete Preußen mit einem auf zwölf Tage befristeten Ultimatum. Es forderte den Rückzug sämtlicher französischer Truppen aus Deutschland, eine Forderung, die etwas unbedacht über die Tatsache der Gründung des Rheinbundes hinwegging, die Auslieferung dreier Abteien, die ohnehin Preußen zugesprochen waren, und die unbehinderte Aufrichtung eines Norddeutschen Bundes, eine Forderung, die Preußen bisher immer abgelehnt und die zu verwirklichen ihm Napoleon mehrfach angeboten hatte. Napoleon ließ die Frist verstreichen und antwortete am 2. Oktober mit beißendem Spott, als guter Ritter habe er sich auf die Einladung zu einem Rendezvous auf eben den 8.

des Monats eingefunden: Er stehe mitten in Sachsen. Zwei Tage später vernichteten seine Armeen in der Doppelschlacht bei Jena und Auerstedt das preußische Heer, das sich in einer zügellosen Flucht auflöste. Der unglückliche König selbst hatte bei Auerstedt die falschen Befehle gegeben und in der Nacht durch Ineinanderführen der fliehenden Verbände zum Chaos entscheidend beigetragen. In den nächsten Wochen kapitulierte ein Verband und eine Festung nach der anderen. Der Zusammenbruch war vollständig. Die friderizianische Armee hatte aufgehört zu bestehen. Von Berlin, wo Napoleon im Schloß abstieg, schickte der Sieger Orden, Degen und Schärpe Friedrichs des Großen nach Paris zum Zeichen seines Triumphes.

Von Berlin aus erließ Napoleon am 31. Oktober die sogenannte Kontinentalsperre, ein Versuch, den seit der Vernichtung der französischen Flotte durch Nelson bei Trafalgar (21. Oktober 1805) unerreichbar gewordenen Gegner durch Sperrung aller kontinentalen Häfen niederzuringen. Die von Friedrich Wilhelm III. angebotenen Friedensbedingungen waren Napoleon zu wenig. Die mehrfach verschärften Bedingungen eines im Charlottenburger Schloß abgeschlossenen Vertrags wurden vom König auf den Rat Steins hin verworfen. So ging der Krieg weiter. Der König vereinigte die Trümmer seiner Armee in Ostpreußen mit den Truppen des Zaren. Die Kämpfe der folgenden Wochen verliefen unentschieden. Napoleon residierte in Warschau, während seine Truppen in klirrender Kälte aushalten mußten. In der Schlacht bei Preußisch-Eylau (7./8. Februar 1807) gelang es ihm nicht, den Sieg an seine Fahnen zu heften. Das Eingreifen Scharnhorsts verhinderte in der unerhört blutigen Schlacht den Sieg Napoleons. Die Nachricht von der unentschiedenen Schlacht rief in Paris Unruhe hervor.

Die Lage wurde im Frühjahr für Preußen nicht leichter. Da man selber nur einen unbedeutenden Truppenverband ins Feld stellen konnte, hatte man auf die Kriegsführung nur einen relativ geringen Einfluß. Eine Erneuerung der Allianz am 26. April 1807 brachte keine neue Situation. Ende Juni ging Ostpreußen verloren. Nun geriet Alexander in das Kreuzfeuer der Kritik. In diesem Augenblick bot ihm Napoleon einen ehrenvollen Frieden an.

In Tilsit kam es auf dem Floß in der Memel zu den denkwürdigen Unterredungen zwischen dem Kaiser und dem Zaren, in denen der leicht entflammbare Alexander ganz dem Charme Napoleons erlag. Das Opfer dieser Verbrüderung war Friedrich Wilhelm III., von Napoleon mit verletzender Geringschätzung behandelt und vom Zaren schließlich fallen gelassen. Warum auch hätte sich Alexander für den König einsetzen sollen, der ihn bei Austerlitz im Stich gelassen und schließlich, im ungeschicktesten Moment losschlagend, seine Armee verloren hatte.

Die Bedingungen, die Napoleon Preußen auferlegte, waren äußerst hart. Nur aus Rücksicht auf Rußland behielt Friedrich Wilhelm seinen Thron. Alle Besitzungen westlich der Elbe, die Altmark und Magdeburg gingen an das neugegründete Königreich Westfalen verloren. Cottbus fiel an das neue Königreich Sachsen. Auch der Zar holte sich mit dem Bialystoker Kreis preußisches Territorium. Der Rest des preußischen Polen mit Warschau bildete das Herzogtum Warschau, das wiederum in Personalunion mit dem Königreich Sachsen verbunden wurde. Danzig wurde unter französischer Besatzung zur Freien Stadt erklärt und dem Schutz Frankreichs, Sachsens und Preußens überantwortet.

Diese Bedingungen wurden durch Ausführungsbestimmungen, die am 12. Juli 1807 ausgehandelt wurden, noch verschärft. Der preußische Unterhändler Graf Kalckreuth willigte ein, daß die Räumung der ostelbischen Gebiete von der Zahlung einer ungeheuren Kriegsentschädigung abhängig gemacht wurde, die etwa hundert Millionen Taler betragen sollte. Die genaue Höhe und die Termine der Zahlungen wurden nicht festgelegt, so daß Frankreich Preußen jederzeit erpressen konnte. Gegenüber diesen Bedingungen erschien der Österreich abgenötigte Friede von Preßburg noch relativ milde.

Zusammenfassung

Das Reich war in drei Komplexe zerborsten. Die beiden deutschen Großmächte waren zusammengebrochen. Preußen war aus dem Kreis der Großmächte ausgeschieden. Ein Wiederaufstieg schien unmöglich. Österreich gehörte zwar noch in den Kreis der Großmächte, doch war es finanziell so erschöpft, daß mehrere Staatskonkurse das Land erschütterten. In beiden Ländern hat der Zusammenbruch ein Reformprogramm in Gang gesetzt, das unterschiedlich intensiv und unterschiedlich umfassend die Basis dieser beiden Staaten im 19. Jahrhundert bilden sollte. Dasselbe geschah im Rheinbund.

Das Ende des alten Reiches hatte im Süden geschlossene Territorien entstehen lassen, die in sich die Voraussetzung für die Entwicklung zu modernen Staaten trugen. In diesem Sinn hat der Zusammenbruch der beiden Großmächte und das Ende des Reiches in Deutschland zwischen den deutschen Großmächten und dem übrigen Deutschland vergleichbare Startchancen geschaffen.

Daß der Zusammenbruch des Reiches ebenso wie der Aufstieg Napoleons das Ergebnis einer absolut fehlerhaften Politik der deutschen Großmächte war, ist zur Genüge dargetan. Sehr viel schwieriger ist die Frage zu beantworten, weshalb Österreich und Preußen, die unter Joseph beziehungsweise Friedrich II. eine in Europa allgemein bewunderte Zeit der Reformen hinter sich hatten, zehn Jahre später gegenüber dem revolutionären Frankreich einen so rettungslos antiquierten Eindruck hinterlassen konnten. Die Ereignisse lassen nur den Schluß zu, daß der absolutistische Anteil am Aufgeklärten Absolutismus so stark war, daß er eine wirklich tiefgehende Reform der Zustände verhindert hat. Anders ausgedrückt: Vor dem Ansturm einer wirklich revolutionären Macht, in der insbesondere die politische Freiheit des Einzelnen ein wichtiger Programmpunkt war, erwiesen sich die Staaten des Aufgeklärten Absolutismus als nicht viel standfester als das Reich, dessen Stände noch in der alten ständisch gegliederten feudalen Verfassung verharrt hatten.

Hier liegt auch einer der tiefsten Gründe für den Zusammenbruch des Reiches: Innerhalb seines Verbandes waren Reformen noch sehr viel engere Grenzen gesetzt, als dies in den beiden Großmächten der Fall war, in denen der absolutistisch regierende Herrscher theoretisch hätte alles reformieren können. Damit erhielt aber die traditionalistische Kritik am Aufgeklärten Absolutismus von einer ganz anderen Seite an Gewicht. Die Traditionalisten Hobbes, Rehberg und später Stein sahen in den gewachsenen Zuständen ein festes Bollwerk gegen die Revolution. Sie warfen dem Aufgeklärten Absolutismus die Zerstörung des Staates in dem Sinn vor, daß er durch seine absolutistische, nur von wenigen bestimmte Vielregiererei den einzelnen seinem Staat, an dem er keinen Anteil mehr hatte, entfremdete. Die nicht mehr von Traditionen, denen der einzelne folgen konnte, sondern von irgendwelchen abstrakten, der überwiegenden Menge der Bevölkerung fremd bleibenden Ideen zentralistisch bestimmten Reformen hätten einen Staat geschaffen, dem sich niemand verpflichtet fühlte. Das absolutistische Element des Aufgeklärten Absolutismus habe diese Reformen zwar erzwingen können, es habe aber den Staat in Zeiten der Not gegenüber den Ideen der Französischen Revolution wehrlos gemacht, zumal diese Ideen vielen Vorstellungen aufgeklärter Reformen ähnelten. Hier war der grundsätzliche, im Aufgeklärten Absolutismus angelegte Konflikt zwischen der Möglichkeit einer vom absolutistischen Herrscher prinzipiell für möglich gehaltenen Reformierbarkeit aller Dinge und dem Problem der persönlichen Freiheit aufgebrochen, die als letztes Ziel im aufklärerischen Denken immanent enthalten war.

Der Aufgeklärte Absolutismus hat mit der Beseitigung der ständischen Freiheit auch die letzten im Ancien régime enthaltenen Freiheitsräume beseitigt. Wo noch solche bestanden, hatten sie sich mehr aus Zufall erhalten. Daher erwiesen sich die Staaten des Aufgeklärten Absolutismus der Französischen Revolution gegenüber nicht weniger wehrlos als die von altständischen Einrichtungen bestimmten Länder des Alten Reiches. Hier war in den ständischen Freiheiten ein Freiheitsraum erhalten geblieben, der die mitunter allzu zuversichtlich klingenden Urteile deutscher Patrioten wie Wieland über die Überlegenheit des deutschen Reichssystems gegenüber dem Freiheitsschwindel der Französischen Revolution erklärt.

Will man die durch das Ende des Alten Reiches erzwungenen Veränderungen in Deutschland bestimmen, so wird man als eine wichtige Tatsache den Untergang der deutschen Adelskirche herausstellen müssen. Hier war nämlich eine tiefgreifende und den deutschen Katholizismus bis weit ins 20. Jahrhundert bestimmende Wende angelegt, die auch das Selbstbewußtsein des evangelischen Deutschland mitbestimmte. Bis 1803 war das Reich in seinen Verfassungsorganen wie Kaiser, Reichskanzler, Kurkolleg, Fürstenrat, Kreisvorsitzender etc. vorwiegend katholisch. Danach war Deutschland ebenso evangelisch geprägt.

Da in der Fürstenreformation die meisten Dynastien zur neuen Lehre übergetreten waren, hatte die Katholizität des Reiches auf seiner Adelskirche beruht. Über die geistlichen Fürsten bestimmten das Reichsgrafenkolleg und die Reichsritterschaft in ihrem katholischen Teil seit 1648 die katholische Mehrheit im Reich, obwohl die mächtigeren Reichsstände evangelisch waren. Der katholische Reichsteil bestimmte die bunte Vielfalt, wie sie etwa im deutschen Südwesten, aber auch im fränkischen Kreis anzutreffen war. Wenn man in Wien vom Reich sprach, dann meinte man diese Länder, für die der Kaiser der Schutzherr ihrer politischen Existenz war. Auf dieser Basis hatte der Kaiser im Reich regieren können. Diese aufgesplitterten Territorien besaßen nur im Reich eine Existenzmöglichkeit. Ihr Verschwinden war eine wichtige Voraussetzung für die Errichtung moderner Staaten. Der deutsche Katholizismus war daher für viele gleichbedeutend mit den archaischen Zuständen des Reiches. Die Säkularisation warf den katholischen Adel in jene Bedeutungslosigkeit zurück, in die seit der Reformation der evangelische Adel gefallen war. Mit der Säkularisation verschwand aber nicht nur die vom katholischen Adel bestimmte Reichskirche. In Artikel 6 des Reichsdeputationshauptschlusses wurden auch die landsässigen Klöster dem Landesherrn ausgeliefert. Damit hörten die katholischen Universitäten ebenso zu existieren auf wie die Klöster mit ihren Bildungseinrichtungen. Der deutsche Katholizismus mußte sich in allen seinen Lebensäußerungen auf eine völlig veränderte Lage einstellen. Der Katholik wurde in den meisten Ländern ein Bürger zweiter Ordnung. Die Tatsache, daß Rom den Untergang der Reichskirche mit offener Schadenfreude verfolgte und bereit war, mit den neuen Herren auf der Basis der Anerkennung der neuen Verhältnisse zu verhandeln, erleichterte die Situation der Katholiken keineswegs. In diesen Tatsachen lagen für das 19. Jahrhundert die am tiefsten nachwirkenden Veränderungen begründet, die mit dem Ende des Alten Reiches verbunden sind.

Gleichzeitig fielen mit der Säkularisation für die weltlichen Staaten jene Fesseln, die sie an das von Pufendorff entworfene Bild der Reichsverfassung als "monstro simile" gebunden hatten. Ganz gleich, ob mit der napoleonischen Flurbereinigung im Süden ein neues Staatensystem entstanden wäre oder nicht: Das Reich hätte sich nach der Säkularisation wie im Rheinbund und später im Deutschen Bund in einem föderalistischen Bundesstaat entwickelt. Das Ende des Reiches wurde daher von vielen als eine Befreiung von einem Zustand empfunden, der offensichtlich zu antiquiert war, um noch in die Zeit zu passen. Mit dem Ende des Reiches wurden Kräfte frei, die in wenigen Jahren einen in der Geschichte einmaligen Reformprozeß einleiteten. Viele Reformvorhaben wurden bereits vor 1800 konzipiert, bevor die Auflösung des Reiches in ihren letzten Konsequenzen erkennbar war. Das neue Zeitalter moderner Staaten hatte angeklopft, ohne daß es klar war, wie diese weitgehenden Reformen im Rahmen des Reiches hätten verwirklicht werden können.

Dritter Teil

DIE ZEIT DER REFORMEN 1806 – 1815

Die innere Entwicklung Deutschlands war seit dem Westfälischen Frieden eigenen, von der Reichsverfassung bestimmten Wegen gefolgt. Die Säkularisation und die territorialen Veränderungen, der Zusammenbruch der beiden deutschen Großmächte, die noch zwei Jahrzehnte zuvor als moderne Musterstaaten gegolten hatten, und schließlich das Ende des Reiches bewirkten Reformen, die Deutschland innerhalb eines Jahrzehntes ein völlig neues Gesicht gaben. Von verschiedenen Motiven geleitet, galten sie doch alle dem Ziel, die Leistungsfähigkeit des Staates zu steigern.

Unter dem unmittelbaren Druck der finanziellen und militärischen Anforderungen Frankreichs setzte die Reformpolitik in den Rheinbundstaaten 1806 ein. Für Österreich und das nach dem Tilsiter Frieden auf ein Drittel seines Territoriums reduzierte Preußen gaben die militärischen Katastrophen den Anstoß für eine neue Grundlegung von Staat und Gesellschaft. Auch ihre Reformprogramme orientierten sich an dem übermächtigen Frankreich. Hatte man in Österreich und Preußen 1792 noch gemeint, mit einer Polizeiaktion gegen die bewaffneten Banden der Revolutionäre die alte Ordnung wiederherstellen zu können, so staunte in den folgenden Jahren ganz Europa über die militärischen Siege der Republik, deren unerhörte Expansion alsbald die Machtsteigerung unter Richelieu und dem Sonnenkönig übertraf. Der Elan der Revolutionsarmeen ließ die große Schwäche des Ancien régime überdeutlich hervortreten. Die Untertanen in den Territorien des Reiches brachten den legitimen Herrschaften zwar Gehorsam und mitunter auch Achtung entgegen, doch hatten sich die Anfänge der bürgerlichen Gesellschaft getrennt von Staat und Politik entfaltet. Der Aufgeklärte Absolutismus hatte die Belebung der gesellschaftlichen Kräfte zum Zwecke des Staatswohls vor Augen gehabt, aber nicht um den Preis ihrer Teilnahme an der politischen Macht angestrebt. Aus den Franzosen hatte die Revolution eine politische Nation werden lassen. Die Reformer, die nach den Niederlagen in Deutschland Auftrieb erhielten, standen vor der Frage, ob von oben durchgesetzte Reformen geeignet waren, die Trennung von Staat und Gesellschaft zu überwinden und aus Untertanen Staatsbürger zu machen. Die Welt der deutschen Mittel- und Kleinstaaten sah sich auf einmal auf dem Felde herausgefordert, auf dem sie bisher nur geringe Erfahrung besessen hatte: auf dem Gebiete der Machtpolitik. Die früher gültigen Prinzipien der Reichspolitik konnten hier nicht weiterhelfen. Von Aufklärern regiert und ohnehin von der Hegemonialmacht auf das französische Beispiel verwiesen, gingen die neu entstandenen Rheinbundstaaten bei der politischen und gesellschaftlichen Umgestaltung am rigorosesten vor. Dagegen besaßen die beiden deutschen Großmächte Österreich und Preußen als Machtstaaten eine Tradition. Ihr Reformprogramm konnte auf das Vorbild des Aufgeklärten Absolutismus zurückgreifen. Im Allgemeinen Preußischen Landrecht besaß Preußen überdies eine feste Grundlage, auf der aufgebaut werden konnte. Während die Rheinbundstaaten daran gingen, überlieferte Strukturen durch absolutistische Reformen abzuschaffen und zugleich die Trennung von Staat und Gesellschaft zu überwinden, also zwei historische Schritte auf einmal zu tun, konnten sich die beiden Großmächte darauf konzentrieren, das zweite Problem zu lösen.

Vor allem drei Vorbilder boten sich an, wenn es darum ging, bestimmte Errungenschaften der Französischen Revolution auf dem Wege über Reformen in Deutschland einzuführen. Im Vordergrund stand selbstverständlich das Beispiel Frankreich, dessen revolutionärer Charakter seit Napoleons Konsulat und erst recht seit der Kaiserkrönung erhebliche Modifikationen erfuhr. Beispielsweise widersprach die Privilegierung des neu entstehenden Adels im Kaiserreich den revolutionären, im Code Civil festgelegten Grundsätzen der bürgerlichen Gleichheit. Den zu Königen und Großherzögen erhobenen Fürsten in den Rheinbundstaaten mochte dies zwar das französische Vorbild annehmbarer erscheinen lassen, doch geriet dadurch ein retardierendes Element in die Reformprogramme.

Von geringerer unmittelbarer Wirkung auf Deutschland, aber von Bedeutung für Europa waren die konstitutionellen Pläne des Zaren Alexander. Sie zielten auf eine Stabilisierung der Monarchie und des europäischen Staatensystems durch eine kodifizierte, für weitere Reformen offene Rechtsordnung und orientierten sich zum Teil an der polnischen Verfassung vom Mai 1791, die nicht nur ohne Revolution, sondern auch mit dem Ziel der Stärkung der Krone zustandegekommen war. Diese Verfassung trat zwar nie in Kraft. Das positive Urteil, das sie bei den Konservativen, insbesondere bei Burke, gefunden hatte, ließ die Idee der konstitutionellen Monarchie unabhängig von der Französischen Revolution als mögliches Ordnungsprinzip Fuß fassen. Die von Rußland noch während des zweiten Koalitionskrieges eingeführte Verfassung der neun griechischen Inseln und die finnische Verfassung von 1809 traten eigenständig neben die zur selben Zeit erlassenen napoleonischen Verfassungen von Polen, Holland, Westfalen und Spanien. Bereits 1804 hatte Alexander I. dem britischen Premierminister Pitt einen auf Ideen polnischer Reformer beruhenden Plan einer Neuordnung Europas vortragen lassen, der auf dem Prinzip der konstitutionell festgelegten Beteiligung und der nationalen Gleichberechtigung der europäischen Völker beruhte. Das Wort Freiheit, bisher die Parole der Franzosen, erhielt von daher für die Völker unter der napoleonischen Herrschaft einen neuen Klang. Mit dem Frieden von Tilsit trat Rußland allerdings als zweite europäische Ordnungsmacht zunächst in den Hintergrund.

Das dritte Vorbild beruhte auf den Überlegungen der sogenannten Traditionalisten, zu denen in Deutschland Justus Möser und August Rehberg, der Freund Steins, gehörten. In ihren Vorstellungen war die Französische Revolution die Folge der im Absolutismus durch die Beseitigung der Landstände erfolgten Loslösung der Monarchie vom alten Recht und von der ständisch verfaßten Gesellschaft. Sie glaubten, die Überwindung dieser Krise nur durch eine Rückkehr zu den vorabsolutistischen Verhältnissen, vor allem durch die Wiedererrichtung der alten Landstände, erreichen zu können. Neu entworfene Verfassungen waren ihnen ebenso ein Greuel wie die unhistorische Haltung der Aufklärung und des Absolutismus. Sie wollten die Trennung von Staat und Gesellschaft durch einen Rückgriff auf die alten Rechte überwinden.

Alle drei Modelle wollten den Bürger für den Staat gewinnen, indem sie ihn mehr oder weniger an den politischen Entscheidungen beteiligten. Während das konstitutionalistische Modell dem aufklärerischen Ideal der Gesetzlichkeit und der politischen Freiheit sehr nahe kam, hielt das traditionalistische am alten Ideal ständischer Libertät fest. Für das französische Modell war die bürgerliche Gleichheit, für das russische die Gleichheit aller Untertanen ein Grundprinzip, dem das traditionalistische Modell eine nach Ständen gegliederte Gesellschaft entgegenstellte.

Während in Frankreich die Revolution Verfassungen erzwungen hatte, war es ungewiß, welchen Weg jene Mächte einschlagen wollten, deren Ziel es war, durch Reformen einen Zustand zu erreichen, der sie befähigte, gegenüber der französischen Machtentfaltung aufzuholen. Der Aufgeklärte Absolutismus, in dessen Traditionen alle diese Staaten standen, hatte seine Reformen von oben dekretiert. Er hatte den Staat zwar moderner und effektiver gemacht, aber die Trennung von Staat und Gesellschaft im Grunde nur noch vertieft. Man hatte zwar den Völkern die Segnungen der neuen Ideen zukommen lassen wollen, sie aber, und hierin waren sich absolutistische Herrscher und Aufklärer merkwürdig einig, für zu töricht gehalten, selbst über ihr Glück entscheiden zu können. Sollte das alte Europa dem revolutionären Frankreich Paroli bieten wollen, so mußte es, auf welcher Ebene auch immer, die Völker, das neue Element in der Geschichte Europas, gewinnen. Das galt auch für die Rheinbundstaaten, die sich der napoleonischen Ordnung einfügten. Sie konnten nur bestehen, wenn sie sich in einem gnadenlos schnellen Prozeß modernisierten und über ihrem Reformprogramm die Notwendigkeit nicht aus den Augen verloren, die Bürger in ihre Anstrengungen einzubeziehen. Das Problem der kommenden Jahre war daher nicht nur wie im 18. Jahrhundert die Frage, wie man den Staat effektiver gestalten konnte, sondern auch, wie man die in sehr unterschiedlichen Traditionen befangenen Völker an Reformen beteiligen konnte, deren Sinn und Notwendigkeit zunächst nur wenigen einleuchtend war.

Die Verschiedenheit der Zielsetzung brachte das Phänomen zustande, daß die in allen Staaten parallel laufenden Reformprozesse später ganz verschieden bewertet wurden. Am besten erforscht sind die Reformen, die unter Stein und Hardenberg in Preußen in Angriff genommen wurden, obwohl sie in wesentlichen Fragen steckenblieben. Weniger bekannt, aber auch weniger wichtig sind die österreichischen Reformen unter dem Grafen Stadion und dem Erzherzog Johann. Lange verfemt waren die Reformprogramme in den einzelnen Rheinbundstaaten, obwohl sie zeitlich am frühesten einsetzten und manches vorwegnahmen, was in Preußen später ähnlich durchgeführt wurde. Ihre Erforschung machte in den letzten Jahren wichtige Fortschritte. Allen Reformmodellen gemeinsam war der Reformeifer einer relativ kleinen Zahl hervorragender Beamter. Auf ihre Umsicht, auf ihren Fleiß und auf ihre Hingabe an das Ziel sind die erstaunlich weitgehenden Ergebnisse zurückzuführen, die in wenigen Jahren in einer der rückständigen Regionen Europas eine Reihe moderner Staaten entstehen ließen. Hier war Preußen mit seinem gut ausgebildeten Beamtentum im Vorteil, während in den Rheinbundstaaten gut gemeinte Reformabsichten nicht selten an der Unfähigkeit der unteren Beamten scheiterten. Ebenso gemeinsam war allen deutschen Staaten die Unzulänglichkeit der Monarchen. Wenn man von Friedrich von Württemberg absieht, sind sie alle, ob Franz I. von Österreich, Friedrich Wilhelm III. von Preußen, Max Joseph von Bayern oder Karl von Baden, nicht aus eigener Einsicht, sondern durch den Zwang der Verhältnisse dazu gebracht worden, Reformen einzuführen, die ihnen entweder zutiefst zuwider waren oder deren Tragweite sie nicht übersahen. Die Minister Stein, Hardenberg, Stadion, Montgelas, Brauer, Reitzenstein und andere mußten Überredungskunst und Einfühlungsvermögen aufbieten, um ihre Herren von der Notwendigkeit der Reformen zu überzeugen. Waren die Herrscher des Aufgeklärten Absolutismus einst in vielen Monarchien selbst das treibende Element gewesen, so waren ihre Nachfolger die Getriebenen. Dies hatte allerdings seinen Grund nicht nur in der persönlichen Unzulänglichkeit der

Monarchen. Die Reformprogramme des Aufgeklärten Absolutismus waren meist von den persönlichen Neigungen und Überzeugungen der Herrscher geprägt gewesen. Ihnen hatte etwas Spielerisch-Zufälliges angehaftet, nicht zuletzt weil die Herrscher als absolute Monarchen immer weniger in der Lage gewesen waren, den sich rapide ausbreitenden Aufgabenbereich eines modernen Staates zu übersehen. Die Reformminister des beginnenden Jahrhunderts waren geschulte Beamte mit großer Verwaltungserfahrung. Sie und ihre Mitarbeiter entwickelten die Reformprogramme der Jahre 1806–1815 viel systematischer. Der Übergang vom Aufgeklärten zum bürokratischen Absolutismus bedeutete daher auch qualitativ einen erheblichen Unterschied. Nicht mehr das Interesse des Monarchen, sondern das des Staates stand im Vordergrund. Weil man aber nach 1806 nicht allein den Staat reformieren, sondern auch neue Kräfte wecken mußte, die nur aus dem Freiheitswillen der Völker gewonnen werden konnten, stand das Erwachen der Völker im Hintergrund aller Reformen. Nur wer dies im Auge behielt, konnte hoffen, in der sich anbahnenden Auseinandersetzung mit der napoleonischen Hegemonie zu bestehen. Da diese Auseinandersetzung zunächst und vordergründig eine militärische war, machte die Umwandlung der Heere vom Typus des fürstlichen Söldnerheeres zum Typus des Volksheeres einen wesentlichen Teil der Reformprogramme aus. Am Ende freilich geriet die Geschwindigkeit, mit der die Reformen durchgeführt werden mußten, mit der Notwendigkeit der Beteiligung der Bevölkerung in Konflikt. Als nach 1815 endlich Zeit gewesen wäre, an den Ausbau der Reformprogramme zu gehen und sie in der Bevölkerung zu verankern, machte sich die Starrheit der Monarchen bemerkbar, die sich an die Spitze der retardierenden Kräfte stellten und die, nachdem der äußere Feind besiegt war, auch den Willen zu Reformen verloren hatten.

1. Die Rheinbundstaaten

Der Rheinbund, am 12. Juli 1806 von sechzehn Staaten gegründet, unter denen so unterschiedliche Länder wie das Königreich Bayern und die nur wenige Dörfer umfassenden Fürstentümer von der Leyen und Isenburg waren, nimmt innerhalb der deutschen Geschichte einen eigentümlichen Platz ein. In den nach 1815 verfaßten Denkschriften österreichischer Staatsmänner und ehemals rheinbündischer Minister wird er als Übergang von der vom Westfälischen Frieden geprägten feudalen Reichsverfassung zum föderalen Deutschen Bund dargestellt. Von der nationalen Geschichtsschreibung als Verrat in Grund und Boden verdammt und als deutsches Satellitensystem Napoleons verächtlich gemacht, wird er in der neueren Forschung doch in seiner Auswirkung auf die politische und gesellschaftliche Entwicklung Deutschlands bedeutend positiver bewertet. Einmal verhinderte er selbst in der losen Form, in der er verwirklicht wurde, ein völliges Auseinanderfallen der deutschen Staaten, zum anderen hat er innerhalb der größeren Mitgliedsstaaten Reformen gefördert, die zwar dem französischen Vorbild verpflichtet waren, in denen im einzelnen jedoch sehr wohl deutsche regionale Traditionen bestimmend blieben.

Zunächst freilich dachte auch Napoleon an eine detaillierte Organisation des Bundes. Die Versuche Karl Theodor von Dalbergs, dem im Rheinbund als Fürstprimas eine dem einstigen Reichserzkanzler vergleichbare Rolle zugedacht war, dem Bund eine detaillierte Verfassung zu geben, scheiterten allerdings ebenso wie die von Napoleon 1807/08 unternommenen Versuche, dem Bund, dessen Protektor er war, durch eine straffe Organisation mehr Wirksamkeit zu verleihen. In Gesprächen mit dem bayerischen Minister Montgelas in Mailand im November 1807 erkannte er, daß die Pläne seines Außenministers Champagny, dem Bund eine zentralistische Organisation zu geben, den erbitterten Widerstand Bayerns und Württembergs hervorrufen würden, deren militärische Hilfe er für seine Pläne benötigte. Der von Montgelas 1808 entwickelte Vorschlag einer Bundesverfassung war im Grunde kaum mehr als eine Militärallianz. Napoleon blieb schließlich an einer organisatorischen Weiterentwicklung des Rheinbundes desinteressiert, obwohl nach dem Sieg über Preußen noch Sachsen, das neugeschaffene Großherzogtum Würzburg, das dem Bruder Napoleons, Jérôme, übergebene, aus Hessen-Kassel, Teilen Hannovers und Preußens neu errichtete Königreich Westfalen sowie die sächsischen und anhaltinischen Herzogtümer beitraten.

In seinen nur skizzenhaft entwickelten Verfassungsorganen besaß der Rheinbund deutliche Anklänge an die alte Reichsverfassung. An die Stelle des Reichstages sollte ein Bundestag in Frankfurt treten, der wie sein Vorbild als Gesandtenkongreß organisiert war. Er war in zwei Gremien, einen Rat der Könige und Großherzöge unter dem Vorsitz des Fürstprimas und einen Rat der Fürsten unter dem des Herzogs von Nassau eingeteilt. Obwohl von Dalberg 1806 einberufen, trat er doch nie zusammen, weil sich Bayern und Württemberg weigerten, daran teilzunehmen. In der Spannung zwischen der den Einzelstaaten 1805/06 versprochenen Souveränität und der von Napoleon angestrebten Eingliederung in einen übergeordneten Bund zerbrach der Rheinbund als Institution. Er wurde nie mehr als eine Organisationsform der Militärallianz mit Frankreich. In den Jahren der napoleonischen Vorherrschaft trug er allerdings dazu bei, daß Deutschland nicht wie Italien zum rein geographischen Begriff herabsank. Er war in dieser Zeit ein Element der deutschen Einheit. Napoleons deutsches Staatensystem beruhte auf dem Königreich Westfalen, dem Großherzogtum Berg und den vier größeren süddeutschen Staaten Bayern, Baden, Württemberg und Hessen-Darmstadt. In diesen Staaten entstanden Reformprogramme, die ähnlich wie in Preußen darauf abzielten, den ganzen Staat in allen seinen Einrichtungen zu erneuern. Daneben gab es, angefangen von den sächsischen Herzogtümern bis hin zu den Kleinstaaten in Nord- und Mitteldeutschland, eine Reihe von Ländern, die sich in ihrer inneren und äußeren Struktur auch unter Napoleon kaum veränderten.

Zunächst gingen die Rheinbundfürsten daran, ihre innere Souveränität herzustellen. Die Landstände, ihres Schutzes bei den Reichsgerichten beraubt, verschwanden in wenigen Jahren. Der Absolutismus, bisher auf die beiden deutschen Großmächte beschränkt, wurde in ganz Deutschland eingeführt. In Anlehnung an das Vorbild des Aufgeklärten Absolutismus wurden die von den Ministern entworfenen Reformprogramme ohne Beteiligung von Ständen oder Parlamenten durch Verfügungen der Herrscher in Kraft gesetzt.

Die in den größeren Rheinbundstaaten durchgeführten Reformen wurden unter extrem ungünstigen Umständen in Angriff genommen. Alle diese Staaten, ob sie nun einen historischen Kern, wie Bayern und Württemberg besaßen, oder, wie das Königreich Westfalen, ein ganz künstliches Gebilde waren, bestanden überwiegend aus fremden Gebietsteilen mit jeweils eigenen Traditionen. Das so häufig gerügte unhistorische Vorgehen der rheinbündischen Reformer entsprang daher zunächst der Notwendigkeit, sehr heterogene Gebiete in einen Staat zu verschmelzen. Ein Teil der Reformen galt weniger der Verbesserung eines vorhandenen Systems als dem durch Gebietszuwachs notwendig gewordenen verwaltungsmäßigen Neuaufbau des Staates. Das hatte Vor- und Nachteile. Auf der einen Seite wurden traditionsreiche Einrichtungen zerstört, auf der anderen konnte man bei dem notwendigen Neuaufbau die Reformen in sehr viel rationalerer Weise gestalten. Ein weiteres Hindernis für eine systematische Reformtätigkeit bildeten die Kriege, in die die Rheinbundstaaten durch Napoleon verwickelt wurden und für die sie aufgrund der Rheinbundakte Truppen zu entsenden hatten. 1806/07 war es der Krieg gegen Preußen und Rußland, 1808 zwang Napoleon die kleineren Verbündeten dazu, Einheiten für den Feldzug in Spanien zu stellen, 1809 kam der Feldzug gegen Österreich, 1812 der gegen Rußland. Alle diese Kriege führten die Rheinbundstaaten an den Rand der ökonomischen Erschöpfung, verzögerten und behinderten die in Angriff genommenen Reformen. 1803, 1806, 1807 und 1809 erlebten die seit 1806 im Rheinbund zusammengeschlossenen Staaten überdies tiefgreifende territoriale Veränderungen, die jeweils neue Anpassungen im Verwaltungsaufbau notwendig machten.

Dazu kam, daß die Reformen auch mit zum Teil fremden Beamten durchgeführt werden mußten, die dem neuen Herrn mit Mißtrauen begegneten und die Dauerhaftigkeit der neuen Verhältnisse in Zweifel zogen.

Von den rheinbündischen Reformern besaß der bayerische Minister Montgelas das klarste Programm. In seiner 1796 dem Erben Bayerns, dem Herzog von Zweibrücken, vorgelegten Ansbacher Denkschrift, die in vielem der Nassauer Denkschrift Steins und Hardenbergs Rigaer Ausarbeitungen vergleichbar ist, hatte er seine Absichten dargelegt. Er wollte Bayern auf der Grundlage der konstitutionellen Monarchie zu einer selbständigen europäischen Macht erheben. Daher war die Gründung des Rheinbundes für ihn eine Enttäuschung. An diesem zwar vom französischen Vorbild bestimmten, im wesentlichen aber doch eigenständigen Reformprogramm hat Montgelas so konsequent festgehalten, daß er nach seiner Entlassung 1817 in seinen Memoiren seine Darstellung der durchgeführten inneren Reformen am Schema seiner Ansbacher Denkschrift ausrichten konnte.

Das Ziel, Bayern zu einer selbständigen europäischen Macht zu machen, verlor Montgelas nie aus den Augen. Die Führungsstellung im Rheinbund strebte er nie an. Dafür sah Napoleon das 1807 für seinen leichtfertigen, als "König Lustig" apostrophierten Bruder Jérôme geschaffene Königreich Westfalen vor. Dieses Königreich war ein zwiespältiges Gebilde. Einerseits war es mit seiner von Napoleon selbst entworfenen Verfassung als Modellstaat für den Rheinbund gedacht. Selbstbewußt heißt es in dem Schreiben, mit dem Napoleon seinem Bruder die westfälische Konstitutionsakte übersandte: "Welches Volk wird unter die preußische Willkürherrschaft zurückkehren wollen, wenn es einmal die Wohltaten einer weisen und liberalen Verwaltung gekostet hat?" Andererseits brachte Napoleon selbst mit seinem subtilen Ausplünderungssystem dieses Königreich, dessen Reformen sowohl in den Rheinbundstaaten als auch von Hardenberg stark beachtet wurden, um alle Wirkung. So gab es im Rheinbund im Grunde vier Kategorien von Staaten: Das an Mitglieder des napoleonischen Hauses gefallene Königreich Westfalen und das Großherzogtum Berg wurden nach französischem Vorbild regiert. In Westfalen griff Napoleon am rigidesten zugunsten seines neu geschaffenen Militär- und Verdienstadels ein. 50 Prozent aller Domänen gingen in einem lehensähnlichen Majoratssystem an einen in Frankreich verwalteten Fonds, aus dem die von Napoleon Geadelten bezahlt wurden. Die Folge war eine katastrophale finanzielle Lage dieses Staates, die den westfälischen Finanzminister von Bülow etwa, einen Vetter Hardenbergs, zu einem fast unerträglichen Anziehen der Steuerschraube zwang. Zu Westfalen und Berg gehörte im Grunde auch Dalbergs Großherzogtum Frankfurt. Dieses Land blieb zwar wie Berg von dem napoleonischen Ausplünderungssystem im wesentlichen verschont, doch stand Dalberg in engster Abhängigkeit von Napoleon. Die zweite Kategorie bestand aus den beiden Königreichen Bayern und Württemberg. Sie widersetzten sich mit eiserner Konsequenz allen Bestrebungen, den Rheinbund auszubauen, bezahlten diese Eigenständigkeit jedoch mit der Erhaltung einer übergroßen Armee. Auf sie und die nächste Kategorie der Großherzöge von Baden, Hessen-Darmstadt, Würzburg sowie das Herzogtum Nassau trifft zu, was Lothar Gall über das Verhältnis der Rheinbundfürsten zu Napoleon sagte. Ihre Bindungen an Napoleon hätten darin bestanden, "daß er sie durch seine Politik selber zu Revolutionären gemacht hat, so daß sie Opposition gegen ihn nur unter Verzicht auf die erreichte Machtfülle hätten machen können. Er hat so nicht Kreaturen geschaffen, nicht Satelliten, die mit militärischer Gewalt zum Gehorsam gezwungen und politisch aktionsunfähig gemacht wurden, sondern echte Verbündete, die in wohlverstandener Staatsräson seiner Politik anhingen." Baden, Hessen-Darmstadt und Nassau waren zu klein, um sich wie Bayern und Württemberg dem Ansinnen entziehen zu können, Truppen nach Spanien zu entsenden. Ihre Anhänglichkeit an Napoleon bezahlten sie daher schon früh mit einer Entfremdung ihrer Untertanen. Die vierte Kategorie waren die kleinen und kleinsten Herren, die mehr schlecht als recht den Forderungen Napoleons nachkamen und ständig unter dem Druck lebten, einer neuen Gebietsaufteilung zum Opfer zu fallen. In ihren Gebieten wurden Reformprogramme kaum in Angriff genommen.

Die in den größeren Rheinbundstaaten in den wenigen Jahren von 1806 bis 1811 durchgeführten oder eingeleiteten Reformen der Regierung und der Verwaltung folgten alle einem Schema: An die Spitze des Staates wurde ein bürokratisch organisiertes und in Ressorts eingeteiltes Ministerium gestellt. Das Land wurde einer zentralistischen Verwaltungsorganisation mit Präfekten und Unterpräfekten unterworfen, die in Baden Kreisdirektoren, in Bayern Generalkommissare und in Württemberg Landvögte hießen. Die Verwaltung wurde schematisch in etwa gleich große, nach Flußnamen oder anderen geographischen Bezeichnungen benannte Kreise eingeteilt. Dieser Verwaltungsaufbau beseitigte die alte Vielfalt historisch gewachsener Verwaltungsstrukturen und trug entscheidend zum Einschmelzen der neu erworbenen Gebiete in den Staat bei. Wie in Österreich und Preußen war die Verwaltungsreform die Voraussetzung aller weiteren Reformen.

Die Generalkommissare, Kreisdirektoren oder Landvögte unterstanden dem Innenministerium, besaßen aber eine relativ selbständige Stellung. Hingegen wurden die Bezirksamtmänner, die den preußischen Landräten entsprachen, und die Bürgermeister der Gemeinden vom Innenministerium eingesetzt und waren lediglich ausführende Organe. In diesem bürokratischen Instanzenzug lag das Wesen der Verwaltung der Rheinbundstaaten. Ihr Vorteil lag in einer klaren und übersichtlichen Verwaltungseinteilung, ihr Nachteil in der strikten Unterordnung und in der Tatsache, daß die Bevölkerung auf die Ernennung der Beamten keinen Einfluß hatte. Dieser von Frankreich übernommene zentralistische Staatsaufbau ließ der politischen Mitwirkung des Bürgers keinen Raum. Im Gegensatz zu den Stein-Hardenbergschen Reformen, bei denen die Beteiligung des Bürgers wie in der Städteordnung im System selbst verankert war, kannte dieses Schema eine Teilhabe des Bürgers am Staat nur in der Form einer parlamentarischen Kontrolle. Solange diese fehlte, handelte es sich um einen Absolutismus reinster Ausprägung. Das napoleonische System ist von seinen Gegnern daher als Despotie bezeichnet worden. Napoleon war jedoch nicht nur der Erbe und Vollstrecker der Revolution, sondern war auch in seinem Innersten bei aller Selbstherrlichkeit der Idee der Volkssouveränität verpflichtet. Deutlicher als in seinem politischen Handeln zeigt sich das in den von ihm erlassenen oder beeinflußten Verfassungen, in denen das Prinzip der Kontrolle an die Stelle des alten ständischen Vertretungsprinzips trat.

Die erste Verfassung auf deutschem Boden war die des Königreichs Westfalen vom 15. November 1807. In der Sorge, Napoleon werde diese zur Einheitsverfassung der Rheinbundstaaten erklären, erließ Montgelas am 25. Mai 1808 eine der westfälischen nachgebildete bayerische Verfassung, deren Bestimmungen über die Volksvertretung allerdings im Gegensatz zu Westfalen nie in Kraft traten. Sie entsprach dem mit einigem Recht als Scheinkonstitutionalismus (E. R. Huber) benannten napoleonischen Typ von Verfassungen, in dem die Repräsentation nur eine sehr untergeordnete Rolle spielte. Aktives und passives Wahlrecht für die Kreisversammlungen und die aus ihnen gewählte Kammer besaß nur ein ganz enger Kreis von Höchstbesteuerten. Auch in den Rechten, die Gesetze zu beraten, sollte die Kammer beschränkt sein. Das Zukunftweisende und Moderne an diesen Verfassungen war die Tatsache, daß die Abgeordneten der Kammer nicht mehr Vertreter ihres Standes, sondern Vertreter des ganzen Volkes waren. Damit war das ständische Prinzip überwunden, eine Entscheidung, die sich in Süddeutschland auch später nicht mehr rückgängig machen ließ. In diesem Sinn bildeten die westfälische und die bayerische Verfassung eine Vorstufe der süddeutschen Verfassungen von 1818–20. In den Rheinbundstaaten ließ sich auch nach 1815 die Verbindung der Gesellschaft mit dem Staat nicht mehr durch das ständische Prinzip, sondern nur noch durch einen auf dem Grundsatz der Gleichheit aller beruhenden Staatsaufbau herstellen. "Der moderne Zug der rheinbündischen Konstitutionen lag in der Überwindung des alten Ständeprinzips" (E. Fehrenbach). Ein weiteres zukunftsweisendes Element war die verfassungsmäßige Sicherung der Grundrechte. Sie folgte deutlich den Idealen der Französischen Revolution. Die Gleichheit vor dem Gesetz, die Gleichmäßigkeit der Besteuerung, der gleiche Zugang zu öffentlichen Ämtern, die Garantie der Freiheit der Person und des Eigentums, Gewissensfreiheit und im Rahmen gesetzlicher Bestimmungen die Pressefreiheit sowie Unabhängigkeit und Gesetzmäßigkeit der Rechtspflege waren Grundsätze, die in den Rheinbundstaaten in dieser Zeit fest verankert wurden. Hier wurden Prinzipien entwickelt, hinter die man auch im Vormärz nicht mehr zurückkonnte.

Die Auflösung der feudalen Rechte mußte über kurz oder lang zu einer neuen Gesellschaftsordnung, das heißt zum Entstehen eines Bürgertums führen, ja in vielem setzte sie bereits ein starkes Bürgertum voraus. So wichtig und zukunftsweisend diese Reformen daher auch waren: Als man daranging, sie in die Praxis umzusetzen, zeigten sich rasch Schwierigkeiten, die daraus resultierten, daß die von den Reformen vorausgesetzte bürgerliche Gesellschaft in Deutschland bestenfalls im Entstehen begriffen war. So sollte in Westfalen die Kammer, die 1808 und 1810 zusammentrat, Reformen beschließen, die sich aus dem Prinzip der Gleichheit ergaben. Da in der Kammer jedoch an Stelle des kaum vorhandenen Besitzbürgertums in erster Linie Adelige saßen, so wurde diesen zugemutet, jene Privilegien abzuschaffen, in deren Genuß sie bisher gewesen waren. Als der nassauische Rat Harscher von Almendingen von Minister Marschall 1811 den Auftrag erhielt, für Nassau eine repräsentative Konstitution zu entwerfen, warnte er eindringlich vor einem solchen Vorhaben. Eine Repräsentativverfassung setze "das Dasein einer Klasse von Güterbesitzern und Kapitalisten" voraus, die es im Herzogtum nicht gebe.

Hier taucht ein Problem auf, das im Grunde für alle deutschen Länder galt: Die Reformen waren der sozialen Entwicklung weit voraus. Den Reformern in der Bürokratie stand kein Bürgertum gegenüber, das die Reformen gefordert oder wenigstens mitgetragen hätte. Daher wären Parlamente wie in Westfalen nicht Träger des Fortschritts, sondern im Gegenteil Bollwerke der gegen die Reformen gerichteten Bestrebungen gewesen. Das zeigte sich auch bei den Notabelnversammlungen in Preußen. So trat an die Stelle des Aufgeklärten Absolutismus der sehr viel konsequentere bürokratische Absolutismus einer Schicht aufgeklärter Beamter. Die Trennung von Staat und Gesellschaft, wie sie in diesen Jahren in den Rheinbundstaaten erkennbar wird, gewann eine andere Dimension als im Aufgeklärten Absolutismus, weil die nachrevolutionären Reformen im Endergebnis auf die Überwindung jener Trennung zielten. Steins Behauptung vom rheinbündischen Despotismus hatte zwar einen wahren Kern, doch übersah er, daß dies ein Übergang zu einer auf der Gleichheit aller beruhenden Gesellschaft sein sollte, die moderner und zukunftsträchtiger als die ständisch gegliederte Gesellschaft war, auf die Stein selbst noch in seinen Entwürfen zurückgriff. Dies ist keineswegs eine nachträgliche Konstruktion, sondern läßt sich aus der Zeit beweisen. Bei den Versuchen, den Code Civil auf deutsche Verhältnisse zu übertragen, zeigte sich sehr bald, daß eine solche Übernahme eine konstitutionelle Monarchie zur Voraussetzung hatte. "Anselm von Feuerbach, der die Rezeption für Bayern vorbereitete, interpretierte den Code Napoléon als Gesetzbuch eines konstitutionellen Rechtsstaates, in dem die bürgerliche Freiheit erst durch die Teilnahme der Bürger an der Gesetzgebung auch wirklich verbürgt sei" (E. Fehrenbach). Almendingen, dessen Vorbehalt gegenüber einer Konstitution wir bereits kennen, nannte eine Volksrepräsentation die Vorbedingung der bürgerlichen Freiheiten. In seinem Gutachten aus dem Jahr 1808 heißt es: "Der Kodex Napoleon ist eine Emanation der Gesetzgebung; er verdankt seine Gültigkeit der Zustimmung des repräsentierten Volkes. Jeder seiner Artikel ist Gesetz, nicht Regierungsakt."

Mit solchen Auffassungen waren allerdings die Juristen den handelnden Staatsmännern weit voraus. Die napoleonischen Verfassungen kannten nur ein sehr eingeschränktes Gesetzgebungsrecht der Kammern. So wurden die in Bayern in den Jahren 1809–1812 erlassenen organischen Artikel, die eine Fortentwicklung der Verfassung von 1808 darstellten, keinem Landtag vorgelegt. Die von Feuerbach und Almendingen für die Gesetzgebung als Konsequenz des Code Napoléon entwickelten Gedanken zielten hingegen auf eine Verfassungsentwicklung, die den Konstitutionen der Französischen Revolution entsprach. Davon war man in den Rheinbundstaaten bis 1813 weit entfernt. Die eingeleitete Verfassungsentwicklung stand und fiel mit der Frage, ob es gelang, in Süd- und Westdeutschland ein Bürgertum zu entwickeln. Der Verkauf von Klostergütern an Bürgerliche, die Einführung der Gewerbefreiheit, die Aufhebung aller Privilegien für adelige Güter im Erbrecht und schließlich die in den Rheinbundstaaten auf keine geringeren Schwierigkeiten als in Preußen stoßende Bauernbefreiung waren erste Schritte dahin.

Das Problem der Bauernbefreiung ließ sich in den an Frankreich gefallenen Gebieten links des Rheins am leichtesten lösen. Dort standen die konfiszierten Güter der über den Rhein geflohenen Aristokraten zur Verfügung. In Bayern besaßen seit der Säkularisation etwa drei Viertel der Bauern das Recht zur Ablösung. Mit dem Edikt über die grundherrlichen Rechte vom 28. Juli 1808 erlosch in Bayern das Vorkaufsrecht der Grundherren, doch haben nur relativ wenige Bauern von der Möglichkeit, den Grund abzulösen, Gebrauch gemacht. Die dafür nötigen Summen erschienen ihnen zu hoch. In Württemberg begann die Bauernbefreiung 1817, in Baden 1820. Sie zog sich in Süddeutschland bis zur Revolution von 1848 hin. Sie unterschied sich aber insofern wesentlich von der Bauernbefreiung in Preußen, daß ihr der Schutz der Bauern vor dem Grundherrn vorrangig war. Es kam daher in Süddeutschland nicht zu dem für die ostelbischen Gebiete so typischen Bauernlegen. Der süddeutsche Adel zog aus der Bauernbefreiung keinen Vorteil. Die feudalen Strukturen der Gesellschaft konnten sich hier nicht wie in Preußen verfestigen. Bauernbefreiung und Nivellierung der Stellung des Adels waren in dieser Zeit die wichtigsten Schritte zur Schaffung einer auf der Gleichheit aller beruhenden Gesellschaft.

Die Verfassungen der Jahre 1818, 1819 und 1820 waren zwar sehr viel adelsfreundlicher als die Gesetzgebung zur Rheinbundzeit. Am Schutz des Bauern wurde aber festgehalten. Der Umschwung zu einer adelsfreundlicheren Haltung setzte insgesamt gesehen bereits 1808/09 ein, als in Frankreich der napoleonische Adel neue Vorrechte erhielt. Trotzdem ist der Grundsatz der Gleichheit in Süd- und Westdeutschland gewahrt geblieben. Der Adel verlor alle Privilegien. Weder als Steuerzahler noch bei der Vergabe von Ämtern behielt er Vorrechte. Die Patrimonialgerichtsbarkeit wurde entweder ganz abgeschafft oder der staatlichen Aufsicht unterstellt. In Württemberg und Bayern mußte der Adel die Berechtigung zum Tragen des Titels den Behörden nachweisen.

Reformen, die eine Veränderung des sozialen Verhaltens zum Ziel haben, verlangen ein behutsames Vorgehen. Es hat für Deutschland lange nachwirkende Folgen gehabt, daß in allen deutschen Ländern die Zeit der grundlegenden Reformen auf wenige Jahre zusammengedrängt war. Nicht der sorgsam abwägende Staatsmann, sondern der hart zupackende Reformer war gefragt. So folgte dem vorsichtigen Brauer in Baden der energische Reitzenstein, in Nassau dem umsichtigen Gagern der rücksichtslose Marschall. Der gewalttätige Friedrich von Württemberg und der einem klaren Plan folgende Montgelas brauchten keine Antreiber. Während Friedrich von Württemberg jedoch ein rein absolutistisches Regime errichtete, verfolgte man in Bayern und Baden von Anfang an die Idee einer Volksvertretung. Von Westfalen abgesehen, ist es aber bis 1812 in keinem Land zur Einführung einer Volksvertretung gekommen. Die ständigen Veränderungen waren einem Vorhaben nicht günstig, das einer eingehenden Vorbereitung bedurfte. In Bayern, Baden und sogar in Württemberg war die Staats- und Verwaltungsreform jedoch auf die Einrichtung einer gewählten Volksvertretung ausgerichtet.

Einen Sonderfall bildete das Großherzogtum Berg. Bereits am 15. März 1806, also noch vor der Gründung des Rheinbundes für Napoleons Schwager Joachim Murat aus den Herzogtümern Kleve und

Berg gebildet, kam es, nachdem Murat 1808 König von Neapel geworden war, an Napoleon Louis, den minderjährigen Sohn des Königs von Holland. Da Napoleon für seinen Neffen die Vormundschaft führte, unterstand es ihm von da an direkt. Er übertrug dem französischen Staatsrat Jacques Claude Beugnot, einem hervorragenden Fachmann, die Geschäfte. Da Berg weitgehend von den Dotationen verschont blieb, die Westfalen fast in den Staatsbankrott trieben, wurde das kleinere Berg zu einer Art französischem Musterstaat auf deutschem Boden. Die weitere Entwicklung des Großherzogtums zeigt, "daß vom bergischen Staatsrat Reformen und Reformimpulse ausgingen, die das westfälische Modell nicht nur weit hinter sich ließen, sondern in entscheidenden Punkten über die Intention selbst des kaiserlichen Kommissars und der Pariser Zentralbehörden hinausgingen" (K. Rob). In der Einführung des Code Napoléon, in der Organisation eines modernen Steuersystems, in der Reform der Agrarverfassung und in der bürgerlichen Gleichstellung der Juden leistete die Verwaltung des Großherzogtums unter der Leitung von Beugnot in den sieben Jahren ihres Bestehens Vorbildliches.

Eine der wichtigsten Voraussetzungen sowohl für das Gelingen der Reformen als auch für die Sicherung des Staates war eine grundlegende Reform des Bildungswesens. Sie stand in Süddeutschland wohl deutlicher als in Preußen unter dem Zwang, schnell ein zuverlässiges und gut ausgebildetes Beamtentum zu schaffen, das fähig war, die Reformprogramme in die Tat umzusetzen. In Bayern setzte die Gönnersche Dienstpragmatik von 1805 für das höhere Beamtentum eine eingehende Ausbildung mit Prüfungen wie in Preußen durch. Besoldung und Rechte des Beamtentums waren darin genau festgelegt. Die Reform des Schul- und Universitätswesens, die interessanterweise in Bayern und Baden noch vor der Humboldtschen Reform begann, war überdies durch die Säkularisation unvermeidbar geworden. Mit der Säkularisation waren auch die letzten Bastionen kirchlicher Bildungseinrichtungen gefallen, die nach dem Jesuitenverbot von 1773 erhalten geblieben waren. Durch die Säkularisation und die Gebietsveränderungen kamen insgesamt neun Universitäten nach Bayern, von denen zunächst zwei, Landshut und Erlangen, und schließlich als dritte Würzburg erhalten blieben.

Die Universitätsreform begann in Süddeutschland bereits vor der Säkularisation. 1799 wurde die alte bayerische Universität Ingolstadt nach Landshut verlegt. Sie wurde 1802 an ihrem neuen Standort feierlich eröffnet. In der neuen Satzung waren zwei wichtige Neuerungen festgelegt. So wurde nach dem Vorbild der norddeutschen Reformuniversitäten Göttingen und Halle der Privatdozent eingeführt, also eine Einrichtung, mit der der junge Gelehrte sich dem Kollegium präsentierte, sowie bestimmt, daß der Student beim Übertritt zur Universität ein Gymnasial- oder Lycealzeugnis vorzulegen habe. Im Mai 1803 erfolgte das Organisationsedikt des Kurfürsten Karl Friedrich von Baden für die Universität Heidelberg. Nach Heidelberg strömten damals viele Gelehrte, die aus Göttingen und Jena abgewandert waren. In Würzburg nahm der 1803 dorthin berufene Schelling die Reform in die Hand. Alle drei Universitäten erreichten schnell das Niveau ihrer Vorbilder Göttingen, Jena, Halle und Leipzig.

Mit der Gründung des Rheinbundes tauchte die Idee auf, die Universitäten nach dem französischen Vorbild in Fachschulen aufzuteilen. In Bayern war es Friedrich Immanuel Niethammer, der sich für die Aufgliederung der Universität Landshut in vier Hohe Schulen in Landshut, München, Augsburg und Regensburg analog der gleichzeitig im Großherzogtum Frankfurt durchgeführten Trennung der Universität Mainz in Fachschulen in Aschaffenburg, Wetzlar und Frankfurt einsetzte. Die Idee wurde in Bayern, Württemberg und Baden schließlich verworfen. Man hielt an der Einrichtung der Universitäten fest, auf denen alle Wissenschaften nebeneinander gelehrt wurden und an die erstmals mit den Edikten von 1808–1810 auch die Bildung der Gymnasiallehrer, wie später bei der Humboldtschen Reform von 1810, verlegt wurde.

Stärker als Heidelberg, das seine innere korporative Geschlossenheit behielt, wurde Landshut zu einer Staatsuniversität. Das Organisationsedikt von 1804 beseitigte die Rektoratswahl und löste die Fakultäten auf. Sie entstanden erst 1814 wieder. Die Universität wurde, ähnlich wie die Bayerische Akademie der Wissenschaften, in zwei Klassen mit je vier Sektionen eingeteilt. Eine zentral von München aus geleitete Berufungspolitik machte Landshut in wenigen Jahren zu einer der interessantesten deutschen Universitäten, brachte aber auch durch die Bevorzugung protestantischer und norddeutscher Gelehrter erhebliche Spannungen in die junge Universität. Das galt auch für die Bayerische Akademie, in der der Streit zwischen altbayerischen und norddeutschen Gelehrten um den Schulreformer Thiersch in den "aretinischen Händeln" in einem unaufgeklärten Mordanschlag auf Thiersch kulminierte. Der streitbare Sekretär der Akademie und Oberhofbibliothekar Christoph von Aretin wurde schließlich, um die von beiden Seiten mit großer Heftigkeit geführten Auseinandersetzungen zu beenden, als Oberappellationsgerichtspräsident nach Neuburg/Donau versetzt.

In Süddeutschland erfolgte in den kommenden Jahren ein ebenso klar gegliederter Aufbau des Bildungssystems von den Volksschulen über die Gymnasien zur Universität, wie ihn auch Humboldt anstrebte. Die Reorganisation des Bildungswesens war weniger eine Einzelleistung als eine dem Geist der Zeit entsprechende Reformbewegung, auf der das geistige Leben Deutschlands im 19. Jahrhundert aufbaute und die sich wesentlich etwa von Österreich unterschied, wo entsprechende Reformen erst nach 1848 durchgeführt wurden.

Einen tiefen Einschnitt bedeutete für die katholischen Gebiete und insbesondere für das katholische Bayern die Säkularisation. Am 11. März 1803 waren in Bayern sämtliche Frauen- und Männerklöster aufgehoben worden. Diese Maßnahme zerstörte in den ländlichen Gebieten mit einem Schlag eine historisch gewachsene Ordnung, in der die Klöster nicht nur Mittelpunkt der Kultur, sondern auch die wichtigsten wirtschaftlichen Zentren ihrer Region gewesen waren. Obgleich sich die Aufhebungskommissare um Erhaltung und Rettung der konfiszierten Güter bemühten, gingen in Bayern und in den anderen Ländern, in denen Klöster beschlagnahmt und aufgehoben wurden, unermeßliche Kulturgüter verloren. Auf lange Zeit ließ die Säkularisation die ländlichen Gebiete in Bayern geistig veröden. Gemessen an den Verlusten war der Gewinn für den Staat gering. Lediglich die Klosterwaldungen bildeten einen dauerhaften Besitz. Die bei der Verschleuderung der Klostergüter erzielten Summen stellten nur einen Bruchteil des wahren Wertes dar, retteten aber den Staat bei dem unerhörten Finanzbedarf der Jahre 1803 bis 1814 über den Bankrott. Trotzdem kann man der Säkularisation eine innere Notwendigkeit nicht absprechen. Eine Einrichtung wie die Kirche, die in Bayern erheblich mehr als die Hälfte des anbaufähigen Bodens und der Waldungen besaß, mußte der Errichtung des modernen, von aufklärerischen Prinzipien geleiteten Staates wie ein erratischer Block im Wege stehen. Die Säkularisation ist daher auch keine deutsche, sondern eine in allen katholischen Ländern in dieser Zeit zu beobachtende Erscheinung.

Bei der Verschleuderung der Güter bereicherten sich Personen aus allen Ständen. Hier liegen die Wurzeln eines schnell reich gewordenen Besitzbürgertums. Doch kann man in Bayern von einer wirklichen sozialen Umschichtung nicht sprechen. Gegenüber den Verlusten ist es auch nur ein geringer Trost, daß die Bibliotheken und Sammlungen in München der Säkularisation ihre Weltgeltung verdanken.

In den linksrheinischen, an Frankreich gefallenen Gebieten gingen von der Säkularisation erhebliche Veränderungen im sozialen Gefüge aus, weil dort neben dem Besitz der Klöster auch das Anwesen des mehrheitlich in die Gebiete rechts des Rheins geflohenen Adels veräußert wurde, was einen grundlegenden Wandel der Schicht der Landbesitzer zur Folge hatte. Dort entstand ein Bürgertum, das später auf wirtschaftliche Freiheit und zum Verfassungsstaat drängte. Nicht weniger wichtig als die Aufhebung der Klöster mit allen ihren eben geschilderten Nebenwirkungen war die Veränderung des konfessionellen Proporzes. Das bis dahin rein evangelische Baden erhielt als Großherzogtum eine zu zwei Drittel katholische Bevölkerung. Auch

Württemberg erhielt eine starke katholische Minderheit und das bis dahin prononciert katholische Bayern kam in Franken zu einer starken evangelischen Bevölkerung. Es war eine wichtige, allerdings in der Aufklärung vorbereitete Entwicklung, daß es nicht nur zur Tolerierung, sondern zur Gleichberechtigung der Konfessionen kam. Die selbständige Stellung der katholischen Kirche in Bayern wurde durch ein Staatskirchentum ersetzt, in welchem Fragen wie gemischt konfessionelle Ehen, die Möglichkeit der Scheidung u. a. im Sinne des Staates entschieden wurden. Daß in Bayern Montgelas mit seinem Vorgehen gegen Wallfahrten, Prozessionen und der Abschaffung von kirchlichen Gebräuchen, wie dem Verbot, Weihnachtskrippen aufzustellen, in aufklärerischer Vielregiererei die Bevölkerung gegen sich aufbrachte, gehört zur antikirchlichen Stimmung dieser Zeit. Bayern hat es Montgelas mit einer lange nachwirkenden Verurteilung gedankt, die erst in unseren Tagen einer anderen Betrachtung wich.

Ein besonders wichtiges Problem war für alle Rheinbundstaaten die Schaffung einer schlagkräftigen Armee, denn nur sie verbürgte dem Land innerhalb des napoleonischen Staatensystems Selbständigkeit und Bedeutung. Diese Armeen wurden alle nach französischem Vorbild aufgebaut. Teilweise wurde die Reform der Armee noch vor der Gründung des Rheinbundes in Angriff genommen. So galt seit 1805 in Bayern die allgemeine Wehrpflicht. Sie war in Bayern wie in Frankreich selbst und in den übrigen Rheinbundstaaten durch die Möglichkeit, sich freizukaufen, allerdings so durchlöchert, daß vornehmlich die Kleinbürger, Handwerker und Bauern ihre Söhne stellen mußten. Auch das Konskriptionsgesetz vom 29. März 1812 ließ die Möglichkeit der Vertretung zu. Die Entfremdung gegenüber Napoleon ging daher in den Rheinbundstaaten von den unteren Schichten aus, die in erster Linie den unerhörten Blutzoll der napoleonischen Gewaltpolitik zu entrichten hatten. Gegen Österreich, gegen dessen Armee aus den Revolutionskriegen in Süddeutschland starke Ressentiments bestanden und das in Bayern immer als eine Bedrohung für den neuen Staat angesehen wurde, war man freiwillig zu Feld gezogen, ebenso gegen Preußen, dessen Politik im Süden seit Jahren mit Verachtung betrachtet wurde. Die Katastrophe der bayerischen Armee im Rußlandfeldzug – von den 33 000 Mann kehrten nur etwa 3000 zurück – zerstörte auch die letzten Sympathien für Frankreich im Lande. Ähnlich erging es den anderen Rheinbundstaaten, die große Menschenverluste, sei es wie Baden und Nassau in Spanien oder im Rußlandfeldzug, zu tragen hatten.

Neben der immer stärker hervortretenden Willkür des Korsen, die vor allem in der permanenten Forderung nach Soldaten gipfelte, waren es insbesondere die wirtschaftlichen Maßnahmen, die seit 1810 eine immer größer werdende Entfremdung gegenüber Frankreich eintreten ließen. Bayern war das erste deutsche Land, das 1806 einen einheitlichen Binnenwirtschaftsraum durch Beseitigung der Zollschranken errichtete. Eine Zeitlang florierte der Handel, insbesondere solange Bayern als Transitland der vom Süden wegen der Kontinentalsperre auf Schleichwegen in den französischen Machtbereich gelangenden englischen Waren gute Geschäfte machen konnte, bis Frankreich 1810 dies durch Errichtung neuer Zollgrenzen unterband. Wirtschaftlich wurde Bayern seit dieser Zeit immer stärker an die Seite Österreichs gedrängt, das ebenfalls an diesem Transit interessiert war. Ab September 1810 zwang Napoleon auch Bayern wie alle Rheinbundstaaten in das Kontinentalsystem, das der bayerischen Wirtschaft schweren Schaden zufügte.

Die Rückwirkungen der Kontinentalsperre haben die meisten anderen Rheinbundstaaten sehr viel härter getroffen als Bayern. Hierbei war es nicht nur die Aussperrung vom Welthandel, sondern besonders die rücksichtslos durchgepaukte Bevorzugung der französischen Konkurrenz, die ganze Fertigungszweige veröden ließ. Der Schutz vor überlegenen englischen Industrieprodukten kam in erster Linie französischen Waren zugute und förderte die deutsche Wirtschaft nur unmerklich. In erster Linie durch die wirtschaftlichen Schwierigkeiten und die hohen Blutopfer und weniger durch den Aufschwung nationaler Ideen ist der Umschwung in der Mentalität der Bevölkerung zuungunsten der Franzosen in Süddeutschland zu erklären.

Bayern, das von Anfang an der selbständigste Staat im Rheinbund gewesen war, verließ ihn auch als erster. Ein wesentlicher Grund für die Entfremdung Bayerns gegenüber Napoleon war neben den wirtschaftlichen und militärischen Faktoren die seit 1809, seit der Vermählung der Erzherzogin Marie Louise mit Napoleon, angebahnte engere Zusammenarbeit zwischen Frankreich und Österreich. Insbesondere König Max I. Joseph argwöhnte ein österreichisch-französisches Zusammenspiel auf Kosten Bayerns. Andererseits befürchtete man in München, bei einem Frontwechsel alle territorialen Gewinne der Jahre nach 1803 einzubüßen. Es war Metternichs große Leistung bei den Geheimverhandlungen im Herbst 1813, daß er diese Bedenken, die auch alle anderen Rheinbundstaaten betrafen, zerstreuen konnte. Am 8. Oktober 1813, zehn Tage vor der Schlacht bei Leipzig, trat Bayern im Vertrag von Ried auf die Seite der Alliierten. Ihm wurde die volle Souveränität und Entschädigung für alle Gebietsabtretungen garantiert. Mit dem Übertritt Bayerns war der Rheinbund gesprengt. Die Bayern eingeräumte Garantie des Besitzstandes gab das Signal für seine Auflösung. Kurz nach der Schlacht von Leipzig trat Württemberg im Vertrag von Fulda auf die Seite der Alliierten. Die übrigen Mitgliedsstaaten folgten in den sogenannten Frankfurter Verträgen. Ihnen allen wurden der territoriale Besitzstand und die innere

Souveränität verbürgt. Damit war die Rückkehr zu den Zuständen des alten Reiches unmöglich geworden. Es war seit Oktober 1813 klar, daß jede künftige Neugestaltung Deutschlands mit der Existenz der süddeutschen Reformstaaten zu rechnen hatte.

Überblickt man das Reformwerk der Jahre 1806–1812 in den größeren Rheinbundstaaten, so war ein gewaltiges Programm in Angriff genommen und zum großen Teil verwirklicht worden. Aus einem bunten Teppich vielschichtiger Herrschaftsformen waren in Süddeutschland vier moderne Staaten entstanden. In Bayern waren die Reformen am weitesten vorangetrieben. Hier war nicht nur die Trennung von Staat und Dynastie am weitesten durchgeführt, hier hatte auch der Zentralismus nach französischem Vorbild seine extremste Ausbildung auf deutschem Boden erfahren. Seit 1809 freilich fing man auch in den bayerischen Ministerien an, das zentrale Entscheidungssystem zu lockern. Schon die organischen Edikte der Jahre nach 1810 gingen einen anderen Weg. Die vollständige Beseitigung der kommunalen Selbstverwaltung etwa wurde 1818 wieder aufgegeben. So sehr nach außen auch das französische Beispiel dominierte, so zeigen doch ein Vergleich mit der Ansbacher Denkschrift von 1796 und die Durchführung der Reformdekrete, daß hier nicht einfach das französische Beispiel kopiert wurde, sondern eigene Ideen, Traditionen und Vorstellungen bei der Verwirklichung des Reformprogramms eine wichtige Rolle spielten. Der moderne Staat in Bayern war nicht wie das Königreich Westfalen oder das Großherzogtum Berg ein nach Deutschland verpflanzter französischer Staat, sondern eine eigenständige Lösung, die sich durchaus ebenbürtig an die Seite des durch Reformen erneuerten preußischen Staates stellte. Der eigentliche Unterschied besteht darin, daß in Preußen vieles an der starken Adelsopposition scheiterte, was in Bayern unter französischem Druck durchgeführt werden konnte. Das galt im wesentlichen auch für die anderen größeren Rheinbundstaaten.

Waren in Bayern nach 1808 Ansätze einer konstitutionellen Monarchie erkennbar, so wurde in Württemberg eine Spätform absolutistischer Herrschaft verwirklicht. Das organische Edikt vom 18. März 1806 war nicht als Verfassung, sondern als Verwaltungsorganisation gedacht, die den absolutistischen Regierungsstil König Friedrichs nicht berührte. Der Staat wurde darin im Gegensatz zu Bayern noch ganz als Besitz der Dynastie aufgefaßt. Ganz im Sinn dieses Grundsatzes und um die starken württembergischen Stände nicht an der Verwaltung beteiligen zu müssen, hatte Friedrich die durch die Säkularisation und die Mediation vieler Reichsstädte 1803 an Württemberg gefallenen Länder als Neuwürttemberg und als persönlichen Besitz der Dynastie betrachtet und erst später in das absolutisch regierte Königreich eingegliedert. Etwas unklarer waren durch den häufigen Regierungswechsel die Verhältnisse in Baden. Bedingt durch das hohe Alter des ersten Großherzogs Karl Friedrich und die Intrigen seiner Gemahlin, hatten sich in wenigen Jahren die Minister Brauer, Dalberg, der Neffe des Großherzogs von Frankfurt, und Reitzenstein abgewechselt. Mehrfach wurden Pläne für eine Verfassung erwogen und ad acta gelegt. Die Verwaltungsreform und die Einteilung in Ressortministerien wurden Ende 1809 beim Sturz Reitzensteins durchgesetzt. 1813 war man schließlich so weit, daß man selber nicht mehr wußte, ob die einzelnen Konstitutionsedikte rechtsgültig eingeführt worden waren oder nicht.

Auch das erheblich kleinere Hessen-Darmstadt erlebte in diesen Jahren unter den Ministern Barckhaus und Du Thil eine Zeit grundlegender Reformen. Dasselbe gilt für das bereits mehrfach erwähnte Nassau. Diese Reformen beruhten alle auf dem Prinzip der Gleichheit aller Bürger, das hier sehr viel weitgehender verwirklicht werden konnte als in Preußen, wo der Adel eine allzu durchgreifende Nivellierung seiner Vorrechte verhindern konnte. Trotz der Tatsache, daß auch in Süddeutschland bis zur Mitte des Jahrhunderts nur in Ausnahmefällen Bürgerliche Minister werden konnten, verschwand hier die ständisch gegliederte Gesellschaft in den Jahren 1806–1815. Auf dieser Tatsache beruhte nach 1816 in Süddeutschland die Entwicklung des Staates der konstitutionellen Monarchie.

Der Rheinbund, ohnehin eine nur auf dem Papier bestehende Größe, war jedoch auch in seinen Reformvorhaben ein heterogenes Gebilde. Das mit dem Großherzogtum Warschau vereinigte Königreich Sachsen erlebte in der napoleonischen Zeit keine Reformepoche. Dasselbe gilt für die kleinen sächsischen und anhaltischen Herzogtümer und die kleinen Fürsten. An diesen Ländern ging die Reformepoche Napoleons ohne größere Spuren vorbei. Der nach Würzburg verpflanzte Großherzog von Toskana, der mit Napoleon befreundete jüngere Bruder des Kaisers Franz, Ferdinand, konnte noch 1807 in seinem Edikt über "Die Rechte und Verbindlichkeiten der adeligen Gutsbesitzer und ihrer Untertanen im Großherzogtum Würzburg" vom 9. Juni 1807 schreiben, daß die Bevölkerung aus zwei Gruppen, den Adeligen und ihren Untertanen, bestehe. Wenn trotzdem die Reformen in den größeren Rheinbundstaaten Westfalen, Berg, Bayern, Württemberg, Baden, Hessen-Darmstadt und Nassau vor den preußischen Reformen beschrieben wurden, so hat dies folgende Gründe: Die Reformen lagen zeitlich früher als in Preußen, so daß sie häufig den preußischen Reformern zum Vorbild dienten. Sie gingen zum Teil sehr viel weiter als die preußischen Reformen, einmal, weil die Rheinbundstaaten durch ihre ihren ursprünglichen Umfang um ein Vielfaches übertreffenden Vergrößerungen zu einer sehr viel tiefgreifenderen Umgestaltung ihrer Staaten gezwungen waren, zum anderen, weil der von Napoleon ausgeübte Zwang weniger Rücksichten auf Bestehendes zuließ als in Preußen, wo die Reformen in engem Zusammenhang mit den Traditionen des Staates, insbesondere mit dem Allgemeinen Preußischen Landrecht von 1794, blieben. Die Reformen in den Rheinbundstaaten gingen in der Überwindung des ständisch gegliederten Staates am weitesten. Während bei beiden deutschen Großmächten die Reformen nur im Kompromiß mit den alten Staatstraditionen durchgeführt werden konnten, wurden in den Rheinbundstaaten, und hier insbesondere in Bayern, die Ideen des modernen, auf der Gleichheit aller beruhenden Staaten zur Grundlage der künftigen Entwicklung.

2. Die Reformen in Österreich und der Krieg von 1809

Das Jahr 1806 bedeutete einen tiefen Einschnitt in der Geschichte der Habsburgermonarchie. Zwar waren in den letzten Jahren die Verbindungen zum Reich stark gelockert gewesen: Das endgültige Ende des Römischen Reiches und die Tatsache, daß Österreich nicht nur keinen direkten Einfluß mehr in Deutschland besaß, sondern daß Süddeutschland von feindlichen Staaten beherrscht wurde, bedeutete eine schlagartige Veränderung der mächtepolitischen Situation, die erst einmal verkraftet werden mußte. Die Niederlage von 1805, das Ende der Großmacht Preußen und die Aussöhnung Napoleons mit Zar Alexander in Tilsit zwangen Österreich zur Korrektur seiner Politik. Erst der Tilsiter Frieden bestätigte endgültig den Preßburger Frieden mit seinen Abtretungen, mit der Notwendigkeit, die Brüder Napoleons als Könige anzuerkennen, und mit dem Abbruch der Beziehungen zu England. Ähnlich wie in Preußen schien ein Wiederaufstieg Österreichs nur durch die Mobilisierung der eigenen Kräfte möglich zu sein. Die Situation glich der Preußens und war doch grundlegend von ihr verschieden. Das zusammengeschrumpfte Restpreußen war ein in sich homogenes Gebilde. Die Habsburgermonarchie hingegen wurde zum erstenmal vom übrigen Deutschland getrennt, in dem sie seit Jahrhunderten eine Grundlage ihrer Macht gehabt hatte. Das bis dahin selbstverständlich dominierende deutsche Element geriet in die Minderheit. Ein Appell an das Volk als die neue Kraft mußte im Vielvölkerstaat Österreich ein unberechenbares Echo auslösen, wenn jedes der im Habsburgerreich zusammengefaßten Völker sein Verhältnis zum Gesamtstaat im Zeichen des Nationalismus neu überdachte. Die in Preußen an allen Ecken lebendige Tradition des Aufgeklärten Absolutismus warf in Österreich noch besondere Probleme auf. Joseph II. hatte sein Regiment auf eine Politik der Zentralisierung und der Überwindung der historischen Besonderheiten der einzelnen Nationen gestützt. Die Trennung von Staat und Gesellschaft war daher in Österreich besonders weit gediehen. Stärker als in irgendeinem anderen Land war die Dynastie das einzige, alle Einwohner zusammenfassende Band. Gegen Josephs Reformen hatten sich daher auch die konservativen Kräfte in Ungarn, Belgien und Böhmen erhoben. Die Regierungszeit seines Bruders Leopold war zu kurz, als daß er mehr hätte tun können, um die allzu offensichtlichen Schäden der Zentralisierungssucht Josephs zu beseitigen. Für Franz aber war das Wort "Reform" seit der Aufdeckung der Jakobinerverschwörung gleichbedeutend mit Revolution. Er hielt am absolutistischen Regierungsstil seines Onkels fest, ohne freilich dessen Reformen weiterzuführen. Der Versuch, Österreich durch Mobilisierung der eigenen Kräfte zu reformieren, mußte daher von vornherein in Widerspruch mit den Traditionen des Staates geraten.

Es gab, grob gesprochen, in Österreich nach dem Zusammenbruch von 1805/06 zwei Richtungen für die notwendigen Reformen. Die eine wollte nach dem französischen Vorbild vorgehen und einen straff gegliederten, zentralistisch von der Wiener Zentrale aus regierten Staat errichten. Dieses Vorgehen lag in der Tradition der Reformen Josephs II. und entsprach insofern dem Denken von Kaiser Franz, als er an seinem absolutistischen Regime nicht rütteln lassen wollte. Diese Lösung mußte auf die Dauer gesehen die Entfremdung zwischen der Regierung und den Völkern vertiefen. Die Situation nach dem Tode Josephs zeigte die damit verbundenen Gefahren auf. Trotzdem befürwortete eine starke Gruppe um den Bruder des Kaisers, Erzherzog Rainer, und den Innenminister Graf Sinzendorff eine Reform nach französischem Vorbild, wobei eine Ressorteinteilung des Ministeriums, das Schaffen von arbeitsfähigen Zwischeninstanzen und anderes mehr mit Sicherheit zu einer Erholung Österreichs geführt hätten. Im Gegensatz zu den josephinischen Reformen wollte Sinzendorff die Trennung von Staat und Gesellschaft durch ein größeres Maß an persönlicher Freiheit überbrücken. Außenpolitisch sprach diese Gruppe einem Bündnis mit Frankreich das Wort, nicht zuletzt, um Zeit für die Reformen in dem ausgebluteten und finanziell vor dem Ruin stehenden Land zu gewinnen.

Die andere Richtung sammelte sich um die Brüder Stadion, von denen Johann Philipp seit Mitte Januar 1806 die Geschäfte eines dirigierenden Ministers übernommen hatte. Die Stadions entstammten einem alten Reichsgrafengeschlecht, das über die Domkapitel der rheinischen Bistümer und insbesondere des Erzstifts Mainz aufgestiegen war. Johann Philipp hatte wie Stein in Göttingen studiert und mit Rehberg und dem Kreis um Stephan Pütter in Verbindung gestanden.

Hier war ihm die Idee einer konservativen Erneuerung Europas durch die Wiedererweckung der alten Landstände nahegebracht worden. Auch Stadion sah im Absolutismus nur das Zerreißen der alten lebendigen Bande zwischen Herrscher und Gesellschaft. Für ihn war die Französische Revolution das Ergebnis der durch Trennung von Staat und Gesellschaft ausgelösten Krise. Er wollte im Geiste Herders durch Erweckung der einzelnen Völker der Habsburgermonarchie den Staat mit neuen Kräften erfüllen. Zwischen diesen beiden Reformparteien stand die Person des Kaisers, der in bürokratischer Pflichterfüllung ungeheure Aktenberge aufarbeitete, ohne je den Blick zu größeren Zielen erheben zu können. Der Abstand zur Krone war seit Januar 1808 gemildert durch die strahlend schöne junge Kaiserin Maria Ludovika aus dem Hause Habsburg-Este, die wie ihre Brüder eine glühende Patriotin und Anhängerin Stadions war. Der zwischen den beiden Reformparteien schwelende Konflikt war im Grunde der zwischen einer zentralistischen und einer föderalistischen Verfassung Österreichs, der nie gelöst wurde und an dessen Perpetuierung die Habsburgermonarchie schließlich zerbrach.

Neben Stadion stand insbesondere der idealistische Erzherzog Johann, während sich Erzherzog Karl, von der Unmöglichkeit, Österreich zu reformieren, zutiefst überzeugt, lange zurückhielt. Während Graf Sinzendorff an große, die Monarchie vereinheitlichende Reformen dachte, ging Stadion daran, die einzelnen Provinzen über die Wiedererweckung der Landstände an den Staat heranzuführen. Er wollte die Vielfalt des Vielvölkerstaates erhalten wissen und sah in dem besonderen, auf alten Privilegien beruhenden Verhältnis der Länder zur Krone die besondere Stärke Österreichs. Während Sinzendorff an einen längeren Zeitraum dachte, in dem die Reformen zur Reife gebracht werden sollten, ging es Stadion – und das war sein entscheidender Fehler – um eine rasche Wiederaufnahme des Krieges. Er wollte Europa von Napoleon befreien. Die Vorgänge in Spanien, wo es Napoleon nicht gelang, den 1808 nach der Absetzung der Bourbonen gegen seinen Bruder Joseph ausgebrochenen Aufstand niederzuschlagen, trieben ihn zu großer Eile an. Von den Berichten Metternichs aus Paris irregeführt, glaubte er, daß sich das napoleonische Regime in einer tiefen Krise befinde. Tatsächlich war in Spanien das Volk gegen die von Napoleon verkörperte Revolution aufgestanden. Stadion wollte dasselbe in Österreich erreichen. Die Völker der Habsburgermonarchie sollten Europa in den großen Freiheitskrieg gegen das napoleonische Frankreich reißen!

In diesem Sinn war es ein großer Erfolg von Stadion und seinen Anhängern, als es am 21. April 1808 gelang, dem zögernden Kaiser die Zustimmung zur Heeresreform auf der Basis der allgemeinen Wehrpflicht abzuringen. Im Gegensatz zu den Rheinbundstaaten und zu

Preußen war in Österreich die Befreiung vom Wehrdienst in festen, gesetzlichen Bestimmungen geregelt, die keine sozialen Bevorzugungen kannten. Am 9. Juni wurde die Einführung der Landwehr nach den Vorschlägen des Erzherzogs Johann beschlossen. Organisation und Finanzierung der Landwehr wurden den einzelnen Provinzen und hier insbesondere den Landständen übertragen, die damit eine erhebliche Aufwertung erfuhren. In Tirol, in der Steiermark und in Böhmen wurden die Landstände wieder eingeführt. Dies war eine klare Entscheidung gegen Sinzendorffs weitergehende Pläne gewählter Vertretungen, die von Stadion mit allen Mitteln bekämpft worden waren. Auch in den anderen Provinzen gelang es Erzherzog Johanns Bemühungen, die Stände zu neuem Leben zu erwecken und sie zur Bewilligung der notwendigen Gelder zu veranlassen. Selbst Ungarn, das sich bisher geweigert hatte, bewilligte Ende August 1808 auf einem Landtag anläßlich der Krönung der jungen Kaiserin die notwendigen Mittel. Die Absicht, in die Landstände auch die Bauern einzubeziehen, scheiterte allerdings am Widerstand der Ritterschaft. Die Lage der Bauern war daher in den einzelnen Provinzen höchst unterschiedlich, zumal schon früher die Anstrengungen Josephs II., die Bauern zu befreien, ungleichmäßig weit gediehen waren. Während im deutschsprachigen Österreich und in Böhmen die Leibeigenschaft aufgehoben worden war, verblieben in Ungarn die Bauern im alten Zustand der Rechtlosigkeit.

Auch in anderen wichtigen Teilen blieben die Stadionschen Reformen Stückwerk. Schon in der Organisation der Staatsspitze entsprach der Kaiser nicht den Vorschlägen der Reformer. Er hob das Staats- und Konferenzministerium auf und errichtete den alten Staatsrat wieder. Im Gegensatz zum Staatsrat napoleonischer Prägung gewann der österreichische Staatsrat nie wirklichen Einfluß. Ebenso wie die Reform der Regierungsspitze scheiterte die dringend notwendige Verwaltungs-, Finanz- und Steuerreform. Auch im Schulwesen ging Österreich seine eigenen Wege. Während die Universitätsreform ausblieb, wurden früher als anderswo polytechnische Hochschulen gegründet. 1806 öffnete das Prager Polytechnikum, 1815 das Wiener seine Pforten. Die von Rottenhahn durchgeführte Reform der Volksschulen verschlimmerte fast deren Zustand. Der fromme und brave Staatsbürger war das Ziel dieser Reform, mit der die Volksschulen weitgehend der Geistlichkeit ausgeliefert wurden. Ebensowenig wie die Universitäten wurden die teilweise recht guten Gymnasien reformiert. Auf diesem Felde blieb Österreich bald weit hinter dem übrigen Deutschland zurück. Auch die 1808 errichtete zentrale Schulbehörde änderte nichts an den wenig erfreulichen Zuständen.

Dank einer von Stadion, Erzherzog Johann und seinen Anhängern geförderten Publizistik durchzog an der Jahreswende 1808/09 das ganze Land ein Rausch patriotischer Begeisterung. Wenn je, dann hat man 1808/09 in Österreich deutsch gefühlt. Selbst der trockene, ängstliche Kaiser Franz wurde davon mitgerissen. Die Versuche Stadions, Preußen und Rußland in die immer offener diskutierten Kriegspläne einzubeziehen, scheiterten. Preußen, dessen Reformminister Stein Stadion nahestand, konnte sich aus innerer Schwäche daran nicht beteiligen. Ja, Stein kompromittierte sogar durch unvorsichtige Briefe die österreichischen Vorbereitungen. Rußland wollte sich zu diesem Zeitpunkt noch nicht von Napoleon trennen. Das hielt Stadion nicht davon ab, seit September immer deutlicher auf den Krieg hinzuarbeiten. Von November an war Österreich zum Krieg entschlossen. Es hatte zwar keinen Verbündeten gewinnen können, und die Kassen waren leer. Aber man hoffte auf die Signalwirkung der ersten Siege. Insbesondere glaubten die Verantwortlichen, von dem in München als österreichischer Gesandter tätigen Friedrich Lothar Graf Stadion irregeführt, daß die Rheinbundarmeen insgeheim mit den Österreichern sympathisierten.

Diese Voraussetzungen erwiesen sich rasch als falsch. Österreich stand allein, als Erzherzog Karl im März 1809 mit einer starken Armee in Bayern einrückte. Es gelang ihm nicht, die bayerischen Truppen entscheidend zu schlagen. In Regensburg stand ihm bereits Napoleon gegenüber, der ihn nach einer blutigen Schlacht so stark bedrängte, daß er über Böhmen bis Wien zurückweichen mußte. Angesichts der versammelten österreichischen Armee versuchte Napoleon bei Aspern den Donauübergang. Erzherzog Karl griff ihn entschlossen an und warf ihn, selbst an der Spitze der österreichischen Infanterie angreifend, zurück. Napoleon mußte seine Armee auf die nahegelegene Insel Lobau zurückführen, wo sie zunächst ohne Nachschub und Verpflegung blieb. Nur mühsam entging sie der Vernichtung.

Napoleon war zum erstenmal in offener Feldschlacht geschlagen worden. Die erwartete Wirkung blieb freilich aus. Kein Verbündeter trat an die Seite der Habsburgermonarchie. Aufstände wie die des preußischen Majors Schill oder des westfälischen Obersten Dörnberg scheiterten kläglich. Österreich blieb allein. Sechs Wochen nach Aspern versuchte Napoleon zum zweitenmal den Donauübergang. Diesmal hatte der Erzherzog die Schlacht als Vernichtungsschlacht angelegt. Im entscheidenden Moment zögerte jedoch sein Bruder Johann, mit seinen frisch herangeführten Truppen in die Schlacht bei Wagram einzugreifen. Noch ehe es zur Entscheidung kam, gab Erzherzog Karl, ohne das Letzte riskiert zu haben, den Rückzugsbefehl. Tief erschöpft und deprimiert räumten die Österreicher das Schlachtfeld. Kurze Zeit später nahm Erzherzog Karl den von Napoleon angebotenen Waffenstillstand an. Die Vernichtung Österreichs, die sich Napoleon beim Eintreffen der Kriegserklärung geschworen hatte, war vereitelt. Aber Österreich mußte einlenken, mußte sich in das napoleonische Staatensystem fügen.

Nicht in allem freilich hatte sich Stadion verrechnet. In Tirol war es zum blutigen Aufstand der Bauern gekommen. Wie schon 1704 die Bayerische Armee Max Emanuels, so hatten sie im Frühjahr 1809 die Bayern und Franzosen aus ihren Tälern vertrieben. Andreas Hofer, der Anführer der Bauern, zog in Innsbruck ein und residierte in der Hofburg. In den für sie erfolgreichen Schlachten am Berg Isel bewiesen die Tiroler Bauern ihren Mut. Mit der Wende des Kriegsglücks auf den Schlachtfeldern um Wien wandte sich auch das Glück der Tiroler. Nach der Schlacht bei Wagram wurde Tirol offiziell den Bayern zurückgegeben. Die österreichischen Truppen zogen ab. Noch einmal flammte der Aufstand auf. Andreas Hofer eroberte zum zweitenmal Innsbruck. Nun griff Napoleon an. Die Tiroler mußten sich geschlagen geben. Andreas Hofer fiel in französische Hände. Vor ein Kriegsgericht gestellt und zum Tode verurteilt, wurde er in Mantua erschossen.

Österreich stand vor einer Katastrophe. Der in Schönbrunn residierende Kaiser der Franzosen hätte dem Land jeden Frieden diktieren können. Das in die Diskussion gebrachte Projekt einer Heirat Napoleons mit der Tochter des Kaisers Franz I., Erzherzogin Marie Louise, veränderte die Situation. Mit diesem geschickten Schachzug bewahrte Clemens Lothar Metternich, der anstelle Stadions die Geschäfte des dirigierenden Ministers in Wien übernahm, Österreich vor dem Schicksal, das Preußen 1807 getroffen hatte. Geschmeidig gliederte er die Monarchie in das napoleonische System ein und schuf so die Voraussetzung für eine Erholungspause, die der Vielvölkerstaat nach dem Abenteuer von 1809 dringend nötig hatte. Die Rheinbundstaaten, vorab Bayern, sahen in diesem unerwarteten Zusammenspiel zwischen Wien und Paris eine Bedrohung. Die Bande, die sie an Napoleon fesselten, fingen an, sich zu lockern. Inzwischen ging Metternich daran, die völlig zerrütteten Finanzen in Ordnung zu bringen. Die notwendigen Reformen freilich blieben liegen. Die Politik alten Stils, die Politik der Kabinette, kam in Wien zu neuer Geltung.

3. Die preußischen Reformen unter Stein und Hardenberg

Kaum ein Abschnitt der deutschen Geschichte ist so gut erforscht wie die Stein-Hardenbergschen Reformen, bildeten sie doch die Basis für den beispiellosen Aufstieg Preußens im 19. Jahrhundert zur beherrschenden Macht des Kontinents. In dem dritten großen Versuch einer grundlegenden Reform in Deutschland entstand hier das Modell eines modernen Staates, der weniger auf dem klar artikulierten Willen des Volkes als auf dem einer hervorragend ausgebildeten Beamtenschaft beruhte. Es ist für die deutsche Geschichte von entscheidender Bedeutung geworden, daß sich in Preußen nicht das konstitutionelle Prinzip durchsetzte, sondern, wie Reinhard Kosellecks These lautet, die Verwaltung schließlich so viele wichtige Funktionen an sich ziehen konnte, daß eine konstitutionelle Legitimation der Monarchie überflüssig zu sein schien.

In den preußischen Reformen kamen beide Varianten, das französische Vorbild und die Idee, den Staat auf den alten historischen Ständen neu zu errichten, zum Tragen. Der Reichsfreiherr vom Stein, der mit seiner Nassauer Denkschrift von 1807 den Anstoß für die Reformen gab, hatte in Göttingen studiert und dort wie Stadion die Ideen einer konservativen Erneuerung durch Wiedererweckung der Stände in sich aufgenommen. Außenpolitisch von ähnlicher Naivität wie Stadion, erwarb er im Gegensatz zu diesem in der preußischen Bergwerksverwaltung eine gediegene Ausbildung und administrative Erfahrung. Von 1787 bis 1804 stand er in verschiedenen Stellungen an der Spitze der Verwaltung in den westfälischen Besitzungen Preußens.

Karl August von Hardenberg, nach dem Zwischenspiel des Ministeriums Dohna-Altenstein mit der Aufgabe betraut, das eben erst begonnene Erneuerungswerk fortzusetzen, legte seine in vielem von Stein abweichenden Ideen 1807 in der Rigaer Denkschrift nieder. Die Denkschriften Steins und Hardenbergs sowie die Rigaer Denkschrift von Steins Nachfolger im Kabinett, Altenstein, aus demselben Jahr zeigen, verglichen mit Montgelas' Ansbacher Memoire, den Spielraum politischer Möglichkeiten, der in Deutschland mit dem Ende des Reiches entstanden war. Insbesondere Hardenberg skizzierte mit seiner geschmeidigen diplomatischen Art eine Fülle von Reformfeldern. Es ist kein Zufall, daß die Diplomaten Hardenberg und Montgelas am Ende wesentlich mehr erreichten als die kantigen Reichsritter Stadion und Stein. Beide Diplomaten sorgten mit ihrem Lebenswandel und ihrer Vorliebe für das schöne Geschlecht selbst dafür, daß ihr Anteil am Werk der Erneuerung immer etwas in den Hintergrund geriet. Soweit die späteren Historiker die preußischen Reformen als moralischen Aufbruch des Bürgertums priesen, konnten sie mit jenen libertinösen Höflingen wie Montgelas, Hardenberg oder auch Humboldt wenig anfangen. So ist insbesondere Hardenberg verübelt worden, er habe durch Nachahmung französischer, insbesondere westfälischer Vorbilder, das Konzept der Reformen verwässert. Sicher ist, daß Hardenberg schon 1810/11 von der Steinschen Idee einer Wiedererweckung der durch Aufnahme unterer Volksschichten erweiterten Landstände abwich, weil er sie für ungeeignet hielt, einen eigenen, das ganze Volk vertretenden und die Verwaltung kontrollierenden Part zu spielen.

Der eisenharte Widerstand Friedrich Wilhelms III. gegen konstitutionelle Lösungen verhinderte, daß das Hardenbergsche Konzept einer verfassungsmäßigen Kontrolle von Regierung und Verwaltung verwirklicht werden konnte. So gesehen ging es in Hardenbergs Plänen nicht um eine Verwässerung des Steinschen Konzepts, sondern um ein anderes Ziel. Hatte Stein den Absolutismus überwinden wollen, indem er dem Zusammenwirken von Monarch und Verwaltung dadurch eine neue Komponente hinzugewinnen wollte, daß er die Stände beteiligte, so ging es Hardenberg nicht mehr um das harmonische Zusammenwirken aller, sondern im Geiste Montesquieus um die Kontrolle des immer mächtiger werdenden Staates durch den Bürger. Man kann dieses Konzept eine Nachahmung französischer Vorbilder oder eine Vorwegnahme sozialer Entwicklungen nennen. Als Hardenberg 1822 starb und sein Konzept für eine Generation aus der Diskussion verschwand, waren jedenfalls seine Ideen, gemessen an Steins ständischen Plänen, ihrer Zeit weit voraus.

Thomas Nipperdey sieht das Besondere der preußischen Reformen in dem prägenden Einfluß der Philosophie, die ihnen den Rang einer idealistischen-moralistischen Bewegung verlieh. "Die Reform ist nicht mehr wie anderswo vom Geist der Aufklärung bestimmt, sie hat die Aufklärung sozusagen schon hinter sich, steht auf dem Boden der kantischen Philosophie. ... Ideen- und moral-politisch geht es der Reform um Autonomie und Verantwortung, um einen neuen Menschen, um die ‚Wiedergeburt‘ um die ‚Veredelung der Menschen‘." Darin sieht Nipperdey den Gegensatz zu dem etatistischen Ansatz der rheinbündischen Reformen. "Unter dem Druck Napoleons und teils auch aus eigenem Verlangen haben die Rheinbundstaaten auch polizeistaatliche Züge entwickelt; eine Tendenz zur Staatsomnipotenz war unverkennbar. Dieser unterwerfende Staat aber ist zugleich befreiend. ... Indem er alle dem Staat unterwirft, macht er sie gleich und begründet ein Mehr an bürgerlich individueller, zunächst privater Freiheit. Es ist die Dialektik der Reform, daß der Aufstieg des bürokratisch-obrigkeitlichen Reformstaates das Individuum freisetzt, sosehr er es seiner eigenen Herrschaft unterwirft."

Die preußische Monarchie hatte 1794 mit dem Allgemeinen Preußischen Landrecht eine juristische Grundlegung erhalten, die in manchem Züge einer Verfassung trug. Der Adel war danach der erste Stand. Seine Sonderstellung war in Ehegesetzen, dem Zugang zu Offiziersstellen und anderen Vergünstigungen fest begründet. An dieser Tatsache konnten die Reformer nicht vorbei. Sie konnten das erst zwölf bis vierzehn Jahre alte Gesetz nicht beseitigen, das obendrein den Nimbus besaß, in seiner Konzeption noch von Friedrich dem Großen zu stammen. Sie mußten sich mit ihm auseinandersetzen, auch wenn offenkundig war, daß die im Allgemeinen Preußischen Landrecht vorweggenommene Standesgliederung schon zwölf Jahre später mit der Wirklichkeit nicht mehr übereinstimmte. Das Allgemeine Preußische Landrecht beruhte nicht mehr auf dem alten Dualismus von Herrschern und Ständen. Die Stände waren dem Staat unterworfen und in die Pflicht genommen. Der Adel, zum Dienstadel degradiert, mußte viele Vorrechte an den Beamtenstand abgeben, in dem Ausbildung und Können wesentlicher waren als adelige Geburt. Der Adel begann sich daher in den wenigen Jahren zwischen 1794 und 1807 durch bessere Ausbildung dem Bürgertum anzupassen. Das reichere Bürgertum hingegen versuchte, sich in seinen Lebensgewohnheiten – nicht zuletzt durch den Ankauf von Gütern – dem Adel zu nähern. Von einem scharfen Gegensatz zwischen diesen beiden Schichten kann daher am Beginn des 19. Jahrhunderts in Preußen nicht gesprochen werden. Aus dieser ständischen Einteilung erklärt sich aber, weshalb die Reformen da am erfolgreichsten waren, wo sie, wie bei der Steinschen Städteordnung, als Standesreform aufgefaßt werden konnten.

Die Voraussetzungen, unter denen in Preußen das Reformwerk in Angriff genommen wurde, unterschieden sich erheblich von denen im übrigen Deutschland. Ähnlich wie in Bayern hatte sich in der meist bürgerlichen Ministerialbürokratie bereits lange vor dem Zusammenbruch die Überzeugung von der Reformbedürftigkeit des Staates gebildet. Der vollständige Zusammenbruch hatte den Einfluß der Konservativen und insbesondere des Heeres gebrochen, das immer noch vom Ruhm der friderizianischen Kriege gelebt hatte. 1807 bei der Berufung Steins bezweifelte niemand, daß der Staat neu aufgebaut werden mußte, wenn er vor dem vollständigen Untergang bewahrt werden sollte.

Andererseits begünstigten der Zusammenbruch des Staates und die enormen Geldforderungen, die für die napoleonischen Kontributionen, den Wiederaufbau und die Rüstungen nötig waren, auch die retardierenden Kräfte. Während in den Rheinbundstaaten die Stände verschwanden, tauchten sie in Preußen aus dem Chaos des Zusammenbruchs wieder auf. Die Verwaltung in den besetzten Gebieten lag nach der Flucht der Behörden oft in den Händen der Stände. Der Staat brauchte Geld, und zwar unverzüglich. Da er keinen Kredit besaß, mußte er den Kredit der Besitzenden, das heißt des Adels, und seine Bereitschaft, dem Staat zu helfen, in Anspruch nehmen. Der in seinem Umfang auf ein Drittel reduzierte Staat sah sich auf jene Kernprovinzen zurückgeworfen, in denen sich die altpreußische adelige Tradition am stärksten erhalten hatte. An diesen Kräften konnte kein Reformer vorbei. Das galt insbesondere für Stein, der im Gegensatz zu Hardenberg ohnehin von einer Wiedererweckung der Stände die Wiederbelebung des Landes erhoffte.

Durch diese Voraussetzungen drehte sich das Verhältnis der in Angriff zu nehmenden Reformen um. Eine Repräsentativverfassung, wie sie von einer Reihe hoher Beamter und insbesondere von Hardenberg und Altenstein in ihren Rigaer Denkschriften gefordert wurde, geriet immer mehr in den Hintergrund. Dafür wurde anderes wichtiger. So mußte aus dem herrscherlichen Absolutismus mit seiner Tradition der Kabinettsregierung ein bürokratischer Absolutismus mit einem in Ressorts eingeteilten Ministerium mit verantwortlichen Ministern werden, das sich einen straff organisierten Verwaltungsaufbau zu schaffen hatte. Die wirtschaftlichen Anforderungen aber konnten nur erfüllt werden, wenn Handel und Gewerbe aus ihren Zunftschranken befreit und nach der Lehre von Adam Smith, der die meisten Reformbeamten verpflichtet waren, zu möglichst freier Entfaltung angeregt wurden. Zu dem kam die Notwendigkeit, das Heer in ein schlagkräftiges Volksheer zu verwandeln. Mit all diesen Maßnahmen mußten die Reformer mit den konservativen Kräften, die sie als Geldgeber dringend brauchten, in Konflikte kommen, nicht zuletzt mit einem Herrscher, der im Kern an seinem absolutistischen Regime nicht weniger festhalten wollte als Kaiser Franz.

So ist zwar die Ähnlichkeit mit Österreich in der Problematik vorhanden. Die preußischen Reformen nahmen aber schon sehr viel früher einen umfassenden Charakter an. So glückte Stein schon 1808 die Ressorteinteilung der Ministerien, an der Stadion gescheitert war. Auch bildete das Allgemeine Preußische Landrecht einen günstigeren Hintergrund als die steckengebliebenen und teilweise wieder aufgehobenen Reformen Kaiser Josephs II. Vielleicht wäre Preußen einen ähnlichen Weg gegangen wie Österreich, wenn sich Stein in die Katastrophe von 1809 hätte verwickeln lassen. So aber gewann Preußen fünf Jahre Zeit. Der wichtigste Gegensatz zu den süddeutschen Reformen jedoch war, daß im Süden Napoleon alle retardierenden Elemente beseitigen half, die in Preußen einen so starken Faktor bildeten, daß Reformen nur in ständiger Auseinandersetzung mit ihnen durchgeführt werden konnten.

Vergleicht man die preußischen Reformen mit denen des Rheinbundes, so fällt zunächst die viel größere Vorsicht auf, mit der man zur Durchführung der Reformen schritt. Im Gegensatz zu der Vielregiererei in Bayern unter Montgelas ging man in Preußen mit sehr viel Einfühlungsvermögen vor. Viele Gesetze, wie etwa das Steuergesetz von 1810, traten entweder gar nicht oder in einer stark veränderten Form in Kraft. Auf diese Art blieben die meisten Maßnahmen in der Schwebe, wurden ausprobiert oder verändert. Das gab einerseits den schließlich durchgeführten Gesetzen ein hohes Maß an Reife, räumte aber andererseits der adeligen Opposition die Möglichkeit ein, ihr mißliebige Gesetze oder Veränderungen in einem zähen Kleinkrieg zu

Fall zu bringen. In dieser anhaltenden Auseinandersetzung bewährte sich schließlich ein hervorragend ausgebildetes, flexibles und seinen Gegnern meist weit überlegenes Beamtentum. Dieses Vorgehen und die starke Verankerung Preußens im Allgemeinen Preußischen Landrecht brachten es mit sich, daß die einzelnen Reformvorhaben sehr verschieden weit gediehen. Im Grunde gelangen nur diejenigen Projekte, die entweder traditionell in der Zuständigkeit des Staates lagen oder sich als Reformen eines Standes in das Schema des Allgemeinen Preußischen Landrechts pressen ließen. Der Durchbruch, die vollständige Erneuerung des Staates auf der Basis bürgerlicher Gleichheit, mißlang. Was dieser Reform das besondere Gepräge gab, war das einheitliche Zusammenwirken ganz verschiedener Personen, die jeweils auf ihrem Feld der Reform einen typischen Aspekt dazugewannen und am Ende Preußen die besten Startchancen für das 19. Jahrhundert gaben. Droysen sagte mit Recht: "Überschätzen wir die Arbeit dieser Jahre nicht. Ihr Wert liegt bei weitem nicht in dem, was sie erreichten, sondern in dem, was sie erreichbar glaubten".

Man kann die preußischen Reformen im einzelnen in vier Gruppen einteilen.

1. Einige Reformgesetze traten unmittelbar in Kraft. Hierhin gehörten die von Scharnhorst und Gneisenau durchgeführte Heeresreform, die von Stein 1808 in die Wege geleitete bürgerliche Städteordnung und die Verwaltungsreform. Hierher gehört auch die Humboldtsche Bildungsreform, die erheblich größeren Wert auf Selbstverwaltung und Selbstverwirklichung legte als die von Montgelas und seinem Mitarbeiter Zentner eingeleitete Reform des Bildungswesens in Bayern.

2. Die zweite Gruppe bestand aus Gesetzen wie dem über die Gütermarktfreiheit, aus der eine breite Schicht bürgerlicher Gutsbesitzer hervorging, und über die Freizügigkeit der Landeinwohner, oder aus Verordnungen über die Gleichheit der Berufschancen. Soweit diese Gesetze kein Geld kosteten, ließen sie sich zu einem erheblichen Teil verwirklichen.

3. Bei manchen Gesetzen mußte die Neuordnung auf dem Weg über Entschädigungen erkämpft werden, so daß ihre volle Geltung lange auf sich warten ließ. Die Gewerbefreiheit wurde zwar in den Städten schnell, auf dem Lande jedoch erst Jahrzehnte später eingeführt. Die Bauernbefreiung erfolgte nach langem Widerstand der Gutsbesitzer schließlich in einer Form, die ihnen erhebliche Vorteile bot.

4. Eine letzte Gruppe besteht aus der Menge der mehr oder weniger gescheiterten Gesetze. Das waren vor allem die kommunalen und gesamtstaatlichen Verfassungsentwürfe und die Versuche, eine Einkommensteuer einzuführen, die auf den geballten Widerstand der

adeligen Opposition stießen. Hierher gehört das Hardenbergsche Gendarmerieedikt vom 30. Juli 1812, das den vom Adel gewählten Landrat durch einen vom Staat eingesetzten Kreisdirektor ersetzen wollte.

Die Reformzeit in Preußen begann mit Steins Bestallung am 4. Oktober 1807, die gleichzeitig die letzte Amtshandlung des von Napoleon nach dem Tilsiter Frieden aus dem Amt gezwungenen Hardenberg war. Als erstes der Reformedikte erging fünf Tage später das noch von Hardenberg vorbereitete "Edikt, den erleichterten Besitz und den freien Gebrauch des Grundeigentums sowie die persönlichen Verhältnisse der Landbewohner betreffend". Es fiel Stein nicht leicht, dieses Vorrecht des Adels auf Grundbesitz und den Schutz der Bauern in Frage zu stellen. In der Notlage des Staates und zur Weckung neuer Kräfte blieb aber nichts anderes übrig. Als Gegenstück folgte die Befreiung des Gewerbes vom Zunftzwang. Stein löste die Zünfte nicht auf, er nahm ihnen nur das Recht, andere von einem bestimmten Gewerbe auszuschließen. Die von Adam Smith gelehrte Freiheit des Marktes, in der die Konkurrenz das eigentliche Regulativ ist, begann damit in Preußen Fuß zu fassen. Steins Gewerbeordnung gab auch den Adeligen die Möglichkeit, ohne Verlust ihres Ansehens in allen Berufen tätig zu werden. Die im Allgemeinen Preußischen Landrecht niedergelegte Ständeordnung war damit relativiert. Die Freiheit der Person und des Eigentums wurde zur Grundlage des Staates. Als drittes Reformedikt folgte fünf Tage vor seiner Entlassung am 19. November 1808 die Städteordnung. Schon in Steins Nassauer Denkschrift hatte die Selbstverwaltung der Gemeinden eine entscheidende Rolle gespielt. Der Bürger sollte über das Schicksal seiner Gemeinde selbst entscheiden und so zum freien Bürger seines Landes werden.

Von Steins Reformen erfuhr das Gemeindeedikt, da es als eine ständische Ordnung angesehen werden konnte, die sich sehr wohl in den Rahmen des Allgemeinen Preußischen Landrechts einfügte, am wenigsten Widerspruch. Ein wichtiger Schritt auf dem Wege zu einer veränderten Wirtschaftsverfassung war die vom Staat 1808 verfügte Freigabe der Domänen zum Verkauf. Sie stellte zunächst eine Notmaßnahme dar, hatte aber erhebliche Auswirkungen. Einmal entstand, ähnlich wie in Süddeutschland durch die Säkularisation, ein grundbesitzendes Bürgertum, zum anderen verschwand der Herrscher als Privatperson, der für den Staat zu sorgen hatte. Die Staatsbürger als diejenigen, die mit ihren Steuern weniger dem Herrscher als dem Staat das Geld für seine Aufgaben zur Verfügung zu stellen hatten, traten damit in ein neues Verhältnis zum Staat. Das freiwillige Element des Steuerbewilligungsrechts, auf das der Adel als Vertreter der Stände pochte, wurde auf diese Weise ausgehöhlt. Aus dem Steuerbewilligungsrecht wurde eine Steuerbewilligungspflicht. Das große Problem der Reform war und blieb daher die Haltung des Adels, der sich durch die Freigabe der Güter und durch die Scharnhorstsche Heeresreform sowie durch Steins Steuerpläne – 1808 hatte er in Ostpreußen eine allgemeine Einkommensteuer eingeführt – in seinen Rechten bedroht fühlte. Hier zeigte sich das Problem dieser Jahre, in denen es galt, von den Besitzenden – und das waren in erster Linie die Grundbesitzer – möglichst viele Gelder zu erhalten und gleichzeitig eine "wirtschaftlich freie Gesellschaft zu entfalten, die fähig sein sollte, für das erforderliche Geld aufzukommen. Der Druck des finanziellen Notstandes sollte umgeleitet werden in eine soziale Verfassungsreform, die die Verwaltung zu steuern hoffte" (R. Koselleck). Stein, der ohnehin große Sympathien für den Adel als Stand hatte, wollte den Antagonismus zwischen Regierung und Ständen dadurch in eine patriotische Zusammenarbeit verwandeln, daß er Vertreter der Stände in die Verwaltung aufnahm und so die Kontrolle innerhalb der Administration ansiedelte. Mit dieser Idee scheiterte Stein vollständig. Die aufgenommenen Vertreter der Stände erwiesen sich nicht als Patrioten, die gemeinsam an dem großen Werk der Erneuerung des Staates mitarbeiteten, sondern als Interessenvertreter, die Sand ins Getriebe streuten.

Hingegen setzte Stein in der Verwaltungsreform gegen Ende seiner nur einjährigen Amtszeit einige wichtige Entscheidungen durch. Die wichtigste, die Beseitigung der in ihren Ressorts nicht abgegrenzten Kabinettsregierung, hatte noch Hardenberg erreicht. An ihre Stelle traten Ressortminister mit persönlicher Verantwortung für das von ihnen verwaltete und klar abgesteckte Ressort. Als fast ebenso wichtig erwies sich das von Stein vertretene Prinzip der Kollegialität, das, zunächst auf das Ministerium angewandt, später in der Hardenbergschen Verwaltungsreform zum Grundsatz wurde und das Besondere der preußischen Reformen ausmachte. Hier liegt der eigentliche und wesentliche Unterschied zur Reform in den Rheinbundstaaten, die das französische System der Bürokratisierung, d. h. der strikten Unterordnung einer Behörde unter die andere ohne kollegiale Beratung, übernahm. Dies hatte im Endergebnis so wichtige Konsequenzen wie die Wiedererweckung der Regionalstände in Preußen und die Einführung von Repräsentativverfassungen in den Rheinbundstaaten, ohne daß dies zunächst erkennbar war.

Unmittelbar vor Steins Sturz am 24. November 1808 trug er sich mit dem Gedanken, eine Nationalvertretung einzuberufen, obwohl diese in seiner Nassauer Denkschrift im Gegensatz zu der seines Nachfolgers Altenstein und der Hardenbergs gar nicht erwähnt worden war. Steins Nationalvertretung, zu Unrecht als Steins Testament apostrophiert, sollte in erster Linie den Beschluß mittragen, Preußen in den Krieg mit Frankreich zu führen. Die Krise um Stein wurde durch einen von den Franzosen abgefangenen Brief Steins an Wittgenstein ausgelöst, in dem er höchst leichtfertige Äußerungen über seine kriegerischen Pläne gemacht hatte. Stein mußte in einem Augenblick gehen, in dem er mit seiner dilettantischen Außenpolitik sein eben erst auf die Bahn gebrachtes Reformwerk gefährdete. Er wurde von Napoleon zum Feind Frankreichs und des Rheinbundes erklärt, seine Güter wurden beschlagnahmt. Er flüchtete nach Österreich, wo er den Zusammenbruch miterlebte, und ging, bevor er in Rußland ein Domizil fand, nach England. Das ihm nachfolgende Ministerium Dohna-Altenstein ist durch drei wichtige Reformen in die Geschichte eingegangen: Einmal erzwang es die vollständige Trennung von Justiz und Verwaltung, indem es die Ausarbeitung und Überwachung der Gesetze der Justiz entzog. Zum zweiten konzipierte Wilhelm von Humboldt in jenen Jahren seine Bildungsreform, zum dritten erfuhr in dieser Zeit das Konzept der Scharnhorstschen Heeresreform seine Ausprägung.

Humboldt, der nie eine Schule von innen sah, war im März 1809 nur unwillig von seiner Stelle als preußischer Gesandter in Rom nach Berlin gekommen, wo er bis Juni 1810 die Grundlagen zur preußischen Bildungsreform legte. Erziehungsgedanken Pestalozzis und Rousseaus, Aufklärung und deutscher Idealismus gingen hier eine enge Verbindung ein. Fichtes Idee einer Nationalerziehung, in der jeder nach seinen Fähigkeiten gefördert und zu nationaler Gesinnung erzogen werden sollte, verwirklichte Humboldt durch ein aufeinander bezogenes Schulsystem. Am wenigsten gelang ihm die Erneuerung der Volksschule. Es dauerte lange, bis hier der Geist von Pestalozzi Einzug hielt und die von Friedrich geschaffenen Prügelschulen ausgedienter Unteroffiziere verschwanden. Insofern wurden aber auch hier die Weichen für die Zukunft gestellt, als die Ausbildung der Lehrer in neu gegründete oder reformierte Seminare verlegt wurde. Nach einer relativ langen Anlaufzeit verfügte Preußen über ein flächendeckendes Netz finanziell abgesicherter Schulen. Ein wichtiger Teilaspekt der Bildungsreform war die Erneuerung der Gymnasien. Mit aller Schärfe ging Humboldt gegen die sogenannten Lateinschulen mit ihren Stockstrafen und geistlosem Auswendiglernen vor. Statt der 1750 in Preußen vorhandenen 400 Lateinschulen gab es 1816 im wesentlich größeren Preußen nur noch 91 Gymnasien. In der Ausbildung der Gymnasiallehrer tat Humboldt in Anlehnung an süddeutsche Vorbilder mit der wissenschaftlichen Ausbildung einen entscheidenden Schritt, dessen Folgen weit in unser Jahrhundert reichen. Die von Süvern 1812 durchgeführte Gymnasialverfassung mit dem Abitur als Abschluß war ein Markstein in der Bildungsreform. Dasselbe gilt für die Universitätsreform, die mit der Gründung der Universität Berlin (1810) ihren ersten Abschluß fand. Wie in den Rheinbundstaaten, so wurden auch in Preußen die Universitäten staatliche Anstalten. Die Professoren wurden vom Staat berufen. Der Unterschied zu den zeitlich etwas früheren Bildungsreformen in den Rheinbundstaaten, die teilweise Vorbild der Humboldtschen Reform waren, lag im Bildungsideal. Die Gymnasien mit ihrem dem Neuhumanismus verhafteten philologischen Ethos wollten eine Schulung des Geistes, keine Vorbereitung auf den Beruf sein. "Sie waren auf die Selbstentfaltung des Individuums angelegt" (F. Schnabel). Die Universitäten waren in ihrer Selbstverwaltung freier als insbesondere die staatlich reglementierte bayerische Reformuniversität Landshut. Besonders eklatant war der Unterschied zu Österreich. Humboldt lehnte als zu berufsbezogen die Realgymnasien ab, die in Österreich neben den polytechnischen Schulen, die in der Ausbildung Hervorragendes leisteten, besonders bevorzugt wurden. So entwickelten sich in den beiden deutschen Großmächten zwei verschiedene Bildungsideale. In Österreich stand die Ausbildung zum Beruf im Vordergrund. In den polytechnischen Schulen wurde eine wichtige Grundlage für die technische Entwicklung gelegt, die sich im 19. Jahrhundert durchaus bewährte. Auch die Realgymnasien fügten sich dieser Zielsetzung gut ein. In Preußen wurde ein neuhumanistisches Bildungsideal verwirklicht, das den Einzelnen weniger auf den Beruf vorbereitete, ihm aber die Sicherheit einer Schulung gab, die zu selbständigem Denken erzog. Das Ideal der Selbstverwirklichung stand hier im Vordergrund. In diesen Umkreis gehörte auch die Turnbewegung des Turnvaters Jahn, eines mehr als schrulligen Teutschtümlers, der aber gleichfalls der Idee von der Selbstentfaltung des Individuums anhing.

Die vielleicht schwerste Aufgabe war 1808 die Reform des Heeres. Der Zusammenbruch bei Jena war so vollständig wie nur möglich gewesen. Auch wenn sich später – wie in der Schlacht bei Preußisch-Eylau – die alten Soldatentugenden der preußischen Armee wieder zeigten, so war die Tradition der friderizianischen Armee doch gebrochen.

Die Reform wurde von Gneisenau und Scharnhorst, zwei landfremden Offizieren, geprägt. Scharnhorst hatte in Preußisch-Eylau die entscheidende Operation eingeleitet. Er besaß das Vertrauen des Königs und wurde an die Spitze der Militärkommission berufen. Die preußische Heeresreform war insofern ein Teil der allgemeinen, von Stein und Hardenberg und ihren Mitarbeitern geprägten Reform, als auch sie von der Idee des sich selbst verwirklichenden und sich seiner Verantwortung stellenden Menschen ausgingen. Ja, im Grunde setzte die Idee einer Volksarmee, wie sie von Scharnhorst für das klein gewordene Preußen propagiert wurde, einen Bürger voraus, der sich am Staat aktiv beteiligte. Jeder sollte zum Dienst an der Waffe herangezogen werden. Das erforderte allerdings in den Augen Scharnhorsts einen Staat, mit dem sich der einzelne Bürger auch identifizierte. Die Armee sollte zur Schule der Nation werden. Nicht mehr zwanzig Jahre, sondern nur noch wenige, drei bis vier Jahre, sollte der Taugliche in der Armee dienen, um dann als Reservist in den Zivilberuf zurückzukehren. In mehreren Übungen sollte er für die aktive Armee verwendbar bleiben und dann in die Landwehr übernommen werden. Gegen das Bedenken Friedrich Wilhelms III. und vieler alter Offiziere, daß man Leuten Waffen in die Hände gebe, über deren Zuverlässigkeit man keine Sicherheit besitze, setzten Scharnhorst und seine Reformer die Überzeugung, daß mit diesem Volk im militärischen Dienst der Staat eine einmalige Chance erhielt, auf den Geist seiner Bürger einzuwirken. Allerdings bedingte das ein neues Verhältnis des Vorgesetzten zu seinem Untergebenen. Nicht mehr Spießrutenlaufen und der berüchtigte Exerzierstock mußten die Kasernen beherrschen, sondern der Geist eines freien Bürgers, der gleichwohl in die Disziplin soldatischen Gehorsams eingebunden blieb. 1809 erschien Gneisenaus Schrift von der Freiheit des Rückens.

Erst langsam entwickelte sich das Bild der neuen Armee gegen den letzten Widerstand des Königs und seiner konservativen militärischen Ratgeber. Hatte Hardenberg das nur dem König verantwortliche Zivilkabinett beseitigt, so war Scharnhorst auf dem militärischen Sektor weniger erfolgreich. Die Armee blieb dem König unmittelbar verbunden. Das Militärkabinett bestand bis 1918. Auch mit der Idee der allgemeinen Wehrpflicht drang Scharnhorst nicht durch. Es blieb beim alten Kantonsystem. Bis 1812 existierte daher eine ganze Reihe von militärischen Reformen nur auf dem Papier. Erst im Feuersturm der Befreiungskriege von 1813 drangen die Reformen durch. Das Heer der Befreiungskriege war noch im wesentlichen das alte königliche Heer. Allerdings waren die alten Vorrechte des Adels gefallen. Auch der Adelige mußte sich beim Eintritt einer Fähnrichsprüfung unterziehen und sich auf der Kriegsakademie wissenschaftlich weiterbilden, wenn er die höheren Ränge erreichen wollte. Der Adel war den Bürgerlichen gleichgestellt. Wie in der Verwaltung verdrängten auch in der Armee die Prüfungen den Adel nicht. Aber er gelangte nun nicht mehr durch Geburt, sondern wie seine bürgerlichen Kameraden durch Bildung an seine Stelle. Aus der Zwangsarmee prügelnder Offiziere, die durch Geschrei und Roheit die Disziplin aufrechterhielten, war eine Armee von Bürgern geworden. 1813 war das alles noch im Entstehen. Auf diesem System aber beruhte die Überlegenheit der preußischen Armee und des von ihr geprägten Staates im 19. Jahrhundert.

Die Armee der Freiheitskriege mußte in den engen Grenzen aufgebaut werden, die Napoleon der preußischen Armee ließ. 40 000 Mann mit einer Dienstzeit von zwanzig Jahren sollte Preußens militärische Schlagkraft auf ein Minimum reduzieren. Hinter dem Rücken der Franzosen entstand das sogenannte "Krümpersystem", das die Dienstzeit auf wenige Monate beschränkte und Preußen im entscheidenden Moment die Möglichkeit gab, aus dem Stand eine Armee von 150 000 ausgebildeten Soldaten aufzustellen. In diesem mit ebenso großer Heimlichkeit wie Begeisterung betriebenen Ausbildungssystem entstand der Geist der Freiheitskriege, der der preußischen Armee in den Ereignissen von 1813/14 einen entscheidenden Einfluß sicherte.

Von der Bildungs- und Heeresreform abgesehen, die in den Jahren 1808–1810 eine fast unabhängige Rolle spielte, waren unter dem Ministerium Dohna-Altenstein die Reformen fast versandet. Beide hatten noch stärker die wiedererstandenen Stände als Korporationen herangezogen und so das Reformwerk, das ja unter dem unerhörten Zwang stand, die von Napoleon abgepreßten Summen zu beschaffen, in Gefahr gebracht. Nur allzusehr waren die konservativen Kräfte, die Steins Abgang frenetisch begrüßt hatten, bereit, ihre Zahlungen nur gegen ein Abstoppen der Reformen zu leisten. "Ein unsinniger Kopf ist schon zertreten", hatte Yorck beim Eintreffen der Nachricht von Steins Entlassung triumphiert, "das andere Natterngeschmeiß wird sich in seinem eigenen Gifte selbst auflösen. Ich hoffe, es wird bald besser werden." Die Ernennung Hardenbergs im Juni 1810 zum Staatskanzler war der Beginn einer neuen Epoche der preußischen Reformen. Hardenberg neigte sehr viel stärker als Stein zum französischen System. Das hieß eine bürokratisch aufgebaute Verwaltung, als deren Kontrolle eine gewählte Nationalrepräsentation fungieren sollte, in der die alten Stände keinen Platz mehr hatten. Wie die süddeutschen Reformer ging er von der Gleichheit aller aus und lehnte Adelsprivilegien ab. Nur mußte auch Hardenberg mit den alten Kräften und ihrem Widerstand rechnen. Auch Hardenberg brauchte ihr Geld. Er war Pragmatiker genug, um mit Vorsicht und Schläue vorzugehen.

Um sich von den drückenden finanziellen Anforderungen zu befreien, erließ er im Oktober 1810 ein Edikt, das die Säkularisation evangelischer und katholischer Kirchengüter einleitete. Auch hier kam es zu Verschleuderungen und Spekulantengewinnen, doch lag das nicht ganz außerhalb der Hardenbergschen Interessen, der ja für seine Reformen am Entstehen eines Besitzbürgertums interessiert war. Am 28. Oktober 1811 erschienen die neuen Steuergesetze, die eine weitgehende Beseitigung aller Vorrechte, eine allgemeine Grundsteuer sowie Verbrauchs- und Luxussteuern brachten. Die Idee einer allgemeinen Einkommensteuer hatte er angesichts der Adelsopposition fallen lassen müssen. Der nächste Schritt war die völlige Gewerbefreiheit, mit der Hardenberg, weit über Steins Pläne hinausgehend, den entscheidenden Schritt für eine neue Wirtschaftsverfassung tat.

Zusammen mit der großen Verwaltungsreform von 1810 wurden hier die Weichen für die Entwicklung Preußens im 19. Jahrhundert gestellt. Hardenberg entschied sich, die Reformgesetze nicht mit Hilfe einer gewählten Nationalrepräsentation, sondern in absolutistischer Art kraft seines Amtes zu erlassen. Die Erfahrungen, die er 1811 mit der von ihm ernannten Notabelnversammlung und später mit der ernannten Nationalrepräsentation machte, gaben ihm recht. Er hatte geglaubt, mit Hilfe der Notabeln die Stände in den einzelnen Provinzen überspielen zu können, und erlebte, daß die meist aus Grundbesitzern bestehenden Notabeln sich mit den Provinzständen solidarisierten. Sie opponierten heftig gegen die Reformen und zeigten, daß ein Zentralparlament wohl kaum reformfreudig handeln würde. Auch die Erfahrungen mit dem zur selben Zeit tagenden Landtag des Königreichs Westfalen, der sich gegen alle Reformen stellte, mahnten zur Vorsicht.

So war Hardenberg gezwungen, die Verwaltungsreform, die eigentlich parallel zu der sie kontrollierenden Nationalrepräsentation entstehen sollte, vorzuziehen. Teilweise wurde dieses Spiel von der Adelsopposition durchschaut. Schon 1811 appellierte der schlesische Adel an eine Nationalversammlung, weil er hoffte, mit ihrer Hilfe die Reformgesetze besser beeinflussen zu können. Hardenberg mußte die Verwaltungsreform gegen eine sich ständig verstärkende Adelsopposition vorantreiben. So gelang ihm nur ein Teil seiner Absichten. Am 14. September 1811 erging des Regierungsedikt, das die gutsherrlichen und bäuerlichen Verhältnisse neu regelte. Die Stellen der im Besitz befindlichen Privatbauern sollten in dienstfreies Eigentum verwandelt werden. Stein hatte nur die Leibeigenschaft aufgehoben und die dinglichen Verhältnisse der Bauern unangetastet gelassen. Hardenberg, dem es um eine Produktionssteigerung ging, zwang nun die Gutsbesitzer, das Obereigentum an den Bauernstellen aufzugeben und die Dienste ablösbar zu machen. Die östlichen Bauern sollten durch Ablösung, bei der ein Teil des Pachtgutes an den Gutsbesitzer ging, den Rest als Eigentum erhalten. Diese Lösung begünstigte im Ergebnis im Gegensatz zu der sehr viel langsamer vor sich gehenden Bauernbefreiung in Süddeutschland den Großgrundbesitz. Es war klar, daß viele Bauern nach der Ablösung nicht mehr existieren konnten und ihren Besitz den Großgrundbesitzern überlassen mußten. Hardenberg, der von der größeren Effizienz des Großgrundbesitzes überzeugt war, kalkulierte das ebenso ein, wie er erwartete, daß die größeren Bauern den Kern eines freien, selbständigen Bauerntums bilden würden. Mit diesem Gesetz wurde, zusammen mit dem Steinschen Edikt über den freien Gebrauch des Grundeigentums, der Charakter des Grundbesitzes im Kern verändert. Die organische Verbindung von Boden und Besitzer wurde aufgehoben und in eine Produktionsgemeinschaft verwandelt. Kein Wunder, daß sich der Widerstand der Grundbesitzer versteifte. Das Edikt vom 11. März 1812, das den Juden, wie in Berg, den Weg zur Staatsangehörigkeit und in die Lehr- und Kommunalämter eröffnete, wurde noch hingenommen. Das Gendarmerieedikt, das eine dem Innen- und Kriegsministerium unterstellte Polizei und eine dem französischen Präfektensystem nachgebildete Kreisverfassung schuf, scheiterte am geharnischten Widerstand der Adelspartei, die mit Recht diese Reformen als im Widerspruch mit der preußischen Tradition stehend bezeichnete und zu Fall brachte. Was allerdings noch stärker wog, war Hardenbergs nach außen hin franzosenfreundliche Außenpolitik. Er hielt nichts von militärischen Abenteuern, weil er wußte, daß seine Reformen Zeit brauchten und daß jeder Rückschlag sein Werk vernichten mußte. So ging die preußische Armee im Sommer 1812 zusammen mit einem österreichischen Korps und starken Armee-Einheiten des Rheinbundes in den Rußlandfeldzug. Das Heer, das der Befreiung des Vaterlandes vom französischen Joch entgegenfieberte, stand mit einem starken Korps unter dem Befehl Napoleons! Das große Reformwerk blieb in den Jahren der großen Wende 1812–1815 unvollendet liegen.

Zusammenfassung

Die in den Jahren 1806 bis 1812 in Preußen, Österreich, Bayern, Westfalen, Berg, Württemberg, Baden, Nassau und Hessen-Darmstadt durchgeführten Reformen gaben dem Wort Staat einen neuen Klang. An keiner Stelle waren diese Reformen, als die Befreiungskriege Deutschland in einen Sturm ohnegleichen mitrissen, zu Ende geführt worden. In Österreich wurden sie 1809 ganz abgestoppt. In den Rheinbundstaaten hatte sich das System bürokratischer Abhängigkeiten in einem bürokratischen Absolutismus verfestigt, in dem die Ideen der Französischen Revolution unterzugehen drohten. Erst in einem konstitutionellen System konnte der übermächtig gewordene Staat eine Kontrolle durch seine Bürger erfahren. In dem Prinzip der Gleichheit waren Vorentscheidungen gefallen, deren Tragfähigkeit sich aber erst erweisen mußte.

Ähnlich war es in Preußen. Auch hier war nicht entschieden, in welcher Form das Volk am Staat beteiligt werden sollte. Die im Kollegialsystem organisierten Behörden wurzelten in preußisch-deutscher Tradition und schlossen ein bürokratisches System der hierarchischen Unterordnung aus. Die Versuche Hardenbergs, dem bürokratischen System in der Kreiseinteilung nach französisch-westfälischem System zum Durchbruch zu verhelfen, waren gescheitert. Niemand wußte, wie

Europa nach dem Sturz Napoleons aussehen würde und wie die Völker aus dem Freiheitskrieg gegen den Unterdrücker hervorgehen würden. Die Reformen waren so gesehen ein Wechsel auf die Zukunft.

Vierter Teil

DIE NEUORDNUNG DEUTSCHLANDS

In den Jahren 1813 bis 1820 fielen in Deutschland Entscheidungen, die der Geschichte dieses Landes bis zum Ende des Jahrhunderts wichtige Impulse gaben. Drei verschiedene Deutschland, – Österreich, Preußen und der Rheinbund –, hatten eine sehr unterschiedliche Entwicklung erlebt. Die Rivalität und Feindseligkeit der drei Teile gegeneinander mußte überwunden und in eine neue Ordnung überführt werden, wenn man daran gehen wollte, das Zusammenleben der Deutschen in einem Staat zu organisieren. Eine solche Ordnung war umso schwieriger zu finden, als nun nicht nur die deutschen Großmächte, sondern auch Bayern, Württemberg und das mit England verbundene Hannover eine innere Geschlossenheit gefunden hatten, die eine Eingliederung nach dem Vorbild der alten Reichsverfassung unmöglich erscheinen ließ. Nicht umsonst hatten sich Bayern im Vertrag von Ried und Württemberg im Vertrag von Fulda die Anerkennung ihrer Souveränität zusichern lassen. Der Reichsfreiherr vom Stein wollte das Reich mit Hilfe der alten reichischen Kräfte, die er im Adel vermutete, wiedererwecken und gleichzeitig die unter Napoleon aufgestiegenen Rheinbundstaaten bestrafen. Sie sollten auf ihren alten Umfang zurückgeführt werden. Metternich, der Realpolitiker, der auch geneigt gewesen wäre, einen auf das Frankreich von 1792 reduzierten Napoleon zu akzeptieren, setzte dagegen das System der Versöhnung. Er hoffte, in den süddeutschen Staaten einen Rückhalt gegen Preußen und seinen unheimlichen Verbündeten Rußland zu finden.

Die Sorge vor Rußland, das als einziges Land mit dem Ziel der Befreiung Europas auch sehr reale Vergrößerungswünsche verband, bestimmte schon während des Feldzugs die österreichische Politik. Hierbei kamen zwei beunruhigende Elemente zusammen. Man wußte, daß Rußland ein Auge auf Polen geworfen hatte und bestrebt war, die beiden Partner der polnischen Teilungen, Österreich und Preußen, aus dem polnischen Raum zu verdrängen. Seit den Bündnisverhandlungen mit England 1804/05 wußte man aber auch, daß Alexander konstitutionellen Plänen anhing. Damals hatte er Pitt Pläne unterbreitet, wie man die Völker Europas einschließlich der Balkanvölker vom Joch der Fremdherrschaft befreien und ihnen durch Verfassungen auch die innere Freiheit geben könne. Dieses für alle Konservativen höchst beunruhigende Konzept, in dem sich russische Einflüsse mit denen polnischer Emigranten mischten, war zwar seither nicht wieder aufgetaucht, aber bei der sprunghaften, begeisterungsfähigen Persönlichkeit des Zaren konnte niemand mit Sicherheit sagen, was er in seiner Rolle als Befreier Europas aushecken würde. Die Idee, das Verhältnis von Herrscher und Untertan durch Verfassungen neu zu regeln, in denen beide Seiten festumrissene Rechte besaßen, hatte unabhängig von diesen Plänen von Frankreich ausgehend auch Deutschland erfaßt. In Preußen erstrebte Hardenberg eine solche Regelung als Krönung des Reformwerkes. Die Reformen in den Rheinbundstaaten waren, wenn sie nicht in einen reinen Beamtenabsolutismus ausarten wollten, auf Verfassungen hin konzipiert. Alle diese Reformprogramme waren noch unvollendet, hatten noch kaum Auswirkungen zeigen können, als im Winter 1812/13 für alle Beteiligten völlig überraschend die Befreiungskriege ausbrachen.

1. Der Übertritt Preußens auf die russische Seite

Im Januar 1813 erging jenes berühmt gewordene letzte Bulletin der Grande Armée, die ihren Untergang nur in vorsichtigen Formulierungen anzudeuten wagte, gleichzeitig aber versicherte, daß die Gesundheit Seiner Majestät niemals besser gewesen wäre. Napoleon hatte seine Armee im Stich gelassen und war zuerst auf einem Schlitten, später in einer Kutsche aus dem Innern Rußlands kommend, in einer gefahrvollen Fahrt Deutschland durchquerend, in Paris eingetroffen. Coulaincourt, sein Außenminister, hat die Gespräche des Geschlagenen auf dieser Flucht mit einigen wenigen Getreuen aufgezeichnet. Aus ihnen geht hervor, daß sich Napoleon der Schwere seiner Niederlage durchaus bewußt war, daß er aber mit Plänen aller Art zur Aufstellung einer neuen Armee beschäftigt war und nicht daran dachte, aufzugeben oder sich zu beschränken.

Der Zusammenbruch der Großen Armee, von der nur wenige tausend Mann in geordneter Formation die russisch-preußische Grenze erreichten, war so überraschend gekommen, daß niemand darauf vorbereitet war. Noch standen ja französische Armeen in Deutschland, noch waren Österreich, Preußen und die Rheinbundstaaten Napoleons Verbündete. Die Truppen des Rheinbundes waren fast völlig aufgerieben, während die preußischen und die österreichischen Kontingente dank der Vorsicht ihrer Befehlshaber Yorck und Schwarzenberg im großen und ganzen intakt geblieben waren. Während noch durch Deutschland Gerüchte aller Art schwirrten, die Angehörigen verzweifelt das Schicksal ihrer Verwandten zu klären suchten, schuf die berühmte Konvention von Tauroggen vom 30. Dezember 1812 befreiende Tatsachen. Sie war streng genommen eine Meuterei des ultrakonservativen Generals von Yorck, der keine reformierte, sondern einen Teil der alten preußischen Armee führte. Friedrich Wilhelm III., dessen kleinliche Beschränktheit eine merkwürdige Folie gegenüber der Begeisterung seines Volkes bildete, hat ihm dies auch nie verziehen. Aber es blieb ihm schließlich nichts anderes übrig, als sich den gegebenen Tatsachen zu unterwerfen.

Es war nicht von vornherein klar gewesen, daß der Zar sich zum Befreier Europas aufwerfen würde, wenn es ihm gelang, die napoleonische Invasion zurückzuschlagen. Als erster hatte ihm Stein in einer Denkschrift vom 20. Juni 1812 diesen Gedanken nahegebracht. Zar Alexander hatte Stein kurz vor Beginn des Feldzuges nach Wilna eingeladen. Stein trat zwar nicht in die Dienste des Zaren, wurde aber einer seiner wichtigsten Berater.

Er vertrat von Anfang an die Idee, mit der Vertreibung Napoleons aus Rußland müßte auch die Befreiung Deutschlands in Angriff genommen werden. Sein Haß auf die Fürsten, insbesondere die Rheinbundfürsten, stachelte ihn zu abenteuerlichen Plänen einer Befreiung durch einen allgemeinen Volksaufstand an, der die schuldig gewordenen Fürsten von ihren Thronen jagen sollte. Das alles war noch unentschieden, als die russische Armee sich der preußischen Grenze näherte.

Die russische Armeeführung war für eine Beendigung des Krieges. Dafür sprachen gewichtige Gründe: Auch wenn die Grande Armée sich aufgelöst hatte, so verfügte Napoleon doch noch, wie seine fieberhaften Rüstungen bewiesen, über erhebliche Reserven. Die westlichen Provinzen Rußlands aber waren auf dem Rückzug im Herbst 1812 erst von der eigenen, später von der französischen Armee entsetzlich verheert worden. Aus diesem Hinterland waren nur schwer Nachschubgüter heranzuschaffen. Je weiter man nach Westen vordrang, desto schwieriger mußte die Nachschuborganisation werden. Dazu hatte der Feldzug der russischen Armee schwere Verluste zugefügt, die nicht so ohne weiteres ersetzt werden konnten.

Trotzdem gelang es Stein und dem jungen russischen Diplomaten Nesselrode, den Zaren für die Idee einer Befreiung Europas zu gewinnen. Dabei war für Alexander die Aussicht, mit Polen eine erhebliche Vergrößerung zu erlangen, ebenso verlockend wie die Idee, als Befreier Europas auftreten zu können. Er gewann Yorck mit der Zusicherung, Preußen in den alten Grenzen wiederherstellen zu wollen.

Friedrich Wilhelm III. beantwortete die Konvention von Tauroggen mit der Absetzung Yorcks und mit der Eröffnung eines Kriegsgerichtsverfahrens. Inzwischen schuf Stein weitere faits accomplis. Als

Beauftragter des Zaren nahm er Ostpreußen in "vorläufige Verwaltung". Er berief die ostpreußischen Landstände auf den 5. Februar 1813 zusammen. Unter dem schonenden Prätext, daß der König in dem von französischen Truppen besetzten Berlin keinen freien Willen habe, beschloß der Generallandtag Steuern und die Bildung von Landwehr und Landsturm.

Inzwischen hatte sich der König am 22. Januar auf den Rat Hardenbergs nach Breslau begeben. Dort erreichte Scharnhorst am 3. Februar von ihm das Edikt, das die bisher von der Dienstpflicht nicht betroffenen Gebildeten zum freiwilligen Jägerdienst aufrief. Am 9. Februar wurde de facto die Allgemeine Wehrpflicht, gegen die sich der König bisher immer gesträubt hatte, für die Dauer des Krieges eingeführt.

Friedrich Wilhelm befand sich in einer schwierigen Lage. Auf der einen Seite drängten ihn viele zum Anschluß an Rußland, auf der anderen besaß er seit Tilsit ein berechtigtes Mißtrauen gegen den Zaren. Auf das russische Allianzangebot entsandte er den General von Knesebeck in das russische Hauptquartier. Er sollte Preußen in den Grenzen von 1806, also mit den polnischen Gebieten bis Brest-Litowsk, fordern. Gleichzeitig versuchte Friedrich Wilhelm Rückendeckung in Wien zu bekommen. Die Allianzverhandlungen kamen ins Stocken, als der Zar die polnischen Provinzen forderte und als Ausgleich Preußen Sachsen anbot. Stein fuhr nach Breslau, wo er einen eisigen Empfang erlebte. Schließlich kam aber am 27. Februar unter seiner Vermittlung der Allianzvertrag von Kalisch zustande, mit dem Preußen endgültig in das Lager der Feinde Napoleons trat. Auch wenn dem König am Schluß kaum noch etwas anderes übrigblieb: Der Übertritt war immer noch ein Wagnis. Die preußische Armee bestand kaum aus mehr als den 18 000 Mann des Yorckschen Korps. Die russische Armee war viel schwächer als angenommen. Eine rasche Zusammenfassung der in Deutschland stationierten französischen Truppen hätte die Verbündeten in ernste Schwierigkeiten bringen können. Dazu kam, daß Österreich zwar den Übertritt Preußens auf die russische Seite begrüßte, aber noch nicht mit Napoleon, dem Schwiegersohn des Kaisers, brechen wollte.

Am 10. März, dem Geburtstag der Königin Luise, stiftete Friedrich Wilhelm das "Eiserne Kreuz". Am 15. hielt Zar Alexander seinen Einzug in Breslau. Am 16. März erklärte Preußen Frankreich den Krieg. Am 17. erging der berühmte Aufruf "An mein Volk". In den folgenden Tagen erließ auch der Zar verschiedene Aufrufe, darunter die Kalischer Proklamation vom 25. März, in der die Herstellung einer deutschen Verfassung "allein durch die deutschen Fürsten und Völker und aus dem ureigenen Geiste des deutschen Volkes" als eines der wichtigsten Ziele des bevorstehenden Krieges bezeichnet wurde. Die sich widersetzenden Fürsten wurden mit der "verdienten Vernichtung" bedroht.

2. Der Feldzug bis zur Vertreibung
Napoleons aus Deutschland

Der Übertritt Preußens blieb ohne Signalwirkung. Deutschlands Verbündete schlossen sich widerspruchslos Napoleon an, als er mit einer neuen, zahlenmäßig den Verbündeten überlegenen Armee über Frankfurt nach Sachsen marschierte. In Großgörschen (2. Mai) und bei Bautzen (20. Mai) schlug er die Verbündeten, die sich nur mit Mühe der Vernichtung entziehen konnten. Der Zar erwog schon einen Rückzug nach Polen, als Napoleon nach seinem späteren Eingeständnis seinen schwersten Fehler beging und den Verbündeten einen Waffenstillstand anbot. Er wollte seine Rüstungen vollenden, gab aber gleichzeitig seinen Feinden die dringend benötigte Zeit, ihre Armeen zu reorganisieren. Vom 2. Juni bis 2. August 1813 ruhten die Waffen. Die Entscheidung lag nun bei Österreich. Napoleon hoffte, seinen Schwiegervater gewinnen zu können, der sich dank des großen diplomatischen Geschicks Metternichs aus dem Bündnis in die Neutralität begeben hatte. Fürst Schwarzenberg war mit dem österreichischen Korps nach Österreich zurückgekehrt. In den Verhandlungen des Sommers 1813 versuchte Metternich, Napoleon in das System des europäischen Gleichgewichts einzubauen, in dem sich Rußland und Frankreich die Waage halten sollten. Österreich übernahm die bewaffnete Vermittlung, wobei klar war, gegen wen sich die Rüstungen richteten, wenn Napoleon sich weiter weigerte, Vernunft anzunehmen. Am 27. Juni formulierten die Verbündeten mit Metternich in Reichenbach die Bedingungen, unter denen Napoleon Frieden haben konnte. Man verlangte die Auflösung des Großherzogtums Warschau, die Wiederherstellung Preußens und der Hansestädte sowie die Rückgabe der illyrischen Provinzen an Österreich. Nicht einmal die Auflösung des Rheinbundes wurde von ihm gefordert. Aber Napoleon lehnte ab. Am 26. Juli kam es in Dresden zu der entscheidenden neunstündigen Unterredung zwischen Metternich und Napoleon, in der dieser gestand, er könne als Usurpator nicht mit einer Niederlage vor seine Völker treten. Als der Waffenstillstand zu Ende ging, sah sich Napoleon einer Koalition gegenüber, wie sie Frankreich seit 1792 nicht mehr entgegengetreten war: England und Schweden waren schon lange Verbündete Rußlands, nun kam Österreich hinzu, das mit einer starken, selbständigen Armee auftrat und bald die Führung an sich riß. Während die preußischen Patrioten noch von nationaler Einheit und konstitutioneller Freiheit – was immer sie darunter verstanden – träumten, hatte Metternich in diesen Sommermonaten des Jahres 1813 entscheidende Schritte auf sein Ideal des Gleichgewichts der europäischen Mächte, der alten, den veränderten Verhältnissen angepaßten Ordnung Europas, getan. Während Stein in dieser Zeit an den ersten Verfassungsentwürfen für das künftige deutsche Reich arbeitete, sah Metternich auch dieses Problem unter dem Blick seiner europäischen Ordnungsvorstellungen, wobei er vermeiden wollte, daß an die Stelle der französischen Vorherrschaft eine russische treten würde.

Im Gegensatz zu dem, was die preußischen Patrioten und Stein erhofft hatten, gelang in Preußen keine allgemeine Volkserhebung. Bei aller Begeisterung glich die Armee am Ende doch in vielem der alten Armee. Das Scharnhorstsche Exerzierreglement hatte allerdings der preußischen Armee jene Beweglichkeit gegeben, die 1813 Entscheidendes zum Sieg beitrug. Der von Prügelstrafen befreite Soldat hatte gelernt, mitzudenken und war mit der französischen Taktik der kleinen, beweglichen Schützeneinheiten vertraut gemacht worden. So waren es zwar die alten Heerführer, aber in vielem eine aufgelockerte Taktik, die Blüchers Generalstabschef, den "Generalquartiermeister" Neidhardt von Gneisenau, befähigten, Napoleon mit seinen eigenen Waffen zu schlagen.

Napoleon standen drei selbständige Armeen gegenüber, die nach dem Trachenberger Plan unter einheitlichem Oberbefehl standen: Die Hauptarmee unter Schwarzenberg in Böhmen mit dem Generalstabschef Radetzky. Sie bestand aus österreichischen, preußischen und russischen Truppen. Bei ihr befanden sich die drei Monarchen. Die schlesische Armee unter Blücher und die Armee Bernadottes mit schwedischen und preußischen Truppen. Sie deckte Berlin. Jede Armee sollte vor Napoleon zurückweichen, wenn er angriff, und ihn so in einem erschöpfenden Hin und Her langsam zurückdrängen, bis sich die drei Armeen in einer Entscheidungsschlacht vereinigen konnten.

Der Plan forderte bei strömendem Regen insbesondere der Armee Blüchers alles ab. Aber es wurde erreicht, daß Napoleon selbst da, wo er einen Sieg errang wie bei Dresden am 26./27. August, diesen Sieg nicht nützen konnte. Er verlor die Initiative und wurde Schritt für Schritt zurückgedrängt. Ende September begann der Aufmarsch der Verbündeten zur entscheidenden Völkerschlacht bei Leipzig. Auf Anregung Gneisenaus vereinigte sich die schlesische mit der Nordarmee hinter den französischen Linien. Bei Merseburg gelang der Zusammenschluß mit der Hauptarmee. Napoleon, der über die Elbe nach Osten vorstieß, brauchte lange, bis er begriff, in welch gefährlicher Lage er sich befand: Er mußte sich den Rückzug durch die feindlichen Armeen erkämpfen, die im Halbkreis westlich von Leipzig standen. Jeder Tag, der verging, machte diesen Halbkreis dichter, wurde die

Lage für Napoleon gefährlicher. Seine Armee war inzwischen nur noch halb so groß wie die vereinigten Truppen seiner Gegner.

Die Schlacht bei Leipzig hätte leicht das Ende Napoleons bedeuten können, hätte nicht Zar Alexander in der Sorge, Napoleon werde sich nach Norden über seine norddeutschen Festungen zurückziehen, den Angriff erzwungen. Dieser war von Westen wegen unüberwindlicher Geländeschwierigkeiten nicht zu führen. So löste man die Vereinigung und gab Napoleon die Rückzuglinie frei. Schwarzenberg griff von Süden, Blücher von Norden an.

Für Napoleon ging es jetzt darum, sich die Möglichkeiten eines geordneten Rückzugs zu erkämpfen. Tagelang wurde um Leipzig gekämpft, dann mußte Napoleon den Rückzug durch die Stadt antreten. Am Marktplatz von Leipzig trafen sich die Monarchen und Oberbefehlshaber der Alliierten, während Napoleon verzweifelt versuchte, den Rückzug seiner Armee nicht in Flucht ausarten zu lassen. Die württembergischen und sächsischen Truppen wechselten im Kampf die Partei. Eine zu früh vorgenommene Brückensprengung schnitt einen erheblichen Teil der französischen Armee, insbesondere Rheinbundtruppen, vom Gros ab. Sie fielen in Gefangenschaft. Napoleon konnte den Hauptteil seiner Armee durch das Kinzigtal gegen den Main retten. Die Alliierten hatten die Verbindung mit ihm verloren. So konnte er bei Hanau ein bayerisch-österreichisches Korps unter dem bayerischen General Wrede beiseiteschieben, ehe er bei Mainz über den Rhein ging. Deutschland war frei bis zum Rhein. Napoleon hatte fast ein Drittel seiner Armee verloren. Das napoleonische System in Deutschland stand vor dem Zusammenbruch.

3. Das Ende der napoleonischen Herrschaft

Sehr zum Unwillen Steins fielen unmittelbar nach der Schlacht von Leipzig Entscheidungen, die den Fortbestand der sogenannten Rheinbundstaaten sicherten. Hatte man Bayern im Vertrag von Ried die volle Souveränität zugesichert, so geschah das bei Württemberg im Vertrag von Fulda am 2. November 1813 ebenso. Lediglich in den zwei Tage später in Frankfurt geschlossenen Verträgen mit Baden, Hessen-Darmstadt, dem wiedererstandenen Hessen-Kassel und einigen kleineren Fürsten erfuhr die ihnen zugestandene Souveränität insofern eine Einschränkung, als hier die Klausel eingefügt war, wonach diese Garantie (der Souveränität) nur vorbehaltlich aller künftig zur Sicherung der deutschen Unabhängigkeit notwendigen Einschränkungen gegeben wurden. Die Länder wurden auch in ihrem Umfang garantiert, wobei notwendige Abtretungen kompensiert werden sollten.

Ausgeschlossen von einer Mitgliedschaft im künftigen deutschen Reich waren der Großherzog von Frankfurt, Karl Theodor von Dalberg, sein Neffe, der Fürst von der Leyen, und der Fürst Isenburg. Ebenso unberücksichtigt in allen Plänen für eine Neuordnung Deutschlands blieb der König von Sachsen, der in Leipzig gefangengenommen worden war und dessen Länder der Zar Preußen als Ersatz für die Gebiete geben wollte, die es vor 1807 in Polen besessen hatte.

Das hieß, daß Steins ursprüngliche Absicht gescheitert war, wie die alte so auch die neue Reichsverfassung auf die Reichsritterschaft und den höheren, unter Napoleon mediatisierten Adel als den eigentlichen Verlierern der napoleonischen Zeit zu stützen. Das hieß weiterhin, daß in Süddeutschland die geschlossenen Länder erhalten blieben und damit die künftige Reichsverfassung nicht mehr nach hierarchischen, sondern nach föderalistischen Prinzipien gestaltet werden konnte.

Noch im Dezember 1813 legte Wilhelm von Humboldt einen ersten Verfassungsentwurf vor, in dem Österreich, Preußen, Hannover und Bayern als die vier Führungsmächte das oberste Führungsgremium bilden sollten. Dieser Plan sah ein eindeutiges Übergewicht der beiden deutschen Großmächte vor. Der hannoversche Minister Graf Münster billigte diesen Plan im März 1814, regte aber an, Württemberg in das Führungsgremium aufzunehmen, das sowohl als Königreich als auch nach dem Wortlaut des Fuldaer Vertrages einen Anspruch auf volle Souveränität besäße. Von da an ist Württemberg, ohne daß sein König davon etwas erfuhr, in allen Plänen als fünfte Führungsmacht aufgeführt.

Die Frage der künftigen Gestalt Deutschlands wurde ebenso wie die Lösung der territorialen Probleme vor der entscheidenden Frage, wie der Krieg weitergeführt werden sollte, zurückgestellt. Friedrich Wilhelm III., dessen Land schon 1795 das linke Rheinufer abgetreten hatte, meinte, daß die Verbündeten das linke Rheinufer als französisches Gebiet nichts anginge. Ähnlich dachte Metternich, dem ein starkes Frankreich wegen des drohenden russischen Übergewichts wichtig war. Aber Napoleon wies alle Vorschläge ab, ihn in ein europäisches Gleichgewichtssystem einzubauen. Nur Zar Alexander drängte darauf, den Krieg energisch nach Frankreich hineinzutreiben. Er wollte Napoleon beseitigen und an seine Stelle einen schwachen Herrscher setzen. In dem schwedischen Kronprinzen, dem ehemaligen französischen Marschall Bernadotte, sah er einen geeigneten Kandidaten für die Nachfolge Napoleons.

Im preußischen Hauptquartier Blüchers drängte man auf einen raschen Vormarsch. Man hielt sich hier an den Zaren und träumte davon, Napoleon samt seinen rheinbündischen Satelliten vom Thron zu stoßen. Metternich sah daher im preußischen Hauptquartier ein "Jakobinernest". Da Napoleon auf keines der ihm gemachten Angebote einging, rückte die Armee der Alliierten langsam nach Frankreich ein. Am Neujahrsmorgen überschritt Blücher bei Kaub den Rhein. Immer wieder hielt die Armee an und stellte Napoleon neue Bedingungen. Trotz seiner Unterlegenheit beantwortete dieser jedoch keines der Angebote. Am 30. März 1814 zogen die Verbündeten in Paris ein. Napoleon dankte zugunsten seines Sohnes ab. Es war aber schon nach wenigen Tagen klar, daß die napoleonische Herrschaft zu Ende war. Auch Zar Alexander mußte einsehen, daß sein Kandidat Bernadotte keine Chance besaß. Ganz im Sinn des Prinzips der Legitimität hatte Metternich die Verbündeten für den Grafen von Artois, den Bruder Ludwigs XVI., gewonnen.

Noch ehe der neue König, der sich Ludwig XVIII. nannte, Paris erreichte, legte ihn Zar Alexander ganz im Sinne seiner Pläne aus den Jahren 1804/05 auf eine Verfassung fest. Wäre es nach dem Zaren gegangen, der napoleonische Senat, an seiner Spitze Talleyrand, hätte als Vertreter des französischen Volkes eine Verfassung erlassen, die vom König nur noch beschworen worden wäre. Mit steigender Unruhe sahen die Alliierten die Aktivität ihres mächtigsten Verbündeten, der sich anschickte, dem Prinzip der Volkssouveränität neue Geltung zu verschaffen. Ganz freilich konnte sich Alexander nicht durchsetzen. Ludwig XVIII. verwarf das Prinzip der Volkssouveränität und ebenso den Verfassungsentwurf des Senats vom 6. April. Zur Enttäuschung des Zaren und zur Erleichterung Metternichs erließ er am 4. Juni 1814 aus eigener Machtvollkommenheit die von ihm redigierte Verfassung. Damit war vermieden, daß die Verfassung wie ein Vertrag zwischen dem König und den Vertretern des Volkes ausgehandelt wurde.

Diese Verfassung ist das Vorbild der frühkonstitutionellen Verfassungen in Süddeutschland geworden. Sie war ein kluger Kompromiß. Mit ihren vorangestellten Grundrechten entsprach sie den Hoffnungen der Liberalen. Auch das Zweikammersystem entsprach insofern ihren Ideen, als die zweite Kammer aus gewählten Deputierten bestehen sollte. Die erste Kammer war wie in England dem hohen Adel und Personen vorbehalten, die vom König auf Lebenszeit ernannt wurden. Die Abgeordneten der zweiten Kammer gingen aus indirekten Wahlen hervor. Sie waren nicht Vertreter eines Standes, sondern des ganzen Volkes.

Hier waren geschickt ständische und konstitutionelle Elemente gemischt. In der ersten Kammer besaß der hohe Adel mit seinen erblichen Sitzen einen klaren Rückhalt seiner politischen Bedeutung. In der Deputiertenkammer war das Prinzip der Gleichheit verwirklicht. Der König besaß eine in seinen Rechten und Pflichten klar umrissene Stellung. Die Charte von 1814 war trotz ihrer ständischen Elemente eine deutliche Absage an die alten Ständeverfassungen, die auf den Geburtsständen Adel, Geistlichkeit und Bürgertum beruhten. Damit war für alle diejenigen Staaten ein wichtiges Vorbild gegeben, deren Modernisierung nach französischem Vorbild erfolgt war. Es ist ohne Zweifel das Verdienst des Zaren, daß mit der Charte das Vorbild der konstitutionellen Monarchie über den Zusammenbruch des napoleonischen Frankreich gerettet wurde.

Schon 1812 hatte Alexander eine von den spanischen Cortes in Cadix entworfene Verfassung für Spanien anerkannt, die in ihrer Radikalität die französische Charte bei weitem übertraf und die das Vorbild der revolutionären Entwicklung zu Beginn der zwanziger Jahre war. Diese hat nie die Anerkennung des spanischen Königs Ferdinand VII. erhalten, während die Charte bis 1848 die Grundlage des politischen Lebens in Frankreich war.

4. Die deutsche Frage vor dem Wiener Kongreß

Über die Frage der künftigen Gestaltung Deutschlands war im Pariser Frieden vom 30. Mai 1814 in Artikel 6 Absatz 2 folgendes festgelegt: "Les états de l'Allemagne seront indépendants et unis par un lien fédératif". Über die Art dieses Bundes war nichts weiter ausgesagt.

Sehr zu ihrem Ärger waren die kleineren Staaten von der Unterzeichnung des Pariser Friedens ausgeschlossen, der nur die Unterschriften der Vertreter von Rußland, England, Österreich, Preußen, Spanien und Frankreich trug. Sie wurden auch von den Verhandlungen ferngehalten, die nun bis zur Eröffnung des nach Wien einberufenen Kongresses hinter den Kulissen betrieben wurden. Der Wiener Kongreß vom Oktober 1814 bis Juni 1815 war eine der glanzvollsten Ereignisse der Geschichte. Nie zuvor und nie mehr danach versammelten sich so viele Kaiser, Könige, Großherzöge, Herzöge, Fürsten, Grafen, Staatsmänner, Diplomaten, Scharlatane und Abenteurer auf so lange Zeit in einer Stadt, wurden so viele Feste, Tanzereien und gesellschaftliche Ereignisse begangen, wie damals in Wien. Die galanten Affären der Fürstlichkeiten und der Charme der Wiener Comtessen gaben einem Ereignis den Rahmen, auf dem nach über 22 Jahren Krieg die Grundlagen für einen dauerhaften Frieden gelegt werden sollten. Der österreichische Feldmarschall Fürst Ligne prägte ein Bonmot, das seither tausendmal wiederholt wurde, wenn vom Wiener Kongreß berichtet wurde: "Europa ist in Wien. Der Teppich der Politik ist ganz mit Festlichkeiten durchwebt, denn der Kongreß geht nicht vorwärts, sondern er tanzt."

Fürst Ligne hatte recht. Nie ist offiziell eine Ordnung des Kongresses erlassen worden, in der festgelegt wurde, in welcher Reihenfolge die Probleme behandelt werden sollten, nie hat eine Sitzung der anwesenden Monarchen und Minister stattgefunden. Es war ein Fest des genialen Weiterwurstelns, eine Art des Vorgehens, für das Österreich und Wien in der Welt berühmt waren.

Am 1. Oktober kam es zu einer vorbereitenden Sitzung der Vertreter der vier Siegermächte, England, Rußland, Österreich und Preußen, zu der Metternich den Vertreter Frankreichs Talleyrand eingeladen hatte. Talleyrand las das von Metternich vorgelegte Papier über die zur Beratung anstehenden Probleme durch und erklärte den verdutzten Anwesenden: "Das verstehe ich nicht." Dann zerpflückte er zusammen mit seinem ebenfalls von Metternich dazu geladenen spanischen Minister Marquis de Labrador das ganze Programm. Es wurde alles umgeworfen. Es ging manchmal in den unregelmäßig abgehaltenen Sitzungen der sechs Staatsmänner, in denen Talleyrand eine hervorragende Rolle spielte, hoch her. Am Ende kam die dauerhafteste Friedensordnung zustande, die Europa in den letzten zweihundert Jahren erlebte. Das ancien régime hatte noch einmal über die Ideen der Revolution gesiegt. Ideen, wie das Prinzip der Volkssouveränität, des Nationalismus und der Freiheit mußten zurücktreten. Diese Großveranstaltung des ancien régimes gebar mit dem Vormärz eine Zeit der Restauration, die vor 1815 kein Mensch für möglich gehalten hätte. Der Kongreß berücksichtigte die Wünsche der versammelten Fürstlichkeiten meist in einer Weise, die größere Konflikte vermied.

Über das Problem der künftigen Gestalt Deutschlands war vor dem Pariser Frieden zuerst in der Kalischer Erklärung die Rede gewesen. Erste Entwürfe von Stein und Humboldt wurden im März 1814 mit dem hannoverschen Vertreter Graf Münster erörtert. Sie vermengten sich im Sommer 1814 mit den sehr viel schwieriger zu lösenden Territorialfragen. Die Gebiete auf dem linken Rheinufer, die vorher entweder zu Bayern gehörten oder Besitz geistlicher Fürsten gewesen waren, mußten ebenso neu verteilt werden wie Teile des Königreiches Westfalen und der Großherzogtümer Berg und Frankfurt. Zu diesen Gebieten kam noch das Großherzogtum Würzburg, dessen Herr, Erzherzog Ferdinand, in die Toskana zurückkehrte. Neben Hessen-Kassel und Hannover, die wiedererstanden, war Bayern eine Entschädigung für Salzburg und Tirol zugesagt, die beide an Österreich abgetreten wurden. Offen war das Schicksal von Sachsen. Die Idee, das Königshaus Sachsen wegen seiner Treue zu Napoleon seiner Lande verlustig zu erklären, scheiterte am Widerstand Metternichs. Der Plan Hardenbergs, die Wettiner in den Westen zu verpflanzen und ihnen Elsaß und Lothringen zu geben, stieß auf den Widerstand des englischen Außenministers Castlereagh, der die Rückführung der Bourbonen nicht mit der Hypothek einer Gebietsabtretung gegenüber dem Stand von 1792 belasten wollte. Damit hingen die russischen und preußischen Pläne, Sachsen als Ausgleich für die polnischen Gebiete an Preußen zu geben, in der Luft. Dazu kam die vom Mißtrauen gegen die ehemaligen Rheinbundstaaten diktierte Vorstellung Hardenbergs, die Westgrenze gegen Frankreich müsse in den Händen der beiden deutschen Großmächte liegen. Daher widersetzte er sich in den Londoner Verhandlungen im Sommer 1814 den Wünschen Metternichs, Mainz an Bayern fallen zu lassen. Die Idee, den Schutz des Reiches gegen Westen Österreich und Preußen zu übergeben, war aber auch noch sehr unausgegoren, ganz abgesehen davon, daß die von Hardenberg vertretene Idee einer Versetzung der Wettiner an die Westgrenze diesen Vorstellungen widersprach. Alle diese Fragen konnten weder in Paris noch in London gelöst werden. Sie mußten aber die Verhandlung über die Verfassungsfrage zusätzlich erschweren.

Aus den Plänen Steins und Humboldts für eine künftige Reichsverfassung, die Hardenberg überarbeitete, entstand im August 1814 ein 41-Punkte-Vorschlag, der Anfang September Metternich überreicht wurde. Dieser Plan besaß äußerlich wie in der vorgesehenen Kreiseinteilung eine gewisse Ähnlichkeit mit der alten Reichsverfassung. Innerlich war er in vielem das genaue Gegenteil. Er beruhte auf der Idee einer Vorherrschaft der beiden Großmächte.

An der Spitze des Reiches sollte ein Direktorium stehen, das Österreich und Preußen bilden sollte. Das Reich sollte in neun Kreise eingeteilt werden, von denen je drei von Österreich und Preußen und je einer von Hannover, Bayern und Württemberg geleitet werden sollten. Diese Kreisdirektoren bildeten den Kreisdirektorenrat mit dem Stimmverhältnis von je drei Stimmen für die Großmächte und je einer bei den Königreichen. Bei diesem Rat sollte die Exekutive liegen. Er bestimmte über Krieg und Frieden, war für die Außenpolitik zuständig und besaß die Leitung der militärischen Gewalt. Ihm stand der Rat der Fürsten gegenüber, der allein gesetzgebende Gewalt besitzen sollte.

Das im wesentlichen von Stein entworfene subtile System der Mediatisierung der Fürsten mit Ausnahme der beiden Großmächte ist damit allerdings nur angedeutet. Es sollte einmal damit verankert werden, daß beide deutschen Großmächte nur mit einem Teil ihrer Lande, Preußen mit den westelbischen, Österreich nur mit Tirol, Vorarlberg und Salzburg dem Bund angehören sollten. Die Bestimmungen der Reichsverfassung sollten auf sie keine Anwendung haben. Das betraf insbesondere die für alle Länder vorgesehenen Landstände. Durch sie wollte Stein die Landeshoheit der Länder aushöhlen. Das geschah einmal dadurch, daß die sogenannten Mediatisierten im Reichstag im Rat der Fürsten und Städte Sitz und Stimme haben sollten, also gleichberechtigt mit ihren Landesherren gewesen wären. Da die Mehrheit der Mediatisierten in den süddeutschen Ländern lebten und mit ihren neuen Landesherren in heftigen Konflikten standen, mußte diese Regelung die innere Souveränität der ehemaligen Rheinbundstaaten gefährden. Der zweite Angriff auf die innere Souveränität dieser Staaten ging von den Landständen aus. Die Rechte der Landstände, in denen der Adel ein deutliches Übergewicht haben sollte, sollten durch ein oberstes Bundesgericht garantiert werden. Das entsprach nach außen der Situation im Alten Reich, wo der Reichshofrat im 18. Jahrhundert zum Beschützer der Landstände geworden war, war aber mit dem Begriff der den deutschen Ländern zugesagten Souveränität nicht zu vereinen. Der Stein–Hardenbergsche Entwurf sprach daher nicht mehr von Souveränität oder Landeshoheit, sondern nur noch von Regierungsrechten der Fürsten. Diese Pläne wurden zwischen Preußen, Hannover und Österreich diskutiert, wobei Metternich die 41 Punkte in 12 Artikel zusammenfaßte, ohne ihren Inhalt wesentlich zu verändern. Die Artikel wurden nur unbestimmter gefaßt. Insbesondere der Artikel, in dem für alle Länder eine Verfassung bindend festgelegt wurde, lautete nun viel allgemeiner.

Über diese Überlegungen wurden Bayern und Württemberg im unklaren gehalten. Erst am 12. Oktober 1814, bei Beginn der Beratungen über die künftige Verfassung Deutschlands, wurden ihnen die zwölf Punkte vorgelegt. Das war sicher kein sehr rationales Verfahren, zumal man die Beratungen dem Kreis der fünf Königreiche vorbehielt und die übrigen Fürsten davon ausschloß. Allerdings zeigten sowohl Metternich als auch Hardenberg zu Beginn der Verhandlungen Kompromißbereitschaft. Sie bezeichneten beide die vorgelegten zwölf Punkte ausdrücklich als Verhandlungsbasis. Trotz der Überrumpelung der beiden süddeutschen Königreiche entwickelten sich bis zum 16. November intensive Gespräche, bei denen zwar die Meinungen mitunter heftig aufeinanderprallten, bei denen man sich aber einer Einigung näherte, als Österreich und Preußen am 16. November, ohne ihre Kontrahenten zu verständigen, die Verhandlungen abbrachen. Die bayerischen und württembergischen Vertreter standen am 19. November buchstäblich vor verschlossener Tür.

Damit war, wie sich später herausstellen sollte, der Versuch einer Hegemonialverfassung, die Deutschland unter die Vorherrschaft der beiden Großmächte gestellt hätte, gescheitert. Stein hatte mit steigender Verbitterung die Aushöhlung seines Mediatisierungsplanes beobachtet und am 5. November den Zaren zu einer Demarche bewogen. Zu diesem Zeitpunkt zeichnete sich aber bereits der Konflikt mit Sachsen ab, der die Großmächte in zwei Lager spalten sollte. Hardenberg war schon sehr bald klar geworden, daß die Forderung auf Sachsen gegen den heftigen Widerstand Englands und Österreichs nicht durchzusetzen war. Zar Alexander aber gelang es, Friedrich Wilhelm III. Anfang November auf seine Linie festzulegen. Für Castlereagh und für Metternich war die Vorstellung unerträglich, daß sich Rußland so weit nach Mitteleuropa hereinschieben würde. Talleyrand, der Vertreter Ludwigs XVIII., schürte geschickt die Spannungen. Als Preußen am 14. November offiziell die Verwaltung Sachsens übernahm, war der Bruch unvermeidlich. Am 3. Januar 1815 kam es zu einer geheimen Triplealliannz zwischen Österreich, Frankreich und England, der sich Bayern und Württemberg anschlossen. Man schien vor einem neuen Krieg zu stehen. Schließlich kam es zu einem Kompromiß. Sachsen wurde geteilt. Die nördliche Hälfte ging an Preußen, die südliche wurde an Friedrich August zurückgegeben. Dafür erhielten Preußen und Österreich territoriale Zugeständnisse in Polen.

In dieser Zeit gelang Metternich auch in der deutschen Frage der Durchbruch. Am 24. Dezember legte er in München einen von Wessenberg ausgearbeiteten Entwurf einer künftigen Bundesakte vor. Er beruhte auf der prinzipiellen Gleichberechtigung aller Bundesstaaten und enthielt keine Kreiseinteilung mehr. Metternich hatte damit eine ursprünglich von Stein organisierte Demarche der kleineren Fürsten aufgenommen, die sich Ende Oktober gegen die Beratungen der Fünf gewandt hatten.

Metternich sicherte sich die grundsätzliche Zustimmung der bayerischen und anderer Regierungen, ließ den Plan aber zunächst liegen. Hierbei verfocht er weiter seine alte Idee, in Wien nur einen allgemeinen Rahmen einer Bundesverfassung zu beschließen und das nähere einer deutschen Konferenz zu überlassen. Nach außen hin wollte er damit den Einfluß auswärtiger Mächte ausschalten. In Wirklichkeit wollte er Preußen weiter isolieren. Geschickt schürte er das Mißtrauen gegen die preußischen Hegemonialpläne, wobei ihn Humboldt mit sehr ins Detail gehenden Entwürfen unfreiwillig unterstützte.

Die Nachricht von der Landung Napoleons in Südfrankreich gab Metternich die Möglichkeit, seine Absicht auszuführen. Es war klar, daß man unter der durch den beginnenden Feldzug diktierten Zeitnot keinen so detaillierten Verfassungsentwurf wie den von Humboldt mit mehr als 170 Paragraphen verabschieden konnte. Metternich legte daher im Mai 1815 den modifizierten Wessenberg-Entwurf vor. Während er Preußen mit der Behauptung gewann, man müsse die ehemaligen Rheinbundstaaten und insbesondere Bayern in einen Bund gezwungen haben, ehe der Feldzug entschieden sei, gewann er den von den Verhandlungen ferngehaltenen bayerischen Vertreter Graf Rechberg mit dem Argument, nur bei sofortigem Abschluß sei Preußen für eine so lockere Form des Bundes zu gewinnen. Nach einem Sieg über Napoleon werde man den kleineren Ländern eine sehr viel straffer organisierte Bundesakte aufzwingen. Trotzdem gelang es Graf Rechberg in letzter Minute, mit seinem gegen den Willen Montgelas erklärten Beitritt das Bundesgericht zu Fall zu bringen, gegen das man in München Sturm gelaufen war. Baden und Württemberg verweigerten die

Unterzeichnung. Sie traten später dem Bund bei, ohne damit irgendwelche Veränderungen zu erreichen. So unvollkommen die Bundesakte zunächst auch wirkte, mit ihr hatte sich das föderalistische Prinzip, das heißt die Gleichheit aller Gliedstaaten, durchgesetzt. Die Basis, auf der man sich am 8. Juni 1815 gefunden hatte, war denkbar schmal. Während Preußen in der Bundesakte eine erste Basis sah, die es auszubauen und zu entwickeln galt, sahen die süddeutschen Staaten in ihr das größtmögliche Zugeständnis, über das sie nie hinausgehen wollten. Dies mußte auf dem Bundestag zu erheblichen Schwierigkeiten führen. Tatsächlich sind die Jahre 1815–1820 voller innerer Spannungen, in denen sich auch das Schicksal der bis 1813 nur in Ansätzen verwirklichten Reformprogramme entschied.

5. Die Bundesakte und das Verfassungsproblem

Als am 8. Juni 1815 die Bundesakte endlich unter Dach und Fach war, spottete ein anonymes Flugblatt:

> "Wir deutschen Fürsten tun hier kund,
> daß wir nach langem Zweifelscheißen
> beschlossen haben einen Bund
> und soll der Bund der deutsche heißen".

Ähnlich wie die alte Reichsverfassung standen auch die ersten zehn Artikel der Bundesakte als Teil der Schlußakte des Wiener Kongresses vom 9. Juni 1815 unter der Garantie europäischer Mächte. Rußland, England, Frankreich, Schweden, Portugal und Spanien, zu denen noch die beiden deutschen Großmächte Österreich und Preußen kamen, waren durch die Unterzeichnung der Wiener Schlußakte automatisch Garanten der Bundesakte.

Nachdem Baden am 26. Juli und Württemberg am 1. September 1815 ihren Beitritt erklärt hatten, bestand der Bund aus 41 gleichberechtigten Gliedstaaten. Über Hannover war der König von England, über Holstein und Lauenburg der König von Dänemark und über Luxemburg der König der Niederlande mit dem Bund verbunden. Organ des Bundes war der Bundestag in Frankfurt. Er bestand aus einem engeren Rat, in dem die Probleme beraten wurden und in dem es elf Virilstimmen für die größeren und sechs Kuriatstimmen für die kleineren Länder gab. Abgestimmt wurde im Plenum, in dem die sechs Königreiche je vier, die anderen je nach Größe je drei, zwei oder eine – insgesamt 69 – Stimmen besaßen. In keinem Gremium verfügten die Großmächte oder die Königreiche über die Stimmenmehrheit. Sie mußten kraft ihrer Argumente die Bundesversammlung leiten. Den Vorsitz führte der österreichische Präsidialgesandte.

Die Bundesakte hat Zweck und Sinn des Bundes nur sehr kursorisch umrissen. Im Grunde waren die 18 Artikel der Bundesakte nur ein Provisorium, das, wie Metternich von Anfang an betont hatte, näherer Bestimmungen bedurfte, die als eine rein deutsche Angelegenheit nur von den Deutschen beraten und beschlossen werden sollten. Zu einer solchen engeren Fassung waren die süddeutschen Länder nicht bereit. So mußte es zunächst bei diesem sehr locker gefaßten Bund bleiben, der immerhin einige wichtige Grundtatsachen für die künftige Existenz Deutschlands regelte. Einmal war die Einheit Deutschlands im Gebietsumfang des alten Reiches gewahrt. Das war nach dem Auseinanderstreben und den sehr unterschiedlichen Entwicklungen in den einzelnen Staaten keine Selbstverständlichkeit. Zum anderen waren, auch wenn die innere Souveränität der Einzelstaaten respektiert blieb, doch einige Gemeinsamkeiten festgelegt. Der Artikel XIII sah in jedem Land eine landständische Verfassung vor. Wir werden sehen, wie wenig aussagekräftig dieser Artikel war. Innerhalb Deutschlands herrschte Freizügigkeit. Die Mediatisierten hatten zwar keinen Platz im Bundestag erhalten, doch waren ihnen Sonderrechte verbürgt. Sie sollten den regierenden Häusern ebenbürtig sein. Innerhalb der Länder, in denen sie wohnten, besaßen sie vom Bund garantierte Sonderrechte. Gemessen an den Hoffnungen, die in den Befreiungskriegen geweckt worden waren und mit denen viele die Beratungen in Wien begleitet hatten, war dies allerdings wenig.

Die Bundesakte war daher für alle, die mit nationalen Hoffnungen in die Befreiungskriege gegangen waren, eine herbe Enttäuschung. Nichts anderes als ein äußerer Rahmen war entstanden, in dem die Einzelstaaten einen breiten Raum für ihre eigene Entwicklung besaßen und der Bund kaum Einwirkungsmöglichkeiten auf die innere Entwicklung der Länder hatte. Insbesondere Steins Hoffnung, den "Despotismus der Napoleoniden" durch Verfassungen zu beschränken, war durch den ganz vage gehaltenen Artikel XIII "In allen Bundesstaaten werden landständische Verfassungen stattfinden" kaum Rechnung getragen.

So unbestimmt dieses Verfassungsversprechen auch war: Die Jahre 1815 bis 1820 sind angefüllt mit Versuchen, entweder dem Artikel XIII eine verbindliche Auslegung zu geben, oder durch den Erlaß einer Verfassung jeden Eingriff von außen abzuwehren und so die innere Souveränität zu wahren. Daneben lief eine intensive Verfassungsdiskussion, die sich in erster Linie um den Begriff "landständische Verfassung" rankte.

In dem neugegründeten Bund gab es sehr verschiedene Verfassungstraditionen. Die beiden Großmächte hatten ihren Aufstieg in die

europäische Politik über die Ausschaltung der Stände und den Absolutismus geschafft. Diesem Weg waren die Rheinbundstaaten nach
1806 gefolgt. Trotzdem hat es in Württemberg noch immer eine starke
ständische Tradition gegeben, die sich nach 1815 wortstark zu Wort
meldete. Auch in einigen norddeutschen Staaten gab es eine auf die
Wiedererweckung der Landstände ausgerichtete Tradition. In einigen
Ländern wie in Württemberg oder Lippe drangen die alten Stände auf
ihre Restitution und legten den Artikel XIII so aus, als gäbe er den alten Ständen, so sie sich bis 1806 erhalten hatten, das Recht des Neu-
beginns.

Dem stand das auf dem Prinzip der Gleichheit aufgebaute revolutionäre Verfassungsmodell gegenüber, dessen Vorbild nach 1815 jene
französische Charte war. Dieses Modell entsprach sehr viel besser der
durch die Reformen der Jahre 1806–1813 geschaffenen Situation. Der
Zar unterstrich seine Absicht, Repräsentativverfassungen zu favorisie-
ren, durch sein am 3. Mai 1815 den Polen gegebenes Versprechen, in
Polen eine nach französischem Vorbild gestaltete Verfassung zu erlassen.

In Österreich war die Lage durch die sehr unterschiedlichen Verhältnisse in den einzelnen Ländern besonders kompliziert. Den Tiro-
lern hatte Kaiser Franz 1813 eine Verfassung versprochen. Von den
neu zu Österreich gelangten Ländern hatten Oberitalien und Galizien
zur Zeit Napoleons Verfassungen besessen. Auch Metternich war sich
im klaren, daß der Artikel XIII der Bundesakte in irgendeiner Form
für die zum Bund gehörenden Länder Österreichs – das waren alle
ehemals dem Reich angehörenden Länder – erfüllt werden mußte.
Insbesondere erkannte er, daß diese Frage eine österreichische Initiative verlangte, wenn man nicht Gefahr laufen wollte, von der Entwicklung überrollt zu werden. Wie Friedrich Wilhelm III. war auch Kaiser
Franz ein absoluter Feind jeder geschriebenen Verfassung. Beide
glaubten, mit dem Festhalten am Absolutismus auch die Großmacht-
traditionen ihrer Staaten zu wahren. Hardenberg hatte Friedrich Wilhelm III. am 22. März 1815 zur Abgabe eines auf eine Repräsentativverfassung ausgerichteten Verfassungsversprechens überreden können. Metternich hingegen ist es nie gelungen, Kaiser Franz von einer
solchen Notwendigkeit zu überzeugen. Trotzdem ist Metternich nicht
untätig geblieben. Im Grunde genommen hat er mit seinem Bemühen,
den Gang der Verfassungsentwicklung dadurch in der Hand zu behalten, daß er die Bundesversammlung den Rahmen bestimmen lassen
wollte, innerhalb dessen die Länderverfassungen sich halten sollten,
die süddeutsche Verfassungsbewegung der Jahre 1818–1820 und
damit die erste Krise des Deutschen Bundes ausgelöst, an deren Ende
die eingehende Ergänzung der Bundesakte in den Beschlüssen der
Wiener Ministerialkonferenzen 1820 steht.

Schon vor der Unterzeichnung der Bundesakte hatten in München und Stuttgart Verfassungsberatungen begonnen. Man wollte dort durch die rasche Verabschiedung einer Verfassung dem insbesondere in den preußischen Ausarbeitungen für eine deutsche Verfassung erkennbaren Trend zu einer vom Bund garantierten Einheitsverfassung für alle Länder zuvorkommen. Die Verfassungsbestrebungen standen daher in einem engen Zusammenhang mit dem Willen, die innere Souveränität zu wahren und jede Einmischung von außen abzuwehren. Als sich in Wien das Scheitern der preußischen Pläne abzeichnete, versandeten auch die Verfassungsberatungen in München und Stuttgart. Der erste bayerische Verfassungsentwurf wurde seit April 1815 nicht mehr weiter diskutiert. In Württemberg scheiterte König Friedrich mit seinen Plänen einer nach dem Vorbild der Charte gestalteten Verfassung. Der von ihm einberufene Landtag verlangte die Wiedereinrichtung der alten Landstände. Friedrich löste ihn daher am 26. Juli 1815 auf. Ihm war klar, daß die von ihm in den Jahren nach 1806 durchgeführten Reformen mit einer altständischen Verfassung nicht zu vereinbaren waren. Auch der am 13. November 1815 wiedereinberufene Landtag hatte kein anderes Resultat, weil er erneut auf den altständischen Einrichtungen beharrte und das von Friedrich vorgeschlagene Zweikammersystem verwarf. Auch hier kamen die Verhandlungen ins Stokken.

6. Das Verfassungsproblem und die Anfänge des Deutschen Bundestages

Es war auch Metternich klar, daß das vage Verfassungsversprechen des Artikels XIII einigen Zündstoff bot. Zar Alexander hatte mit seiner polnischen Verfassung vom November 1815 unmißverständlich zu erkennen gegeben, daß er an seinen in Paris entwickelten Vorstellungen festhalten wollte. War schon die französische Charte für Metternich ein ärgerliches Vorbild für die nach Frankreich ausgerichteten süddeutschen Staaten, so stand zu befürchten, daß die verwandtschaftlichen Bande des Zaren nach Stuttgart und Karlsruhe dort vorhandene Bestrebungen für eine Repräsentativverfassung noch verstärken würden. Daran änderte auch die im letzten Moment auf dem Wiener Kongreß von Alexander vorgeschlagene "Heilige Allianz" wenig. Nach den Vorstellungen des Zaren sollte die christliche Religion das Verbindende im Verhältnis der Fürsten und Völker sein, die in ihrem Verhalten zueinander in einer gegenseitigen Verantwortung stehen sollten. Metternich war von diesem Moment an endgültig überzeugt, daß der Zar nicht ganz richtig im Kopf war. Er änderte den Vertragstext so um, daß er sich, vom Zaren unbemerkt, in sein Gegenteil verwandelte. Aus der vom Zaren vorgesehenen Solidarität der Heere und Völker wurde eine der drei Monarchen, die sich zu den Heeren und Völkern wie Familienväter verhielten. Der Passus über die Beteiligung der Völker in Repräsentativverfassungen, durch den ein Wiederaufleben der alten Kabinettspolitik unmöglich gemacht werden sollte, war zu des Zaren Ärger ganz gefallen. So wenig Bedeutung die Heilige Allianz auch hatte, ihre ursprüngliche Fassung, die Tatsache der polnischen Verfassungen und die uns aus russischen Archiven bekannte Korrespondenz mit den süddeutschen Staaten zeigen, daß der Zar bis 1818/1819 an seiner Idee festhielt, Repräsentativverfassungen in allen Ländern einzuführen. Seine erstmals in Aachen 1818 ausgesprochenen Warnungen vor revolutionären Umtrieben richteten sich nicht, wie seine Korrespondenz mit den süddeutschen Staaten zeigt, gegen die Einführung von Repräsentativverfassungen.

Das war lediglich die Deutung, die Metternich den Warnungen des Zaren auf dem Kongreß von Aachen unterschob. Alexander ging es damals darum, die Fürsten vor einem Festhalten am Absolutismus zu warnen, von dem er annahm, daß es die revolutionären Strömungen begünstigen würde. Der Einfluß des von Metternich ohnehin gefürchteten russischen Kolosses war für diesen ein Grund mehr, die Verfassungsfrage nicht aus den Augen zu lassen. Zwar waren auch, wie im Königreich Hannover am 5. Dezember 1814, einige alte ständische Verfassungen wieder erneuert worden, aber nicht zuletzt die öffentliche Meinung forderte 1815/16 Repräsentativverfassungen. Auch Metternich war sich im klaren, daß mit den alten Geburtsständen nicht weit zu kommen war. Insbesondere aber lehnte er Zentralparlamente ab. Er wollte nur in den Provinzen Stände zulassen. Sein erster Versuch, in der Verfassungsfrage etwas zu tun, war die am 24. April 1815 erlassene Verfassung für das lombardo-venezianische Königreich. In Venedig und Mailand wurden Zentralkongregationen eingerichtet, die aus je gleich viel adligen und nichtadligen Grundbesitzern und Vertretern der Städte bestanden. Der Kaiser wählte die Abgeordneten aus Dreiervorschlägen aus, die aus Wahlen in den Provinzen hervorgegangen waren. In Tirol und Galizien wurden 1816 die alten geburtsständischen Landstände wiedererweckt. Metternichs Bestrebungen gingen nun dahin, der Errichtung von Provinzialständen durch einen föderalistischen Aufbau Österreichs einen logischen Abschluß zu geben. Gleichzeitig sollten die nationalen Bestrebungen der Völker der Donaumonarchie in diesem Föderalismus ein Betätigungsfeld finden. Seinen Plan versuchte er vergeblich dem Kaiser im Oktober 1817 durch das Argument näherzubringen, der josephinische Zentralismus werde notwendig eines Tages "Die Idee einer Centralrepräsentation (so widersinnig dieselbe an und für sich unter den gegebenen Umständen auch immer sein möchte) zur Sprache bringen".

Kam Metternichs Idee einer föderalistischen Lösung durch, so konnte Österreich in der Verfassungsfrage mithalten. Es war dann ziemlich gleichgültig, nach welchem Prinzip die Provinzialstände gewählt wurden. Wichtig war, daß die Gesamtinteressen der Monarchie nach den Vorstellungen Metternichs in einem vom Fürsten ernannten Staatsrat beraten wurden, der gleichzeitig als Ersatz eines Zentralparlamentes gedacht war. Dieses Modell konnte auch auf den Bund übertragen werden, ja, es konnte sogar zum verbindlichen Vorbild für die Erfüllung des Artikels XIII in allen Bundesländern werden. Metternich rechnete bei seiner Idee mit der Bequemlichkeit der Fürsten, denen das napoleonische Vorbild eines Staatsrats als oberster beratender Behörde mehr einleuchten würde als ein gefürchtetes Parlament.

Zunächst schien die Entwicklung Metternichs Erwartungen zu entsprechen. Der Deutsche Bundestag war kaum im Oktober 1816 eröffnet, als er sich wegen der von Sachsen-Weimar nachgesuchten Garantie seiner am 3. Mai 1816 erlassenen Verfassung mit der Verfassungsfrage befaßte. Das Problem wäre wahrscheinlich nicht so hochgespielt worden, hätte Bayern nicht dem Bund die Kompetenz bestritten, Verfassungsgarantien auszusprechen. So kam es zu einer eingehenden und grundsätzlichen Debatte um die der Bundesversammlung zustehenden Kompetenzen. Der österreichische Direktorialgesandte Graf Buol vertrat dabei die Ansicht, der Artikel XIII gäbe der Bundesversammlung das Recht nachzuforschen, ob in den einzelnen Ländern Verfassungen in Kraft wären und ob den Untertanen die Rechte eingeräumt würden, "die aus der Natur und dem Begriff der landständischen Verfassung von selbst hervorgehen". Er meinte das Budgetrecht und das Gesetzgebungsrecht. Eine weitere Diskussion ergab sich durch den Antrag der 1806 aufgehobenen lippischen Stände, der Bundestag möge der Fürstin Pauline den Erlaß einer Repräsentativverfassung verbieten und kraft Artikel XIII die alten Stände wieder aufleben lassen. Das vermied der Bundestag jedoch. Aber im Juni 1817 erklärte sich der Bundestag in einer vorläufigen Kompetenzerklärung dafür zuständig, "darauf zu achten, daß die im Artikel XIII der deutschen Bundesakte den einzelnen Staaten zur Ausführung vorgeschriebenen landständischen Verfassungen in Erfüllung gebracht würden".

Die Verfassungsfrage wurde durch den neuen württembergischen Gesandten von Wangenheim nach der Wiedereröffnung des Bundestags im Herbst 1817 weiter vorangetrieben, der von seinem König den Auftrag hatte, in Frankfurt darauf zu drängen, daß eine für alle Länder verbindliche Verfassung erlassen würde. Auf diese Art hoffte Württemberg, aus seinen Schwierigkeiten mit der altständischen Fronde herauszukommen. Ausgerechnet von Mecklenburg, das seine altständische Verfassung erneuert hatte, ging am 22. Dezember 1817 der Antrag aus, alle Regierungen sollten innerhalb von acht Wochen verbindlich mitteilen, wie weit sie mit der Erfüllung des Artikels XIII wären. Es war klar: Die Debatte konnte nun nicht mehr abgewürgt werden. Auch Metternich wußte das. Er verwies auf die in Tirol und Galizien wiedereingeführten Stände. "Es ist nicht genug, daß die Sache geschehe", schrieb er dem österreichischen Präsidialgesandten Graf Buol, "sie müsse auch gut geschehen, wofür man sorgen müsse. S. M. der Kaiser kann nicht anders, als bedauern, daß das Jahr 1818 eintreten werde ohne daß der Artikel XIII in sämtlichen Staaten erfüllt ist."

Allerdings dachte er nicht an Repräsentativverfassungen. An der Jahreswende 1817/1818 entwickelte er eine fieberhafte Tätigkeit, um Preußen, Bayern und Württemberg seine Ideen einer Verfassung schmackhaft zu machen. Seine Vorstellungen gingen von der Tatsache aus, daß in Preußen, Bayern und Württemberg im Laufe des Jahres 1817 je ein Staatsrat nach napoleonischem Vorbild gebildet worden war. Dieser vom König ernannte Staatsrat war das oberste beratende Gremium. Er beriet die Gesetze, beaufsichtigte die Minister und beschloß das Budget. Metternich schlug nun den drei Regierungen vor, Ständeversammlungen nur in der Provinz zu bilden, wobei es ihm gleichgültig war, ob diese gewählt oder nach altständischen Prinzipien zusammengesetzt waren. Das oberste beratende Gremium sollte der eben erst gebildete Staatsrat sein, der durch je einen Vertreter aus den Provinzständen ergänzt werden und so ein Zentralparlament ersetzen sollte.

Diese Idee war an sich nicht schlecht. Preußen ist, wie wir sehen werden, diesen Weg auch gegangen. Für Bayern aber war es das Signal, eigene Wege zu gehen. Zwar hatte man in München nach der Entlassung Montgelas' (2. Februar 1817) tatsächlich einen Staatsrat nach Metternichs Vorstellungen gebildet. Die Idee jedoch, von Frankfurt eine Verfassung vorgeschrieben zu bekommen, die sich am altständischen Modell ausrichtete, brachte in München die liberalen Kräfte zum Durchbruch. Man war sich im klaren, daß der Staatsaufbau, wie er seit 1806 durchgeführt worden war, durch eine altständische Verfassung in wichtigen Fragen zerstört werden würde. Man entschloß sich daher am 16. Februar 1818, die Beratungen für eine Verfassung nach dem Vorbild der französischen Charte wieder aufzunehmen. Denselben Entschluß faßte Hardenberg. Auch er wollte die Bundestagsdebatte zum Anlaß nehmen, um in Preußen eine Repräsentativverfassung einzuführen. Er scheiterte jedoch am Einspruch des Königs. Etwa gleichzeitig mit den bayerischen Verfassungsberatungen begann man auch in Karlsruhe an einer Verfassung zu arbeiten. Man wurde in diesen Bemühungen, die man nach außen strikt geheimhielt, vom Zaren ermuntert. Die Beratungen wurden in einem sehr kurzen Zeitraum zu Ende geführt.

Der bayerischen Verfassung vom 26. Mai 1818 folgte am 22. August die badische. Metternich, für den die Entwicklung völlig überraschend kam, beschuldigte die bayerische Regierung, "sich nun der verruchtesten aller Parteien in Deutschland bedienen zu wollen". Aber er konnte nichts machen. Er mußte zusehen, wie Zar Alexander nach Interventionen in München und Karlsruhe nun insbesondere bei seinem Neffen in Stuttgart auf den Erlaß einer Repräsentativverfassung drang. Am 25. Mai 1818, einen Tag vor dem Erlaß der bayerischen Verfassung, hatte sich der Bundestag für unzuständig erklärt, "allgemeine Grundsätze für die Errichtung von Landständen und über den Zeitpunkt der Einführung landständischer Verfassungen" aufzustellen. Von Frankfurt her war aber die Verfassungsbewegung nicht mehr aufzuhalten.

Damit trat aber eine für Österreich äußerst bedrohliche Entwicklung ein. Griff die Idee von Repräsentativverfassungen um sich und schloß sich ihr insbesondere Preußen an, so mußte der Zeitpunkt kommen, an dem sich Österreich, wie Metternich im Sommer 1818 bei seinem Aufenthalt in Rom mehreren Personen gegenüber betonte, "entweder auf Zeit oder auf immer vom Bund trennen mußte". Hier konnte Österreich nicht folgen, ja, es mußte in seinem Bestand von einer Verfassungsbewegung bedroht werden, die sich nur allzu leicht mit dem nationalen Gedanken verbinden konnte.

Andrerseits aber schien eine Repräsentativverfassung der gegebene Abschluß der Reformbewegungen in Preußen und den Rheinbundstaaten zu sein. Ohne eine solche Verfassung mußten die Reformen in einem bürokratischen Absolutismus erstarren, unter dem sicher qualitativ besser als im Aufgeklärten Absolutismus regiert wurde, in dem aber die Freiheit des Einzelnen keinen Stellenwert besaß.

So entstanden in Deutschland drei Verfassungsmodelle. Entweder schloß man die Reformen mit einer modernen Verfassung ab, wie dies in Bayern, Baden, Württemberg oder Hessen-Darmstadt geschah. Oder man hielt sich an Metternichs Idee, wie er sie Bayern, Württemberg und im Januar 1818 dem preußischen Staatsrat von Jordan vorgetragen hatte, und ließ die Reformen in einem bürokratischen Gremium, dem Staatsrat, kulminieren. Das dritte Modell war Österreich. Da hier die Reformen Stadions nicht weiter verfolgt worden waren, bestand objektiv keine Notwendigkeit, den Absolutismus aufzugeben. Mit seinen altständischen Verfassungen in Tirol und Galizien bot es ein Vorbild für all diejenigen Fürsten, denen eine moderne Verfassung unheimlich war. Das österreichische Modell wurde für diese Fürsten um so attraktiver, je unruhiger sich die gewählten Landtage erwiesen.

Noch glaubte man im liberalen Lager an die Attraktivität der Repräsentativverfassungen. Insbesondere der bayerische Gesandte am Bundestag von Aretin war davon überzeugt, daß die bayerische Verfassung eine Propagandawirkung haben würde. Er schloß sich mit dem württembergischen Gesandten von Wangenheim und dem kurhessischen von Lepel zusammen, der über eine geschickte Politik seinen Herrn zwingen wollte, die für Kurhessen bereits entworfene Repräsentativverfassung von 1815 auch in Kraft zu setzen. Die drei bildeten in Frankfurt eine eigene Partei, die eine Politik der sogenannten "reindeutschen Staaten" konzipierten, die sich zum Teil erheblich von der Politik ihrer Regierungen unterschied. Sie brachten es dahin, daß die von Österreich und Preußen 1818 vorgelegte Militärverfassung des Bundes keine Mehrheit fand. Die Bundesversammlung lief, wie Metternich verärgert feststellte, aus dem Ruder. So, wie die Dinge lagen, blieb ihm gar nichts anderes übrig, als abzuwarten.

Die Entscheidung über die künftige Verfassungsentwicklung lag in Preußen. Wurde dort eine Repräsentativverfassung – wie der König mehrfach versprochen hatte – eingeführt, so war Österreich mit seinem altständischen Modell isoliert. Die Lage Metternichs war um so prekärer, als es ihm nicht einmal gelang, sein eigenes Modell von Provinzialverfassungen mit einem Staatsrat als oberstem beratendem Gremium in Österreich zu verwirklichen. Um hier den Widerstand des Kaisers zu überwinden, hätte er einen Beschluß der Bundesversammlung gebraucht. Der Beschluß des Bundestags, sich in dieser Frage als nicht kompetent zu erklären, zerstörte auch diese Hoffnung. Österreich hielt an seinem überkommenen Absolutismus fest und blockierte damit die Verfassungsentwicklung in Deutschland.

7. Die Verfassungsentwicklung in Preußen

Bei der künftigen Entwicklung Deutschlands kam Preußen in mehr als einer Hinsicht eine Schlüsselfunktion zu: Von hier hatten die Befreiungskriege ihre Impulse erhalten. Die preußische Armee hatte ihren Ruhm gefestigt und erschien vielen als der eigentliche Sieger. In einem allgemein beachteten Reformprogramm war aus dem Zwangsstaat Preußen ein moderner Staat geworden, in dem die freiheitlichen Gefühle der Untertanen im Rausch der Befreiungskriege ganz Deutschland mitgerissen hatten.

Andererseits hatte nicht das Reformpreußen, sondern das zu Reformen entschlossene Preußen den Sieg erfochten. Die bis 1813 in Angriff genommenen Reformen waren mehr ein Versprechen an die Zukunft als eine Tatsache. Nicht eine durch die Reformen gewandelte

Armee, sondern die alte, von adeligen Offizieren geführte Armee hatte den Sieg erfochten. Nur ihre Taktik hatte sich geändert. Yorck und Blücher waren keine Reformer.

Zwar hatte Hardenberg den König am 22. Mai 1815 in Wien dazu gebracht, ein Verfassungsversprechen abzugeben, das eindeutig auf eine Repräsentativverfassung hinwies. Der Widerwille des Königs dagegen war aber allgemein bekannt. Er konnte sich auf starke Kräfte im Adel stützen, der nicht, wie in Süddeutschland, seinen Einfluß eingebüßt hatte, sondern der durch seine Opferbereitschaft auch wesentlich zum Sieg beigetragen hatte. Was sich in der von Hardenberg einberufenen Notabelnversammlung 1811 bereits angekündigt hatte, wiederholte sich 1814: Die Beteiligung der politisch interessierten Oberschichten kam nicht wie in Süddeutschland den Reformbestrebungen zugute oder drängte auf politische Beteiligung im Sinn einer Repräsentativverfassung, sondern bildete im Gegenteil ein starkes antireformerisches Element. Insbesondere der Adel, und hier wieder besonders der ostpreußische und schlesische Adel, also derjenige, der sich 1813 als erster für die Beteiligung am Krieg gegen Napoleon erklärt hatte, beharrte auf der Idee einer altständischen Vertretung. Er wollte damit im Geist des Allgemeinen Preußischen Landrechts einer Entwicklung steuern, die auf absolutistischem Weg das Land ohne Rücksicht auf die alten, im Landrecht verbrieften Rechte des Adels im, wie der Adel glaubte, jakobinischen Sinn verändern wollte.

Dazu kam noch etwas anderes. Nach dem Sieg über Napoleon bestanden objektiv für ein grundlegendes Reformprogramm keine zwingenden Notwendigkeiten mehr. Die alte Armee hatte gesiegt, der alte Adel hatte im Feld sein Können und seine Opferbereitschaft unter Beweis gestellt. Weder die Landwehr noch die Freikorps hatten eine entscheidende Rolle gespielt. Hardenberg mußte sich also gegen eine breitgestaffelte Opposition durchsetzen, wenn er an seiner Idee einer Repräsentativverfassung festhalten wollte. Auf seiner Seite standen im Grunde nur die Beamten. Absolut unumgänglich war hingegen die Verwaltungsreform, die daher in den Jahren 1815 bis 1817 die Diskussion beherrschte. Aus einem traditionsmäßig geschlossenen Territorium war Preußen 1815 ein Staat mit sehr heterogenen Gebieten geworden. Die Provinz Sachsen und die zwei rheinischen Provinzen, die zehn Jahre lang unter französischer Verwaltung gestanden hatten und in vielem der Antipode der ostelbischen Provinzen wurden, waren dazugekommen. Zwar nicht in dem Ausmaß wie im Vielvölkerstaat Österreich, aber doch in erheblichem Umfang mußte auf die Sonderentwicklungen in den einzelnen Provinzen Rücksicht genommen werden. Ein zentralistischer Einheitsstaat verbot sich daher von selbst. Reinhart Koselleck hat in seinem Buch "Preußen zwischen Reform und Restauration" den Prozeß dargestellt, in dem die preußische Beamtenschaft unmerklich zum Staat selber wurde. Sie wurde es nicht nur, weil sie das bestausgebildete Gremium war, sondern weil Hardenberg durch den hinhaltenden Widerstand König Friedrich Wilhelms III. immer mehr gezwungen war, Funktionen in die Verwaltung einzubauen, die in einem modernen Staat normalerweise von den Verfassungsorganen wahrgenommen werden. In einem modernen Staat wird die Verwaltung durch das Volk kontrolliert. In Preußen kontrollierte sich die Verwaltung in einem sehr komplizierten System selbst.

Die Grundlage hierbei bildete das vom altpreußischen System übernommene kollegiale Prinzip. Damit war in die Provinzialverwaltungen ein Element der Selbstkontrolle eingebaut, das ihnen auch gegenüber ihren vorgesetzten Dienststellen, wie dem Innenministerium, ein erhebliches Maß an Selbständigkeit verlieh.

Der zweite wesentliche Faktor war das neugeschaffene Amt des Oberpräsidenten. Er stand nicht in der Hierarchie der Verwaltung, sondern war ein unabhängig von ihr eingerichtetes Kontrollorgan, das sowohl die Interessen der Krone, als auch die Interessen der Bevölkerung gegenüber der Verwaltung vertrat. Auf diese Weise waren wichtige Funktionen eines Parlaments innerhalb der staatlichen Bürokratie verankert.

Für Hardenberg war das zunächst eine Notlösung. Mit der Begründung des Staatsrats am 20. März 1817 erhielt diese Lösung überdies eine Spitze. In diesem obersten Gremium wurden Gesetze beraten und der Etat verabschiedet, das heißt, ihm waren Aufgaben übertragen, die eigentlich einem Parlament zustanden. Kollegial organisiert, mußten sich auch die Minister vor ihm verantworten. Beschwerden der Untertanen gegen Beamtenwillkür konnten hier vorgetragen werden. Der Staatsaufbau erhielt mit dem Staatsrat einen logischen Abschluß. Insbesondere aber erhielt, wenn auch unbeabsichtigt, der königliche Absolutismus eine neue Chance.

Für einen Herrscher waren bei der Erweiterung der Aufgaben des Staates die Verhältnisse so kompliziert geworden, daß sich ein absolutistisches Regime à la Friedrich dem Großen von selbst verbot. Mit dem Staatsrat und den Oberpräsidenten, die vom König ernannt wurden, erhielt er die Möglichkeit einer von der Regierung unabhängigen Beratung, die ihn instandsetzte, Regierung und Verwaltung zu kontrollieren. Dies geschah, auch wenn die Oberpräsidenten nicht, wie ursprünglich vorgesehen, direkten Vortrag beim König hatten. Was Friedrich mit seinem abstoßenden und von beleidigendem Mißtrauen geprägten Despotismus geschafft hatte, geschah nun in den zivilen Formen einer fachmännischen Beratung. Auch von daher wurde ein Parlament immer überflüssiger, das für Friedrich Wilhelm III. ohnehin wenig Verführerisches besaß. Dazu kam, daß sich der Staatsrat durch seinen sachbezogenen Beratungsstil als eine höchst effektive Einrichtung ebenso hervorragend bewährte wie der Oberpräsident. Trotzdem hat Hardenberg an seiner Absicht unbeirrt festgehalten, eine Repräsentativverfassung einzurichten. Der Staatsrat erhielt als wichtigste Aufgabe die Ausarbeitung einer Verfassung sowie einer Steuerordnung und einer Finanzverfassung übertragen. Die beiden letzten Probleme wurden in Angriff genommen, die Frage der Verfassung stagnierte. In der von Mecklenburg ausgelösten Bundestagsdebatte, die in Bayern den Anstoß zur Inangriffnahme der Verfassung gegeben hatte, ließ Hardenberg Anfang Februar 1818 erklären, Preußen werde nach Beendigung der Verwaltungsreform zügig die Verfassungsfrage in Angriff nehmen. Friedrich Wilhelm III. war über die ohne Rückfrage bei ihm abgegebene Erklärung empört. Von Hardenberg eingeleitete Befragungen ergaben, daß die östlichen Provinzen ebenso energisch auf der Wiedererweckung der alten Stände beharrten, wie die westlichen Provinzen eine Repräsentativverfassung forderten.

1819 wurde Humboldt zum Verfassungsminister ernannt. Obwohl beide sehr ähnliche Pläne vertraten, kam es zu einer harten Rivalität mit Hardenberg, der Humboldt schließlich weichen mußte. Humboldt hatte neben die Verwaltung direkt gewählte Gremien setzen wollen, die von den Stadt- und Provinzparlamenten zur Nationalrepräsentation aufsteigen sollten. Auf diese Weise sollte der Bürger am Staat beteiligt werden. Es war Hardenberg klar, daß bei diesem Aufbau die Verwaltungsorganisation geändert werden mußte. Insbesondere aber zeigte sich jetzt, daß man am Adel nicht vorbeikam. War die Diskussion bis 1813 sozusagen hinter verschlossenen Türen erfolgt, so beteiligte sich nun eine breite Öffentlichkeit. Hierbei zeigte sich, daß es dem Adel bei seinen ständigen Hinweisen auf die versprochene Verfassung nicht um die Errichtung gewählter Parlamente ging, sondern daß er in einem ständisch gegliederten Landtag ein Bollwerk gegen weitere Reformen gewinnen wollte. Insbesondere als 1820 die Steuer- und Finanzreform für den Adel erhebliche Mehrbelastungen brachte, war diese Tendenz unverkennbar. Er appellierte an die künftige Verfassung gegen die Willkür der Reformer. Aber auch die Anhänger der Repräsentativverfassung brachten Hardenberg in größte Verlegenheit. Mit ihren Forderungen verschreckten sie den König, der ohnehin nur ungern Hardenbergs Initiativen sah. Noch einmal, am 17. Januar 1820, bei der Regelung der Staatsschulden, wurde ein Erlaß einer Verfassung in Aussicht gestellt. "Wir hoffen", hieß es da, "dadurch und durch die von uns beabsichtigte künftige Unterordnung dieser Angelegenheit unter die Reichsstände, das Vertrauen zum Staat und zu seiner Verwaltung zu befestigen".

Im Hinblick auf die sich auftürmenden Schwierigkeiten kam Hardenberg im Herbst 1818 auf die ihm von Metternich im Januar nahegebrachte Idee zurück, nur Provinziallandstände zu begründen und den Staatsrat durch Aufnahme von Vertretern aus den Provinzialständen zu einem Ersatz der Nationalrepräsentation zu machen. Der Kronprinz, dem er diesen Gedanken vortrug, und der ein noch härterer Gegner einer Verfassung als der König war, nannte diesen Gedanken ein Surrogat, das schlimmer sei als "Zichorien und Runkelrüben".

Die Verfassungsfrage blieb in Preußen in der Schwebe. Das gab Metternich die Chance, die Initiative wieder an sich zu reißen. Allerdings mußte er abwarten, bis Ereignisse eintraten, die ihm als Belege für seine Warnungen dienen konnten, die Repräsentativverfassungen stellten eine Bedrohung des monarchischen Prinzips dar.

8. Die süddeutsche Verfassungsbewegung

Während in Preußen der föderalistische, kollegial organisierte Aufbau der Verwaltung schon 1817 eine Repräsentativverfassung überflüssig zu machen drohte, lagen in Süddeutschland die Verhältnisse anders. Hier hatte man auch nach 1815 an dem streng zentralistisch-bürokratischen Aufbau der Verwaltung nach französischem Vorbild festgehalten. Der Adel hat weder vor noch nach 1815 bei den Reformen eine besondere Rolle gespielt. Das Prinzip der Gleichheit aller, das eines der wichtigsten Ergebnisse der Reformen in Süddeutschland nach 1806 war, bestimmte den Staatsaufbau. Daher wäre in Süddeutschland die Wiedererrichtung der alten Stände mit der Zurücknahme der wichtigsten Reformen identisch gewesen. Metternichs Vorschlag eines erweiterten Staatsrates aber hätte innerhalb der Staaten einen starken Föderalismus verlangt: Schon in Preußen hatte es Bedenken wegen der zentripetalen Kräfte in den Provinzen gegeben, die durch die Provinziallandstände noch verstärkt wurden. In Bayern und Württemberg hätte dies zu einer völligen Veränderung des nach französischem Vorbild streng zentralistischen Staatsaufbaus führen müssen.

Allerdings war man im Sommer 1817 in München unabhängig von Metternich der Staatsratslösung sehr nahe gekommen. Unmittelbar nach Montgelas Sturz hatten die höheren Ministerialbeamten Verordnungen erwirkt, die den Staatsrat zum obersten beratenden Gremium machten, vor dem sich sogar die Minister verantworten mußten. Bis zum Frühjahr 1818 war offen, welchen Weg die süddeutschen Staaten gehen würden. Die Staatsratslösung war sicher die bequemere. Andererseits bot sich eine der Charte nachempfundene Repräsentativverfassung aus mehreren Gründen an. Im Gegensatz zu Preußen war es in Süddeutschland nach 1815 zu keinen so tiefgreifenden territorialen Veränderungen gekommen. Zwar hatte Bayern, Salzburg und Tirol abgeben müssen und war mit Würzburg, Aschaffenburg und der linksrheinischen Pfalz entschädigt worden. Der bürokratisch-zentralistische Staatsaufbau blieb aber in den vier süddeutschen Staaten Bayern, Baden, Württemberg und Hessen-Darmstadt unverändert erhalten. Insbesondere gab es in der Verwaltung keinen Gegensatz zu den links des Rheins neu gewonnenen Gebieten. In Umkehrung der preußischen Entwicklung kann man sagen, daß der bürokratisch-zentralistische Staatsaufbau der süddeutschen Staaten eine Repräsentativverfassung geradezu bedingte, wenn man nicht in einen bürokratischen Absolutismus verfallen wollte. In Baden, Hessen-Darmstadt, aber auch in Württemberg, mehrten sich die Stimmen, die gegen das Beamtenregiment protestierten. Ein zweites wichtiges Argument war die sehr unterschiedliche Zusammensetzung der neuen Staaten. Oft machten die Stammländer, die dem Staat den Namen gaben, weniger als ein Drittel des Territoriums aus. Es gab keine moderne Staatstradition wie in Österreich und Preußen. Eine zentrale Volksvertretung konnte den Staat neu zusammenfassen, was durch eine noch so gute Verwaltung nicht zu erreichen war.

Dies galt insbesondere für Baden, das in diesen Jahren um seinen territorialen Bestand zu bangen hatte. Die Ehe des zur Thronfolge berufenen Enkels des ersten Großherzogs Karl Friedrich, Karl, mit Stephanie Beauharnais, der Stieftochter Napoleons, war ohne Erben geblieben. Die Thronfolge ging schließlich auf die Nachkommen der nicht ebenbürtigen zweiten Gemahlin Karl Friedrichs, der Gräfin Hochberg, über. Bayern, das auf die an Baden gefallenen alten pfälzischen Stammlande um Heidelberg und Mannheim Ansprüche erhob, erkannte die Erbfolge in Baden nicht an. Unter diesen Umständen war eine Verfassung doppelt wichtig.

Aus demselben Grund wollte man in München möglichst früh mit einer Verfassung herauskommen, zumal man in Karlsruhe im Oktober 1817 in einem badischen Hausgesetz das Erbfolgerecht der Hochbergischen Linie festgelegt hatte. In München kam noch ein zweiter Grund hinzu. Während man in Stuttgart und Karlsruhe auf Richtlinien des Bundestags wartete, wollte man sich in München unter keinen Umständen solchen Vorschriften beugen. Wie schon 1808 bei Napoleon, war zehn Jahre später die Gefahr, sich irgendwelchen Rahmenbedingungen anpassen zu müssen, der eigentliche Anlaß zu einer raschen Verfassungsberatung. Man sah die Verfassung als Krönung der inneren Souveränität an. Die Münchner Verhandlungen, in die der russische Gesandte eingeweiht war, gingen mit so großer Geheimhaltung vor sich, daß man in Wien, Stuttgart und Karlsruhe nur gerüchteweise von den Beratungen gehört hatte, als sie am 26. Mai 1818 bereits vorgelegt wurde.

Die bayerische Verfassung wurde vom König wie die französische aus freien Stücken erlassen. Sie war auf einem Zweikammersystem aufgebaut. Alle Rechte, die der König in der Verfassung nicht abgetreten hatte, verblieben ihm. Das monarchische Prinzip blieb voll erhalten.

Die badische Verfassung vom 22. August 1818 bestätigte zunächst die Unteilbarkeit des Landes und die Gültigkeit des Hausgesetzes. unmittelbar nach dem Erlaß der badischen Verfassung bestätigten die Großmächte auf dem Aachener Kongreß (September/Oktober 1818) das Erbrecht der Hochheimer Linie und wiesen die Ansprüche Bayerns auf die rechtsrheinische Pfalz zurück. Das Land war somit in seinem Umfang klar bestimmt.

Sehr viel schwieriger gestalteten sich die Verfassungsberatungen in Württemberg, wo König Friedrich eine starke altständische Fronde unter dem Grafen Waldeck gegenüberstand. Trotz mehrerer Versuche kam König Friedrich mit seinen Plänen einer auf zwei Kammern beruhenden Repräsentativverfassung nicht durch. Nach seinem Tod am 30. Oktober 1816 kam auch König Wilhelm I. zunächst nicht weiter. Weder mit einem von ihm berufenen Landtag noch mit einem Plebiszit, dem ersten in Deutschland, kam er seinem Ziel näher. Erst, als er sich mit den altständisch Gesinnten geeinigt hatte, gelangte er mit einem gewählten Landtag, der am 13. Juli 1819 in Ludwigsburg zusammentrat, ans Ziel. Die neue, am 24. September 1819 vom König unterzeichnete Verfassung war die erste vertragsmäßig mit einer Ständeversammlung ausgehandelte überhaupt.

Die hessen-darmstädtische Verfassung von 1820 war ein Kompromiß. Die am 18. März oktroyierte Verfassung stieß auf heftigen Widerstand. Die Regierung wich zurück und veränderte einzelne Artikel in Verhandlungen mit den Volksvertretern. Am 17. Dezember 1820 wurde sie dann vom Großherzog erlassen.

Im Typ ähnelten sich die vier Verfassungen stark. Sie bestanden alle aus einer ersten Kammer, der die Prinzen des regierenden Hauses, die Mediatisierten und Vertreter des Adels als erbliche, die Vertreter der Kirchen und Universitäten und vom Fürsten ernannte Personen als persönliche Mitglieder angehörten. Die zweite Kammer wurde über ein Zensussystem indirekt gewählt. Die Vertreter der Bürger und Bauern hatten in Bayern, Württemberg und Hessen ein klares Übergewicht. In Baden bestand die zweite Kammer nur aus gewählten Vertretern des Bauern- und Bürgerstandes.

In diesen vier Ländern fanden die in der Rheinbundzeit durchgeführten Reformen in modernen Repräsentativverfassungen einen adäquaten Abschluß. Die Parlamente verfügten über das uneingeschränkte Budget- und Gesetzgebungsrecht. Sie besaßen zwar kein Recht der Gesetzesinitiative, doch gab ihnen das Petitionsrecht auch hier weitgehende Möglichkeiten. Die Verfassung konnte nur mit ihrer Zustimmung geändert werden. Nach dem Vorbild der nordamerikanischen und französischen Freiheitsgarantien enthielten die Verfassungen einen Katalog von Grundrechten, in dem die Bestimmungen über die Staatsangehörigkeit, die Gleichheit vor dem Gesetz, die Freiheit der Person und der Meinung und der Religionsausübung sowie über das Eigentum und den zu wählenden Beruf niedergelegt waren. Ebenso waren das Recht auf Freizügigkeit sowie die Bestimmungen über die Unabhängigkeit der Gerichte Bestandteil der Verfassung. Der hier ausgesprochene unbedingte Schutz des Privateigentums war eine wichtige Grundlage für die in Süddeutschland allerdings erst zögernd einsetzende industrielle Revolution.

In Süddeutschland war damit ein an westlichen Vorbildern orientierter Typ von Verfassung entstanden, der die Chance besaß, die Trennung von Staat und Gesellschaft zu überwinden. In den Landtagen traten die Vertreter des Volkes dem Herrscher und seiner Regierung gegenüber. Dies war im Grunde ein bürgerliches Ideal. Ein solches Bürgertum war aber in Süddeutschland ebensowenig wie in Preußen vorhanden. Es war bestenfalls im Entstehen. Das zeigte sich bei den ersten Landtagssessionen, in denen ein starkes Element fortschrittlicher Beamter Anstalten traf, die Reformen voranzutreiben. Insofern unterschied sich Süddeutschland nicht allzu sehr von Preußen. In beiden Gebieten ging die zu Reformen entschlossene Schicht nicht wesentlich über die Beamtenschicht hinaus. Sehr viel geringer als in Norddeutschland war in Süddeutschland dagegen die Adelsopposition. Der Adel hatte in den württembergischen Ständen nie eine Rolle gespielt. In den anderen Ländern war seine Macht seit der napoleonischen Zeit weitgehend gebrochen. Die besondere Stellung im Staat, die Friedrich ihm in Preußen eingeräumt hatte, hat er in Süddeutschland nie besessen. Insofern wird man sagen können, daß die Startchancen für das Bürgertum in Süddeutschland besser waren.

Der Artikel XIII in seiner unbestimmten Form deckte im Grunde von den landständischen Verfassungen bis zu den Repräsentativverfassungen alles bis auf den Absolutismus. An dieser Staatsform hielt aber Kaiser Franz, von einigen Provinzen abgesehen, unbeirrt fest. Daher kam Österreich mit der süddeutschen Verfassungsbewegung in eine heikle Lage. Die Situation war umso gefährlicher, als eine breite öffentliche Diskussion sich des Gegenstandes annahm. In ihr wurde sowohl das altständische Modell als auch das Ideal der Repräsentativverfassung in einer regen Flugschriftenliteratur vertreten. Carl Ludwig von Haller polemisierte etwa gegen das französische Modell von Repräsentativverfassungen. Ludwig Heinrich von Jakob trat für einen gewählten Landtag als Beratungsgremium des Fürsten ein. Insbesondere aber focht in Bayern in seiner Zeitschrift "Alemannia" Johann Christoph von Aretin, der Bruder des bayerischen Bundestagsgesandten, für eine freiheitliche Repräsentativverfassung. Von ihm erschien 1824 als erste zusammenfassende Darstellung der erste Band des "Staatsrecht der konstitutionellen Monarchie", das nach seinem Tod von Karl von Rotteck weitergeführt wurde. Auch der Freund von Gentz und spätere konservative Abgeordnete Friedrich Ancillon vertrat 1815 in seiner Schrift "Über Souveränität und Staatsverfassungen" die Meinung, die Abgeordneten in den Landtagen müßten gewählte Vertreter sein, die nicht eine Gegend oder einen Stand, sondern das ganze Volk vertreten würden.

9. Die Grundlegung der Restauration. Von den Karlsbader Beschlüssen zur Wiener Ministerialkonferenz

Auf dem Kongreß in Aachen (29.9.–21.11.1818) warnte Metternich eindringlich vor der Gefährdung der europäischen Ordnung durch das Aufkommen eines "revolutionären Geistes" in Europa. Zar Alexander, der als Protektor der konstitutionellen Bewegung galt, schloß sich diesen Warnungen an. In der in Aachen gegründeten Allianz gelang es dem österreichischen Staatskanzler darum, den Zaren auf eine Politik der Solidarität der Fürsten gegen die revolutionäre Bedrohung festzulegen. Die Frage blieb allerdings offen, was als revolutionäre Bewegung zu verstehen war.

Ein weiteres Moment, das Metternich in seinen Bemühungen, die Verfassungsbewegung abzustoppen, zur Hilfe kam, war der stürmische Verlauf der ersten Landtagssessionen in München und Karlsruhe. In wenigen Wochen gerieten Bayern und Baden in den Verdacht, durch "anarchistische Elemente verpestete Länder" zu sein, gegen die sich die deutschen Kabinette schützen müßten. Gleichzeitig beunruhigten politische Attentate Deutschland im Frühjahr 1819 und eröffneten Metternich die Möglichkeit, die Entwicklung wieder in die Hand zu bekommen. "Die gegenwärtige Geschichte", sagte Metternich zum bayerischen Gesandten nach dem Eintreffen der Nachricht von der Ermordung Kotzebues, "müssen wir besonders zu benutzen suchen". Wenige Tage später meinte er: "Die Handlungen des preußischen Kabinetts werden über das Schicksal der deutschen Regierungen entscheiden" und drohte erneut den Austritt Österreichs aus dem Bund an, wenn sich auch Preußen dem repräsentativen System ergäbe. Anlaß war die Tatsache, daß ausgerechnet zu diesem Zeitpunkt Hardenberg dem König seinen Verfassungsplan vorlegte. Danach sollten die Provinziallandstände das Zentralparlament wählen. Dieser Entwurf ähnelte in seinem Zweikammersystem den Verfassungen von Baden und Bayern, ist aber bei der zweiten Kammer sehr viel restriktiver. Auch in seinen Kompetenzen wäre der preußische Landtag hinter denen der süddeutschen Parlamente zurückgeblieben.

Metternich gelang es, den ohnehin zur Ablehnung entschlossenen Friedrich Wilhelm III. im Juli in Teplitz von der Gefährlichkeit des Projekts zu überzeugen. In der Teplitzer Punktation vom 1. August 1819 ist in Artikel 7 noch einmal der Metternichsche Plan enthalten, nur in den Provinzen Landstände einzuführen und "aus diesen einen Zentralausschuß von Landesrepräsentanten zu bilden". Damit war die Einigkeit der deutschen Großmächte wiederhergestellt. Die Gefahr, daß die süddeutsche Verfassungsbewegung auf ganz Deutschland übergreifen würde, war gebannt. Unter dem Eindruck der Ereignisse wären König Max I. von Bayern und einige seiner vor kurzem noch verfassungsbegeisterten Mitarbeiter auf der Karlsbader Konferenz (5.–31. August 1819) bereit gewesen, die bayerische Verfassung wieder zurückzunehmen.

Triumphierend schrieb Metternich nach der Eröffnung der Konferenz: "Sie [gemeint sind Bayern und Baden] suchen in Bußgewändern Hilfe bei dem Hof, welchen sie täglich beleidigt haben". Der Versuch Metternichs, die kurz vor der Karlsbader Konferenz von Gentz in seiner Schrift "Über den Unterschied zwischen den landständischen und Repräsentativverfassungen" entwickelte These, nur die altständischen Verfassungen entsprächen dem Artikel XIII, zur Abschaffung der Verfassungen zu benutzen, scheiterte am entschiedenen Widerspruch Württembergs. "Die Partie ist angefangen", meinte der württembergische Vertreter Wintzingerode, "die Regierungen haben diesen Point vergeben zu können geglaubt, wie sehr sie es bereuen mögen, die Partie muß gespielt werden". Ihm trat der bayerische Außenminister Graf Rechberg an die Seite. "Es ist hier nicht zu untersuchen, ob eine Verfassung in Bayern notwendig war. Kurz sie ist gegeben und muß verteidigt werden", antwortete er dem König, der ihm die Preisgabe der bayerischen Verfassung anheimgestellt hatte.

Zum zweitenmal war damit Metternichs Versuch gescheitert, dem Artikel XIII eine authentische Auslegung im Sinn altständischer Einrichtungen zu geben. Man zog sich schließlich auf die wenig überzeugende These zurück, der im Artikel XIII niedergelegte Begriff "landständische Verfassung" schließe nur Verfassungen aus, die zwischen dem Herrscher und den Ständen ausgehandelt würden. Zwar kam es in Württemberg und Hessen-Darmstadt zu zwischen dem König und den Ständen ausgehandelten Verfassungen, aber Metternich ließ auch das in der Überzeugung zu, die allgemeine und von ihm geschickt geschürte Revolutionsfurcht werde weitere Verfassungen verhindern. Er behielt damit recht. In der Wiener Ministerialkonferenz (November 1819 – Mai 1820), auf der, wie es Metternichs Absicht von Anfang an gewesen war, die Ausführungsbestimmungen der Bundesakte erlassen wurden, hat auch der Artikel XIII eine nähere Ausdeutung erfahren. Im Artikel LVI wurde noch einmal allen Regierungen der Erlaß einer landständischen Verfassung zur Pflicht gemacht. Darüber hinaus aber bestimmte der Artikel LVI: "Die in anerkannter Wirksamkeit bestehenden landständischen Verfassungen können nur auf verfassungsmäßigem Wege wieder abgeändert werden". Das war die Rettung der süddeutschen Repräsentativverfassungen.

In den Karlsbader Beschlüssen und der Schlußakte der Wiener Ministerialkonferenzen hatte Metternich weitgehend seine Ansichten durchgesetzt. Es war ihm gelungen, die Regierungen von der Notwendigkeit zu überzeugen, daß gegen "die revolutionären Umtriebe" geschlossen vorgegangen werden müsse. Der Meinung Metternichs folgend, daß es in Deutschland eine revolutionäre Verschwörung gäbe, wurde in Mainz eine Zentraluntersuchungskommission gebildet, die bis 1828 arbeitete. Die Universitäten wurden einer scharfen Überwachung unterzogen. Die Pressefreiheit wurde in wesentlichen Punkten beseitigt. Die Karlsbader Beschlüsse wurden zum "Grundsatz der Restauration". Auch Preußen war auf seine Linie eingeschwenkt. Es war ihm gelungen, "in Preußen die Reformpartei auszuschalten, die Verfassungsbestrebungen zu ersticken und die Grundlage voller Einmütigkeit der österreichischen und der preußischen Regierung in allen Bundesfragen herzustellen" (E. R. Huber). Dazu kam, daß die 58 Artikel der Wiener Schlußakte auch der sehr aktiven Triaspolitik des Dreigestirns Aretin-Wangenheim-Lepel auf dem Bundestag ein Ende bereiteten. Auch Bayern schwenkte in die Linie der deutschen Großmächte ein. Der Bundestag hörte auf, ein Forum deutscher Politik zu sein. Ein Bundestagsgesandter konnte künftig nicht mehr seine eigene Meinung zum Besten geben, sondern durfte nur noch die Weisungen seiner Regierung vortragen. Die Innenpolitik war mit den Karlsbader Beschlüssen und der mit der Wiener Schlußakte eingeleiteten Entwicklung einseitig auf Bewahrung des bestehenden Zustandes festgelegt.

Die Beschlüsse der Wiener Ministerialkonferenz bedeuten auch das endgültige Ende der preußischen Verfassungspläne. 1823, ein Jahr nach Hardenbergs Tod, ging Preußen den Weg der Einrichtung altständischer Provinziallandtage, in denen nur der Grundbesitzende Sitz und Stimme hatte. Die große Chance, sich durch eine Repräsentativverfassung an die Spitze der deutschen Entwicklung zu stellen, war vertan.

Allerdings muß eingeräumt werden, daß in Preußen die Widerstände gegen eine Repräsentativverfassung allzu groß waren. Im Grunde beschränkte sich die Anhängerschaft einer modernen Repräsentativverfassung auf die höhere Beamtenschaft. Ihr stand keine Schicht gegenüber, die im Parlament die Kontrollfunktion hätte übernehmen können. Der Adel hätte das Parlament nur zur Beschränkung der Reformen benutzt. Insofern entsprach die in Preußen gefundene

Lösung den sozialen Verhältnissen. Nur war mit dieser Kontrolle der Verwaltung durch die Verwaltung das Problem der Trennung von Staat und Gesellschaft nicht gelöst, deren Überwindung Humboldt als notwendigen Abschluß der Reformen gefordert hatte. Der Staat bestand nun aus einer besseren Armee und einer hervorragenden Verwaltung. Der Bürger war aber weiterhin an ihm nicht beteiligt. Daran änderte es auch nichts, daß sich die Beamten als Vertreter des Volkes fühlten. Das eigentliche Problem des beginnenden 19. Jahrhunderts, die Überwindung der Trennung von Staat und Gesellschaft, blieb in den beiden deutschen Großmächten ungelöst.

Zusammenfassung

Mit den Wiener Ministerialkonferenzen endete in Deutschland eine Entwicklung, die mit den Befreiungskriegen so schwungvoll begonnen hatte. Zum erstenmal hatte sich in Deutschland, wenn man von den Vorgängen in Tirol 1809 einmal absieht, das Volk in einer politischen Bewegung zu Wort gemeldet. Die Reformprogramme der Jahre 1806 bis 1812, die ja auf eine Beteiligung der Völker abzielten, hatten damit eine enorme Chance bekommen. Die Überwindung der Trennung von Staat und Gesellschaft schien zum Greifen nahe.

Es stellte sich sehr schnell heraus, daß die Reformen nicht auf einem breiten Konsens in der Bevölkerung beruhten, sondern nur von einer relativ kleinen Schicht akademisch Gebildeter, von denen die Mehrheit höhere Beamte waren, getragen wurde. Der erstaunlich hohen Zahl hervorragender Staatsmänner stand keine vergleichbare Zahl am Staat Interessierter in der Bevölkerung gegenüber. Insofern mußten die Reformen wie im Aufgeklärten Absolutismus von oben erzwungen werden. Die preußischen Notabelnversammlungen und die Verhandlungen des westfälischen Landtags bewiesen, daß man bei der Durchführung der Reformprogramme auf keinen breiten Konsens in der Bevölkerung hoffen konnte. Das änderte sich auch nach 1814 nicht, als mit dem Sieg über Napoleon die zwingende Notwendigkeit von Reformen wegfiel. Was folgte, war kein Appell an das Volk, mit dessen Hilfe man gerade den Korsen bezwungen hatte. Man regierte im Stil der von oben dekretierten Revolution, also im Stil des Aufgeklärten Absolutismus, weiter. Im bürokratischen Absolutismus wurden die Reformen nur in einem rationaleren Verfahren ausgearbeitet. Nicht mehr der Herrscher allein, sondern eine Schar gut ausgebildeter Beamten bestimmten, was, warum und auf welche Weise reformiert wurde. Sie orientierten sich an einem sehr viel rationaleren Staatsideal als die aufgeklärten Monarchen, die mehr ihren Neigungen als irgendwelchen Staatstheorien gefolgt waren.

Die Befreiungskriege brachten in die Reformbemühungen einen tiefen Einschnitt. Sie waren unabhängig von dem Stand der Reformprogramme ausgebrochen und führten zunächst einmal zu ihrem Abstoppen. Der Schluß war daher nicht zwingend, erst die Reformen hätten die Grundlagen für den Sieg über Napoleon gelegt. Trotzdem war der Sieg über Napoleon zunächst kein Sieg der restaurativen Kräfte über die Ideen der Revolution, wie es etwa ein Sieg der Koalitionskriege gegen die Französische Revolution 1792 bis 1801 gewesen wäre. Die in Angriff genommenen Reformprogramme waren immerhin so weit gediehen, daß nach 1814 ein Zurücknehmen der Reformen nicht mehr möglich war. So standen sich 1814 Staaten mit sehr unterschiedlich weit gediehenen Reformen und Länder gegenüber, in denen überhaupt nichts verändert worden war. Das Problem, diese Länder unter einem Dach zusammenzufassen, war bei diesen unterschiedlichen Voraussetzungen nur schwer zu lösen. Die Frage war im ersten Pariser Frieden dadurch entschieden worden, daß die europäischen Großmächte bestimmt hatten, die deutschen Staaten sollten in einer Föderation vereinigt werden. Ohne zwingenden Grund konnten die deutschen Regierungen hinter den Artikel 6, Absatz 2 des Pariser Friedens nicht mehr zurück. Unabhängig davon war in ganz Deutschland der Wille lebendig, die deutschen Staaten, sei es in einem Reich oder in einem Bund, zusammenzufassen.

Die beiden deutschen Großmächte sind an diese Aufgabe zunächst mit großer Einigkeit herangegangen, während sich die Rheinbundstaaten im Vertrauen auf die ihnen zugesagte Souveränität völlig passiv verhielten. Die von Stein beeinflußten Verfassungspläne für einen Bund gingen von dem Modell einer von den deutschen Großmächten über die anderen Länder ausgeübten Hegemonie aus. Dieses Modell widersprach der den Rheinbundstaaten bei ihrem Übertritt zugesagten Wahrung ihrer Souveränität. Das galt insbesondere für Bayern und Württemberg, denen die Erhaltung ihrer Souveränität ohne Einschränkung versprochen worden war. In den Verfassungsverhandlungen im Oktober/November 1814 machten daher Metternich und Hardenberg zur Empörung Steins den drei Königreichen das Zugeständnis, daß die Bestimmungen der Bundesakte für sie ebenso wenig Gültigkeit besitzen würden wie für die beiden Großmächte. Das war im Grunde eine logische Konsequenz der damals vorgesehenen Hegemonie der fünf Staaten Österreich, Preußen, Hannover, Bayern und Württemberg, hätte aber die Gültigkeit der Bundesakte auf weniger als ein Drittel des Bundesgebietes eingeschränkt. Daraus hätte sich der groteske Zustand ergeben können, daß zwei Drittel des Deutschen Bundes absolutistisch regiert worden wären und nur die kleinen Länder in den Genuß der Segnungen von Verfassungen gelangt wären. Der durch den Konflikt der beiden deutschen Großmächte erzwungene Abbruch der Verhandlungen stoppte diese Entwicklung.

Metternich hat bei der Umwandlung des 41-Punkte-Programms in einen 12-Punkte-Vorschlag zwar manche Artikel abgeschwächt, aber keine grundsätzlichen Veränderungen vorgenommen, sondern den Inhalt nur vereinfacht. Das geschah gegen den Rat seiner Mitarbeiter, die sich zum Teil scharf gegen den Preußischen Vorschlag ausgesprochen hatten. Dahinter stand die Idee Metternichs, mit der Bundesakte nur einen Rahmen zu verabschieden und die Detailfragen auf später zu vertagen. Insbesondere wollte Metternich auf diese Weise den Einfluß der Signaturmächte des ersten Pariser Friedens beschränken.

Der Text der Bundesakte war zweifellos für die meisten Zeitgenossen eine herbe Enttäuschung. Andererseits waren in ihr, wie die Zukunft erwies, sehr verschiedenartige Deutungen möglich. Die rege Verfassungsdiskussion der Jahre 1815 bis 1820 zeigt dies. Es ist schwer zu beurteilen, was geschähen wäre, wenn Metternichs Staatsratsidee durchgedrungen wäre. Es ist nicht auszuschließen, daß die Entwicklung weniger verkrampft verlaufen wäre. Jedenfalls hat sich für Metternich die lockere Form der Bundesakte nicht bewährt. Nicht nur, daß die süddeutsche Verfassungsbewegung einen von ihm nicht mehr steuerbaren Verlauf nahm, auch die Bundesversammlung kam in die Hände einer Gruppe von Gesandten, die den fortschrittlich gesinnten hohen Beamten angehörten und die die konstitutionelle Bewegung ausnützen wollten, um dem Deutschen Bund eine fortschrittliche Richtung zu geben. Die Aretin, Gagern, Wangenheim, Lepel und wie sie hießen, vertraten das Ideal des modernen, konstitutionellen Staates, wie es der von Napoleon eingeleiteten Entwicklung entsprach. Hier kam das alte, nach den Ereignissen der hier geschilderten Epoche ja nicht unberechtigte Mißtrauen gegen die deutschen Großmächte und ihre eigensüchtige Politik wieder hoch. Metternich benutzte die von ihm geschürte Angst vor "revolutionären Umtrieben", um die Regierungen sowohl für ein Abstoppen der Verfassungsbewegung als auch insbesondere für eine sehr viel detailliertere Fassung der Bundesakte zu gewinnen. In ihr lebte, wenn auch in einer sehr zurückhaltenden Form, die alte Idee der Führung Deutschlands durch die beiden Großmächte wieder auf. Die Wiener Schlußakte band die Gesandten eng an ihre Weisungen. Die Bundesversammlung wurde von da an ein Gremium, das nur selten von sich reden machte. Die Karlsbader Beschlüsse, die Knebelung der Universitäten, die Einschränkung der Pressefreiheit und die vom Bund geleitete zentrale Untersuchungskommission in Mainz waren die Hauptthemen, mit denen sich der Bund in den zwanziger Jahren befaßte.

Dieser Entwicklung entsprach die Rolle Preußens nach 1814, so wenig sie auch mit dem patriotischen Schwung der Befreiungskriege in Einklang zu bringen war. Nichts hätte näher gelegen, als die Verbindung zur süddeutschen Verfassungsbewegung zu suchen und so den Reformen einen adäquaten Abschluß zu geben. Statt dessen begab man sich in Abhängigkeit von Österreich, das in der Verfassungsfrage mit der preußischen Situation gar nicht vergleichbare Interessen vertrat. Diese vom König verschuldete Abhängigkeit brachte die preußischen Reformen um alle Wirkung nach außen. Die restaurative Epoche des Vormärz schloß so eine Epoche der deutschen Geschichte ab, die von dem Willen zur Modernisierung geleitet worden war.

Die Jahre 1763 bis 1820 stehen in Deutschland unter zwei Hauptgesichtspunkten. Der eine ist das Verhältnis der beiden deutschen Großmächte zueinander, der andere sind die Reformvorhaben, die in verschiedenster Gestalt und unter sehr unterschiedlichen Bedingungen wie ein roter Faden die ganze Zeit durchziehen. Die Zusammengehörigkeit der deutschen Staatenwelt zeigte sich auch nach 1806, als die beiden deutschen Großmächte ihre eigenen Wege gingen und das "Dritte Deutschland" glaubte, in Napoleon einen neuen Schutzherrn gefunden zu haben. Es stellte sich heraus, daß weder Preußen noch Österreich, auf sich allein gestellt, im Kreis der europäischen Großmächte bestehen konnten. Entwickelten sich Österreich und Preußen am Ende des 18. Jahrhunderts aus dem Reich heraus, wobei die Hoffnung, die Ländermasse des Reiches zu eigenen Vergrößerungen benutzen zu können, noch eine Sonderrolle spielte, so ist nach 1812 die umgekehrte Tendenz zu erkennen. Beide Großmächte waren sich in der napoleonischen Zeit bewußt geworden, daß sie das übrige Deutschland nicht seinem Schicksal überlassen durften, wenn sie nicht Gefahr laufen wollten, ihre eigene Stellung im Konzert der europäischen Großmächte zu gefährden.

Die Gefahr der Aufteilung Deutschlands unter die beiden Großmächte ist spätestens mit der Gründung des Rheinbundes verflogen. Sie ist später noch einmal in den Plänen Steins aufgetaucht, die Rheinbundfürsten wegen ihres Zusammengehens mit Frankreich ihrer Throne für verlustig zu erklären. Metternich hat ihr mit den Verträgen von Ried, Fulda und Frankfurt einen Riegel vorgeschoben. Was Stein wollte, war auch weniger eine Aufteilung Deutschlands als eine Wiedererweckung der Mediatisierten und des Reichsadels, die er für die eigentlich Geschädigten der napoleonischen Zeit hielt und bei denen er nicht zu Unrecht die Bereitschaft vermutete, sich einer mächtigen Reichsverfassung unterzuordnen. Eine solche stand jedoch 1814/1815 nicht mehr im Bereich des Möglichen. Die Einheit Deutschlands und die Abwehr ausländischer Einflüsse, die es fertiggebracht hatten, daß acht Jahre lang Deutsche gegen Deutsche kämpften, mußten das eigentliche Ziel sein.

Tatsächlich ist mit der so locker organisierten Bundesakte die Wahrung der Einheit Deutschlands in einem erstaunlichen Umfang gelungen. Keines der 1792 zum Reich gehörenden Gebiete war verlorengegangen.

Das zweite große Problem dieser Zeit sind die verschiedenen Reformprogramme. Die deutsche Geschichte der Jahre 1763 bis 1820 ist von Reformvorhaben verschiedenster Prägung gekennzeichnet. Vom Aufgeklärten Absolutismus angefangen über die Reichsreformbewegung der 70er und 80er Jahre bis zu den Stein-Hardenbergschen Reformen reicht das große Thema dieses Zeitraumes. Trotzdem geht die Feststellung nicht ganz fehl, daß sich der Kreis der Reformwilligen und der die Reformen Billigenden in diesen 57 Jahren nicht entscheidend vergrößert hat. Das ist eine erstaunliche Feststellung. Sie impliziert die andere, nämlich die, daß alle Reformen bis hin zur Einführung von Verfassungen aus den verschiedensten Überlegungen und Gründen unternommen wurden, nur nicht aus dem Gefühl heraus, einem Druck von unten nachgeben zu müssen. Damit ist das Problem der deutschen Revolution angesprochen. Trotz aller Leiden, die das deutsche Volk in den Jahren 1792 bis 1815 erdulden mußte, ist es zu einer revolutionären Stimmung im eigentlichen Sinn nie gekommen. Nicht einmal der nationale Aufbruch der Befreiungskriege, der ja auch Süddeutschland ergriff, ja, nicht einmal der Zusammenbruch aller nationalen Hoffnungen nach dem Sieg haben eine wirklich revolutionäre Stimmung erzeugen können. Die Jahre 1816 und 1817 waren zwar in Preußen von einiger Unruhe gekennzeichnet, sie haben aber nie ein wirklich bedrohliches Ausmaß angenommen. Die von Metternich beschworenen "revolutionären Umtriebe" sind in Deutschland eine Chimäre gewesen, mit deren Hilfe es dem österreichischen Staatskanzler gelang, die widerstrebenden Regierungen hinter sich zu bringen. Eine wirkliche, für die Regierungen bedrohliche Situation ist von den Burschenschaften und ihren Freiheitsschwüren nicht ausgegangen. Nicht einmal die auf Neapel, Piemont und Portugal zu Beginn der zwanziger Jahre übergreifende spanische Revolution hat in Deutschland Spuren hinterlassen.

Dafür gibt es sicher eine Menge Gründe. Der wichtigste dürfte in der Tatsache liegen, daß der ganze Reformeifer auf eine kleine liberale Oberschicht beschränkt blieb. Ihr kommt das große Verdienst zu, Deutschland für eine Zukunft vorbereitet zu haben, die um die Mitte des Jahrhunderts mit der industriellen Revolution mit ungeahnter Intensität einsetzte. Die Revolution von oben blieb das deutsche Ideal. Ihm verdankt Deutschland im 19. Jahrhundert eine Stabilität der Verhältnisse, um die es von vielen beneidet wurde, deren Gefährdungen aber im 20. Jahrhundert voll erkennbar wurden.

ZUR ZWEITEN AUFLAGE

Nach zwölf Jahren erlebt dieser 7. Band der von Joachim Leuschner geplanten Deutschen Geschichte eine zweite Auflage. In diesen zwölf Jahren hat die lange vernachlässigte Geschichte des Heiligen Römischen Reiches deutscher Nation, des Rheinbundes und des Deutschen Bundes, also jener Formen deutscher Staatlichkeit, die Gegenstand dieses Bandes sind, eine Neubewertung erfahren. Diesem Umstand wurde im Text so weit notwendig Rechnung getragen, ohne die auf die Darstellung der Veränderungen in der Verfassung und der staatlichen Ordnung ausgerichtete Konzeption zu verändern. Vieles, was sich an sozialen Veränderungen in diesen Jahren eines Umbruches, wie ihn die deutsche Geschichte nur selten kennt, vorbereitete, kam später zum Zug und muß dort im Zusammenhang geschildert werden. Es gibt nicht viele Phasen in der deutschen Geschichte, in der die von der Politik erzwungenen Veränderungen so nachhaltig auf das Leben der Menschen eingewirkt haben. Das Ende des Reiches mit der Säkularisation der geistlichen Staaten und der Mediatisierung der meisten Reichsstädte, vieler kleiner Fürstentümer, der freien Grafschaften und der Reichsritterschaft schufen die Voraussetzungen für einen alle Bezirke des öffentlichen Lebens erfassenden Veränderungsprozeß.

Dem gegenüber hat die in diesen zwölf Jahren intensiv betriebene Revolutionsforschung den Nachweis nicht erbringen können, daß die Veränderungen dieser Zeit von revolutionären Gruppen bestimmt oder beeinflußt worden wären. Auch die von dem Bicentenaire der Französischen Revolution ausgelösten Forschungen brachten keine Erkenntnisse, die über eine Darstellung einer allgemeinen Unruhe hinausgegangen wären, wie sie in den Zeiten derartig tiefgreifender Veränderungen selbstverständlich sind. Die politische Geschichte und die davon ausgehenden Rückwirkungen auf die staatliche Ordnung standen bei der ersten Auflage im Vordergrund. Diese Grundkonzeption wurde in der zweiten Auflage nicht verändert.

Erheblich erweitert wurden die bibliographischen Hinweise. Hier wurde dem starken Interesse der Forschung an dieser Zeit Rechnung getragen. Im Gegensatz zur Praxis bei den Neuauflagen anderer Bände dieser Reihe wurde die neu erschienene oder neu aufgenommene Literatur der besseren Übersicht halber nicht getrennt aufgeführt, sondern eingearbeitet. Sie soll dem Studierenden eine weitere Vertiefung in die Geschichte dieser Zeit erleichtern.

BIBLIOGRAPHISCHE HINWEISE

Quellen: P. Bailleu (Hg.), Preußen und Frankreich 1795–1807. Diplomatische Correspondenzen, 2 Bde, 1881/87; Carl August, Großherzog von Weimar, Politischer Briefwechsel des Herzogs und Großherzogs Carl August von Weimar. Hrsg. v. W. Andreas u. H. Tümmler, 3 Bde, 1954–1973; *Friedrich der Große,* Politische Korrespondenz, Bd 1–46 (bis 1782), 1879–1939. Erg.-Bd.: Die politischen Testamente, 1920; *Gesandschaftsberichte aus München* 1814–1848. Bearb. v. A. Chroust. Abt. 1: Die Berichte der französischen Gesandten, 6 Bde, 1935–1937. Abt. 2: Die Berichte der österreichischen Gesandten, 4 Bde, 1939–1942. Abt. 3: Die Berichte der preußischen Gesandten, 4 Bde, 1949–1951; *J. Hansen* (Hg.), Quellen zur Geschichte des Rheinlandes im Zeitalter der Franz. Revolution 1780 bis 1801, 4 Bde, 1931–1938; *Hardenberg:* Denkwürdigkeiten des Staatskanzlers Fürsten Hardenberg. Hrsg. v. L. v. Ranke, 5 Bde, 1877–1881; *E. R. Huber* (Hg.). Dokumente zur deutschen Verfassungsgeschichte, Bd 1, [3]1978; *W. v. Humboldt,* Gesammelte Schriften, 17 Bde, 1905–1955; *Karl Friedrich von Baden,* Politische Korrespondenz 1783–1806. Bearb. v. B. Erdmannsdörffer u. K. Obser, 6 Bde, 1888–1915; *J. L. Klüber* (Hg.), Acten des Wiener Kongresses in den Jahren 1814 und 1815, 8 Bde, 1815–1833; *Ders.* (Hg.), Öffentliches Recht des Teutschen Bundes und der Bundesstaaten, [3]1831; *F. Maas* (Hg.), Der Josefinismus. Quellen zu seiner Geschichte in Österreich 1760–1850, 5 Bde, 1951–1961; *Metternich:* Aus Metternichs nachgelassenen Papieren. Hrsg. v. Richard Metternich-Winneburg, 8 Bde, 1880–1884; *Montgelas:* Denkwürdigkeiten des Grafen Maximilian Joseph von Montgelas über die innere Staatsverwaltung. Hrsg. v. G. Laubmann u. M. Doeberl, 1908; Denkwürdigkeiten des bayerischen Staatsministers Grafen von Montgelas (1799–1817). Aus dem Französischen übers. von M. Freiherr v. Freyberg-Eisenberg. Hrsg. v. L. Graf von Montgelas, 1887; *K. Müller* (Hg.), Quellen zur Geschichte des Wiener Kongresses, 1886; *H. Scheel* (Hg.), Jakobinische Flugschriften aus dem deutschen Süden des 18. Jahrhunderts, 1965; *H. Scheel* (Hg.), Das Reformministerium Stein. Akten zur Verfassungs- und Verwaltungsgeschichte aus den Jahren 1807/08, 3 Bde, 1966–68; *H.-B. Spies* (Hg.), Die Erhebung gegen Napoleon 1806–1814/15, 1981; *H. F. K. Freiherr vom Stein,* Briefe und amtliche Schriften. Hrsg. v. E. Botzenhart u. W. Hubatsch, 10 Bde, 1957–1965; *M. Stürmer* (Hg.) Herbst des alten Handwerks. Quellen zur Sozialgeschichte des 18. Jahrhunderts, [2]1986; *A. v. Vivenot,* Vertrauliche Briefe des Freiherrn von Thugut, 2 Bde, 1872; *A. v. Vivenot/H. v. Zeissberg* (Hg.), Quellen zur Geschichte der deutschen Kaiserpolitik Österreichs während der französischen Revolutionskriege 1790–1801, 5 Bde, 1873–1890; *G. Winter/R. Vaupel* (Hg.), die Reorganisation des preußischen Staates unter Stein und Hardenberg. 1: Allgemeine Verwaltungs- und Behördenreform. Hrsg. v. G. Winter, 1931. 2: Das Preußische Heer 1807–1814. Hrsg. v. R. Vaupel, 1938.

Allgemeine Darstellungen: W. *Andreas,* Das Zeitalter Napoleons und die Erhebung der Völker, 1955; *K. O. Freiherr von Aretin,* Bayerns Weg zum souveränen Staat. Landstände und konstitutionelle Monarchie 1714–1818; *ders.* (Hg.), Der aufgeklärte Absolutismus, 1974; *ders.,* Heiliges Römisches Reich 1776 bis 1806. Reichsverfassung und Staatssouveränität, 2 Bde, 1967; *ders.,* Das Reich. Friedensgarantie und europäisches Gleichgewicht 1648 bis 1806, 1986; *W. H. Bruford,* Die gesellschaftlichen Grundlagen der Goethezeit, 1975; *P. Burg,* Die Deutsche Trias in Idee und Wirklichkeit. Vom Alten Reich zum Deutschen Zollverein, 1989; *B. Gebhardt,* Handbuch der deutschen Geschichte. Hrsg. v. H. Grundmann, Bd 2: Von der Reformation bis zum Ende des Absolutismus, [9]1970, Bd 3: Von der Französischen Revolution bis zum Ersten Weltkrieg, [9]1973; *O. von Gschliesser,* Der Reichshofrat. Bedeutung und Verfassung, Schicksal und Besetzung einer obersten Reichsbehörde von 1559–1806, 1942; *W. Köllmann,* Bevölkerung in der industriellen Revolution, Studien zur Bevölkerungsgeschichte Deutschlands, 1974; *R. Koselleck,* Kritik und Krise. Eine Studie zur Pathogenese der bürgerlichen Welt, [2]1973; *F. Meinecke,* Das Zeitalter der deutschen Erhebung, 1795 bis 1815, [7]1963; *H. Möller,* Fürstenstaat oder Bürgernation. Deutschland 1763–1815 (Die Deutschen und ihre Nation, Bd. 1), 1989; *Th. Nipperdey,* Deutsche Geschichte 1800–1866. Bürgerwelt und starker Staat, 1983; *R. R. Palmer,* Das Zeitalter der demokratischen Revolution. Eine vergleichende Geschichte Europas und Amerikas von 1760 bis zur Französischen Revolution, 1970; *K. von Raumer/M. Botzenhart,* Deutsche Geschichte im 19. Jahrhundert. Deutschland um 1800: Krise und Neugestaltung. Von 1789 bis 1815 (Handbuch der Deutschen Geschichte, Bd 3/I, 1. Teil); *F. Schnabel,* Deutsche Geschichte im 19. Jahrhundert, 4 Bde, 1949–1959; *G. Schulz,* Die deutsche Literatur zwischen Französischer Literatur und Restauration. Teil 1: Das Zeitalter der Französischen Literatur 1789–1806, 1983; *H.-O. Sieburg* (Hg.), Napoleon und Europa, 1971; *H. v. Srbik,* Deutsche Einheit. Idee und Wirklichkeit vom Heiligen Reich bis Königgrätz, Bd 1, 1935; *H. von Treitschke,* Deutsche Geschichte im 19. Jahrhundert, 5 Bde, 1879–94; *G. Ueding,* Klassik und Romantik. Deutsche Literatur im Zeitalter der Französischen Literatur 1798–1815, 1987; *F. Valjavec,* Die Entstehung der politischen Strömungen in Deutschland 1770–1815, Paperback 1978, mit einem Nachwort von J. Graber, 1951; *H.-U. Wehler,* Deutsche Gesellschaftsgeschichte. Band I: Vom Feudalismus des Alten Reiches bis zur defensiven Modernisierung der Reformära 1700–1815, 1987; *E. Weis,* Der Durchbruch des Bürgertums 1776–1847 (Propyläen Geschichte Europas, Bd 4), 1978; Vom alten zum neuen Bürgertum.

Die mitteleuropäische Stadt im Umbruch. Hrsg. v. L. Gall (Stadt und Bürgertum 3), 1991.

Biographien: Adalbert, Prinz von Bayern, Max I. Joseph von Bayern. Pfalzgraf, Kurfürst und König, 1957; *K. O. v. Aretin,* Friedrich der Große. Größe und Grenzen des Preußenkönigs, 1985; *A. von Arneth,* Geschichte Maria Theresias, 10 Bde, 1863–1879; *D. Beales,* Joseph II. 1.: In the Shadow of Maria Theresia 1741–1780, 1987; *M. Braubach,* Maria Theresias jüngster Sohn Max Franz, letzter Kurfürst von Köln und Fürstbischof von Münster, 1961; *F. Dobmann,* Georg Friedrich Freiherr von Zentner als bayerischer Staatsmann in den Jahren 1799–1821, 1962; *A. Jürgens,* Emmerich von Dalberg zwischen Deutschland und Frankreich 1803–1810, 1976; *E. E. Kraehe,* Metternich's German Policy. 1.: The Contest with Napoleon 1799–1814; 2.: The Congress of Vienna 1814–1815, 1963/1983; *I. Mittenzwei,* Friedrich II. von Preußen, 1979; *S. K. Padover,* The Revolutionary Emperor: Joseph II. of Austria, [2]1967; *G. Ritter,* Friedrich der Große. Ein historisches Profil, [3]1954; *G. Ritter,* Stein. Eine politische Biographie, [2]1958, *G. Ritter,* Stein, [4]1989; *Th. Schieder,* Friedrich der Große. Ein Königtum der Widersprüche, 1983; *H. von Srbik,* Metternich. Der Staatsmann und Mensch, 3 Bde, 1925–1954; *R. Stadelmann,* Scharnhorst. Schicksal und geistige Welt, 1952; *P. R. Sweet,* Wilhelm von Humboldt, 2 Bde, 1977–80; *P. G. Thielen,* Karl August von Hardenberg, 1750–1822, 1967; *A. Wandruszka,* Leopold II, 2 Bde., 1963–1965; *E. Weis,* Montgelas, 1759–1799. Zwischen Revolution und Reform, 1971.

Recht und Verfassung: M. Bloch, Die Feudalgesellschaft, dt. 1982; *E. W. Böckenförde,* Der Verfassungstyp der deutschen konstitutionellen Monarchie im 19. Jahrhundert, in: *Ders.* (Hg.), Moderne deutsche Verfassungsgeschichte (1815–1918), 1972; *H. Boldt,* Deutsche Staatslehre im Vormärz, 1975; *H. Coing,* Deutsche Verfassungsgeschichte 1776–1986 I, 1987; *H. Hattenhauer,* Geschichte des Beamtentums, 1980; *E. R. Huber,* Deutsche Verfassungsgeschichte seit 1789, Bde 1 u. 2, [2]1967/1968; *K. G. A. Jeserich u. a.* (Hg.), Deutsche Verwaltungsgeschichte, Bd 1: Vom Spätmittelalter bis zum Ende des Reiches. Bd 2: Vom Reichsdeputationshauptschluß bis zur Auflösung des Deutschen Bundes, 1983; *C. Küther,* Räuber und Banditen in Deutschland, [2]1987; *G. Oestreich,* Ständische Verfassung, in: *B. Oestreich* (Hg.), Strukturprobleme der frühen Neuzeit, 1980; *W. Schubert,* Französisches Recht in Deutschland zu Beginn des 19. Jahrhunderts. Zivilrecht, Gerichtsverfassungsrecht und Zivilprozeßrecht, 1977; *M. Stolleis,* Geschichte des öffentlichen Rechts in Deutschland. Bd 1: Reichspublizistik und Policeywissenschaft 1600–1800, 1988; *B. Wunder,* Privilegierung und Disziplinierung. Die Entstehung des Berufsbeamtentums in Bayern und Württemberg 1780–1825, 1978.

Wirtschafts- und Sozialgeschichte: W. Abel, Die Lage der deutschen Land- und Ernährungswirtschaft um 1800, in: *F. Lütge* (Hg.), Die wirtschaftliche Situation in Deutschland und Österreich um die Wende vom 18. zum 19. Jahrhundert, 1964; *H. Berding* (Hg.), Staatsfinanzen, Privatkapital und Reformpolitik im Deutschland der napoleonischen Zeit, 1980; *K. Borchardt*, Die industrielle Revolution in Deutschland, 1972; *M. Kutz*, Deutschlands Außenhandel von der Französischen Revolution bis zur Gründung des Zollvereins. Eine statistische Strukturuntersuchung zur vorindustriellen Zeit, 1974; *M. L. Bush*, The European Nobility, 1983; *F. Carsten*, Die Geschichte der preußischen Juden, 1987; *Chr. Dipper*, Die Bauernbefreiung in Deutschland, 1980; *M. Doege*, Armut in Preußen und Bayern (1770–1840) (Miscellanea Bavarica Monacensia, Bd. 157), 1991; *U. Engelhardt* (Hg.), Handwerk in der Industrialisierung, 1984; *K. G. Faber*, Mitteleuropäischer Adel im Wandel der Neuzeit, in: Geschichte und Gesellschaft 7 (1982), 276–296; *E. François*, De l'uniformité à la tolérance. Confession et société urbaine en Allemagne 1650–1800, in: Annales 1987, 783–800; *G. Gagliardo*, From Pariah to Patriot. The Changing Pattern of the German Peasant 1770–1840, 1969; *H.-J. Garland*, Löhne im vor- und frühindustriellen Deutschland 1750–1850, 1984; *H. H. Gerth*, Bürgerliche Intelligenz um 1800. Zur Soziologie des Frühliberalismus, NA 1976; *H. Harnisch/G. Heitz* (Hg.), Deutsche Agrargeschichte des Spätfeudalismus, 1986; *H. Harnisch*, Peasants and Markets. The Background of the Agrarian Reforms in Feudal Prussia East of the Elbe 1760–1807, in: *R. J. Evans/W. R. Lee*, The German Peasantry. Conflict and Community in Rural Society, 1986, 37–70; *P. C. Hartmann*, Das Steuersystem der europäischen Staaten am Ende des Ancien Régime, 1978; *P. Kriedte/H. Medick/J. Schlumbohm*, Industrialisierung vor der Industrialisierung. Gewerbliche Warenproduktion auf dem Lande in der Formationsperiode des Kapitalismus, 1977; *M. Kutz*, Die Entwicklung des Außenhandels in Mitteleuropa 1789–1850, in: Geschichte und Gesellschaft 6 (1980), 538–558; *K. G. Matz*, Pauperism und Bevölkerung, 1980; *H. Mommsen/W. Schulze* (Hg.), Vom Elend der Handarbeit. Probleme historischer Unternehmungsforschung, 1981; *A. von Reden-Dohna/R. Melville* (Hg.), Der Adel an der Schwelle des bürgerlichen Zeitalters 1780–1860, 1988; *H. Reif*, Westfälischer Adel 1770–1860. Vom Herrschaftsstand zur sozialen Elite, 1979; *C. Sachße/Fl. Tennstedt*, Bettler, Gauner und Proleten. Armut und Armenfürsorge in der deutschen Geschichte, 1983; *C. Sachße/Fl. Tennstedt*, Geschichte der Armenfürsorge in Deutschland I: Vom Spätmittelalter bis 1914, 1980; *D. Saalfeld*, Die ständische Gliederung der Gesellschaft Deutschlands im Zeitalter des Absolutismus, in: VSWG 67 (1980), 457–483; *H. Schissler*, Preußische Agrargesellschaft im Wandel. Wirtschaftliche, gesellschaftliche und politische Transformationsprozesse 1763–1847, 1978; *G. Schmoller*, Studien über die wirtschaftliche Politik Friedrichs des Großen und Preußens überhaupt, 1680–1786, in: Schmollers Jahrbuch 8 (1884); *O. Ulbricht*, Englische Landwirtschaft in Kurhannover 1750–1850, 1980; *H.-P. Ullmann*, Staatsschulden und Reformpolitik. Die Entstehung moderner öffentlicher Schulden in Bayern und Baden 1780–1820 T. 1 u. 2, 1986.

M. Agethen, Geheimbund und Utopie. Illuminaten, Freimaurer und deutsche Spätaufklärung, 1984; *E. Bradler-Rottmann,* Die Reformen Kaiser Josephs II., ²1976; *P. P. Bernard,* Jesuits and Jacobins. Enlightenment and Enlightened Despotism in Austria, 1971; *G. Birtsch,* Religions- und Gewissensfreiheit in Preußen, in: Zeitschrift für historische Forschung 11 (1984), 177– 204; *E. Bödecker/U. Hermann* (Hg.), Aufklärung als Politisierung – Politisierung als Aufklärung, 1987; *O. Büsch,* Militärsystem und Sozialleben im alten Preußen 1717–1807. Die Anfänge der sozialen Militarisierung der preußisch-deutschen Geschichte, ²1981; *H. Conrad,* Staatsgedanken und Staatspraxis des aufgeklärten Absolutismus, 1971; *H. Conrad,* Rechtsstaatliche Bestrebungen im Absolutismus Preußens und Österreichs am Ende des 18. Jahrhunderts, 1961; *W. R. Dorn,* The Prussian Bureaucracy in the Eighteenth Century, in: Political Science Quarterly 46 (1931), 403–423; 47 (1932), 75–94, 259–273; *R. van Dülmen,* Der Geheimbund der Illuminaten, ²1977; *ders.,* Die Gesellschaft der Aufklärer, 1986; *M. Fulbrook,* Piety and Politics. Religion and the Rise of Absolutism in England, Württemberg and Prussia, 1983; *E. C. Hellbling,* Österreichs Verfassungs- und Verwaltungsgeschichte, 1956; *W. O. Henderson,* Studies in the Economic Policy of Frederick the Great, 1963, *P. Hersche,* Der Spätjansenismus in Österreich, 1977; *Ch. W. Ingrao,* The Hessian Mercenary State. Ideas, Institutions and Reforms under Frederick II, 1760–1785, 1987; *J. Karniel,* Die Toleranzpolitik Kaiser Josephs II., 1985; *K. H. Kaufhold,* Das Gewerbe in Preußen um 1800, 1978; *B. Kroener* (Hg.), Europa im Zeitalter Friedrichs des Großen. Wirtschaft, Gesellschaft, Krieg, 1989; *E. M. Link,* The Emancipation of the Austrian Peasant, 1740–1798, 1949; *H. Matis* (Hg.), Von der Glückseligkeit des Staats. Staat, Wirtschaft und Gesellschaft in Österreich im Zeitalter des aufgeklärten Absolutismus, 1981; *I. Mittenzwei,* Preußen nach dem Siebenjährigen Krieg, 1979; *W. Neugebauer,* Absolutistischer Staat und Schulwirklichkeit in Brandenburg-Preußen, 1985; *K.-H. Osterloh,* Joseph von Sonnenfels und die österreichische Reformbewegung im Zeitalter des aufgeklärten Absolutismus, 1970; *V. Pitzer,* Justinus Febronius. Das Ringen eines katholischen Irenikers um die Einheit der Kirche im Zeitalter der Aufklärung, 1976; *H. Rall,* Kurbayern in der letzten Epoche der alten Reichsverfassung 1745–1801, 1952; *H. Rosenberg,* Bureaucracy, Aristocracy and Autocracy. The Prussian Experience 1660–1815, ³1968; *R. Rozdolski,* Die große Steuer- und Agrarreform Josephs II., 1961; *W. Schulze* (Hg.), Europäische Bauernrevolten der frühen Neuzeit, 1982; *H. E. Strakosch,* State, Absolutism and the Rule of Law. The Struggle for the Codification of Civil Law in Austria 1753–1811, 1967; *W. Troßbach,* Soziale Bewegung und politischer Erfolg. Bäuerliche Proteste in hessischen Territorien 1648–1806, 1987; *E. Winter,* Der Josephinismus. Die Geschichte des österreichischen Reformkatholizismus 1740–1848, 1962; *A. Winterling,* Der Hof des Kurfürsten von Köln 1688–1794. Eine Fallstudie zur Bedeutung "absolutistischer" Hofhaltung, 1986; *E. Weis,* Der aufgeklärte Absolutismus in den mittleren und kleineren Staaten, in: Zeitschrift für bayerische Landesgeschichte 42 (1979), 31–46.

II. Teil

K. O. von Aretin/K. Härter (Hg.), Revolution und konservatives Beharren. Das Alte Reich und die Französische Revolution, 1990; *R. M. Berdahl*, Junker and Burgher. Conflicts over the Purchase of Rittergüter in the Early 19th Century, in: Mentalitäten und Lebensverhältnisse. Rudolf Vierhaus zum 60. Geburtstag, 1982, 160–172; *H. Berding* (Hg.), Soziale Unruhen in Deutschland während der Französischen Revolution (Geschichte und Gesellschaft, Sonderheft 12), 1988; *T. C. W. Blanning*, Reform and Revolution in Mainz 1793–1803, 1974; *ders.*, The French Revolution in Germany. Occupation and Resistance in the Rhineland 1792–1802, 1983; *H. Brunschwig*, Gesellschaft und Romantik in Preußen im 18. Jahrhundert. Die Krise des preußischen Staates am Ende des 18. Jahrhunderts und die Entstehung der romantischen Mentalität, 1976; *H. Dippel*, Deutschland und die Amerikanische Revolution, 1972; *J. Droz*, L'Allemagne et la Révolution française, 1949; *F. Dumont*, Die Mainzer Republik von 1792/1793. Studien zur Revolutionierung in Rheinhessen und der Pfalz, 1982; *K. Epstein*, Die Ursprünge des Konservativismus in Deutschland. Der Ausgangspunkt: Die Herausforderung durch die Französische Revolution, 1770 bis 1806, 1973; *J. Garber* (Hg.), Kritik der Revolution. Theorien des deutschen Frühkonservativismus 1790–1810, 1974; *W. Grab*, Norddeutsche Jakobiner. Demokratische Bestrebungen zur Zeit der Französischen Revolution, 1967; *H. Harnisch*, Die agrarpolitischen Reformmaßnahmen der preußischen Staatsführung in dem Jahrzehnt vor 1806/07, in: Jahrbuch für Wirtschaftsgeschichte 1977/III; *W. Hertel*, Karl Theodor von Dalberg zwischen Reich und Rheinbund. Grundgedanken seiner Politik vom Regierungsantritt bis zur Gründung des Rheinbunds (1802–1806), 1952; *A. Herzig u. a.* (Hg.), "Sie und nicht Wir..." Die Französische Revolution und ihre Wirkung auf Norddeutschland und das Reich, 2 Bde, 1989; *E. Hölzle*, Das alte Recht und die Revolution. Eine politische Geschichte Württembergs in der Revolutionszeit 1789–1805, 1931; *K. D. Hömig*, Der Reichsdeputationshauptschluß vom 25. Februar 1803 und seine Bedeutung für Staat und Kirche, 1969; *K. G. Julku*, Die revolutionäre Bewegung im Rheinland am Ende des 18. Jahrhunderts, 2 Bde, 1965–1969; *R. Kosseleck*, Preußen zwischen Reform und Revolution, [4]1987; *K. Möckl*, Der moderne bayerische Staat. Eine Verfassungsgeschichte vom Aufgeklärten Absolutismus bis zum Ende der Reformepoche, 1979; *H. G. Molitor*, Vom Untertan zum Administré. Studien zur französischen Herrschaft und zum Verhalten der Bevölkerung im Rhein-Mosel-Raum von den Revolutionskriegen bis zum Ende der napoleonischen Zeit, 1989; *R. von Oer*, Der Friede von Preßburg. Ein Beitrag zur Diplomatiegeschichte des napoleonischen Zeitalters (Neue Münsterische Beiträge zur Geschichtsforschung 8),

1965; *W. Real,* Von Potsdam nach Basel. Studien zur Geschichte der Beziehungen Preußens zu den europäischen Mächten 1786–1795, 1958; *H. Scheel,* Süddeutsche Jakobiner. Klassenkämpfe und republikanische Bestrebungen im deutschen Süden Ende des 18 Jahrhunderts, 1962; *K.-P. Schroeder,* Das Alte Reich und seine Städte. Untergang und Neubeginn. Die Mediatisierung der oberdeutschen Reichsstädte im Gefolge des Reichsdeputationshauptschlusses 1802/03, 1991; *D. Silagi,* Jakobiner in der Habsburger Monarchie. Ein Beitrag zur Geschichte des aufgeklärten Absolutismus in Österreich, 1962; *Th. Stamm/F. Eberle* (Hg.), Deutschland und die Französische Revolution 1789–1806, 1988; *J. Voss* (Hg.), Deutschland und die Französische Revolution, 1989; Volksunruhen in Württemberg 1789–1801. Beiträge von Axel Kuhn u. a. (Aufklärung und Revolution, Bd. 2), 1991 ; *E. Wangermann,* Von Joseph II. zu den Jakobinerprozessen, 1966; *E. Weis,* Bayern und Frankreich in der Zeit des Konsulats und des Ersten Empire (1799 bis 1815), 1984; *M. Wierichs,* Napoleon und das "Dritte Deutschland" 1805/06. Die Entstehung der Großherzogtümer Baden, Berg und Hessen, 1978; *G. Wollstein,* Scharnhorst und die Französische Revolution, in: Historische Zeitschrift 227 (1978), 325–352.

III. Teil

Allgemein: H. Brandt, Ansätze einer Selbstorganisation der Gesellschaft in Deutschland im 19. Jahrhundert, in: Der Staat, Beiheft 2 (1978), 51–67; *E. Fehrenbach,* Traditionale Gesellschaft und revolutionäres Recht. Die Einführung des Code Napoléon in den Rheinbundstaaten, [3]1983; dies., Verfassungs- und sozialpolitische Reformen und Reformprojekte unter dem Einfluß des napoleonischen Frankreich, in: Historische Zeitschrift 228 (1979); *E. Hölzle,* Das napoleonische Staatensystem in Deutschland, in: Historische Zeitschrift 148 (1933); *F.-L. Knemeyer,* Regierungs- und Verwaltungsreformen in Deutschland zu Beginn des 19. Jahrhunderts, 1970; *M. Müller,* Säkularisation und Grundbesitz. Zur Sozialgeschichte der Saar-Mosel-Raumes 1794–1813, 1980; *W. Schieder/A. Kube,* Säkularisierung und Mediatisierung. Die Veräußerung der Nationalgüter im Rhein-Mosel-Departement 1803–1817, 1987; *E. Weis* (Hg.), Reformen im rheinbündischen Deutschland, 1984; *R. Wohlfeil,* Napoleonische Modellstaaten, in: W. v. Groote (Hg.), Napoleon I. und die Staatenwelt seiner Zeit, 1969.

Baden: W. Andreas, Geschichte der badischen Verwaltungsorganisation und Verfassung in den Jahren 1802–1818, Bd 1, 1913; *W. Fischer,* Der Staat und die Anfänge der Industrialisierung in Baden, 1780–1850. Bd 1: Die staatliche Gewerbepolitik, 1962; *L. Gall,* Gründung und politische Entwicklung des Großherzogtums bis 1848, in: *J.* Becker u. a., Badische Geschichte, 1979, 11–36; *F. Schnabel,* Sigismund von Reitzenstein. Der Begründer des badischen

Staates, 1927; *H.-P. Ullmann*, Badische Finanzreformen in der Rheinbundzeit, in: Geschichte und Gesellschaft 8 (1982), 333–366.

Bayern: W. K. Blessing, Staatsintegration als soziale Integration. Zur Entstehung einer bayerischen Gesellschaft im frühen 19. Jahrhundert, in: Zeitschrift für bayerische Landesgeschichte 41 (1978), 633–700; *W. Demel,* Der bayerische Staatsabsolutismus 1806/08 bis 1817, 1983; *L. Doeberl,* Maximilian v. Montgelas und das Prinzip der Staatssouveränität, 1925; *F. Hausmann,* Die Agrarpolitik der Regierung Montgelas. Untersuchungen zum gesellschaftlichen Strukturwandel Bayerns um die Wende vom 18. zum 19. Jahrhundert, 1975; *H.-P. Ullmann,* Öffentliche Finanzen im Übergang vom Ancien régime zur Moderne: die bayerische Finanzreform 1807/08, in: Archiv für Sozialgeschichte 23 (1983), 51–98; *E. Weis,* Der Einfluß der französischen Revolution und des Empire auf die Reformen in den süddeutschen Staaten, in: Francia 1 (1973); *Ders.,* Die Begründung des modernen bayerischen Staates unter König Max I., 1799–1825, in: Handbuch der bayerischen Geschichte 4, 1, 1974.

Berg: M. W. Francksen, Staatsrat und Gesetzgebung im Großherzogtum Berg (1806–1813), 1982; *H. K. Junk,* Das Großherzogtum Berg. Zur Territorialgeschichte des Rheinlandes und Westfalens in napoleonischer Zeit, in: Westfälische Forschungen, Bd. 33 (1983); Regierungsakten des Großherzogtums Berg 1806–1813. Bearb. von K. Rob (Quellen zu den Reformen der Rheinbundstaaten, Bd. 1), 1992.

Hessen-Darmstadt: D. Karenberg, Die Entwicklung der Verwaltung in Hessen-Darmstadt unter Ludwig I., 1790–1830, 1964.

Preussen: M. Botzenhart, Verfassungsproblematik und Ständepolitik in der preußischen Reformzeit, in: *P. Baumgart* (Hg.), Ständetum und Staatsbildung in Brandenburg-Preußen, 1983, 431–455; *M. von Buttlar,* Die politischen Vorstellungen des F.A.L. v. d. Marwitz, 1980; *M. W. Gray,* Prussia in Transition. Society and Politics under the Stein Ministry, 1986; *W. Hubatsch,* Stein-Studien. Die preußischen Reformen des Reichsfreiherrn Karl vom Stein zwischen Revolution und Restauration, 1975; *S. A. Kaehler,* W. von Humboldt und der Staat, [2]1963; *E. Klein,* Von der Reform zur Restauration. Finanzpolitik und Reformgesetzgebung des preußischen Staatskanzlers Karl August von Hardenberg, 1965; *G. F. Knapp,* Die Bauernbefreiung und der Ursprung der Landarbeiter in den ältesten Teilen Preußens, 2 Bde, [2]1927; *R. Koselleck,* Preußen zwischen Reform und Revolution. Allgemeines Landrecht, Verwaltung und soziale Bewegung von 1791 bis 1848, [2]1975; *C. Menze,* Die Bildungsreform Wilhelm von Humboldts, 1975; *N. G. Nitschke,* Die preußische Militärreform 1803–1813, 1985; *W. M. Simon,* The Failure of the Prussian Reform Movement, 1807–1819, 1955; *H. Stübig,* Armee und Nation. Die pädagogisch-politischen Motive der preußischen Heeresreform 1807–1814, 1971; *K. Tenfel-*

de, Ländliches Gesinde in Preußen. Gesinderecht und -statistik 1810–61, in: Archiv für Sozialgeschichte 19 (1987), 189–230; *B. Vogel*, Allgemeine Gewerbefreiheit. Die Reformpolitik des preußischen Staatskanzlers Hardenberg 1810–1820, 1983; *B. Vogel* (Hg.), Preußische Reformen 1807–1820, 1980; *U. Vogel*, Konservative Kritik an der bürgerlichen Revolution. August Wilhelm Rehberg, 1972; *T. Vormbaum*, Politik und Gesinderecht in Preußen 1810–1918, 1981; *A. von Witzleben*, Staatsfinanznot und sozialer Wandel. Analyse der preußischen Reformzeit, 1985; *E. W. Zeeden*, Hardenberg und der Gedanke einer Volksvertretung in Preußen 1807–1812, 1940.

Sachsen-Weimar: F. Hartung, Das Großherzogtum Sachsen unter der Regierung Carl Augusts 1775–1828, 1923.

Westfalen: H. Berding, Napoleonische Herrschafts- und Gesellschaftspolitik im Königreich Westfalen 1807–1813, 1973; *M. Lahrkamp*, Münster in napoleonischer Zeit 1800–1815. Administration, Wirtschaft und Gesellschaft im Zeichen von Säkularisation und französischer Herrschaft, 1976; Regierungsakten des Königreichs Westphalen 1807–1813. Bearb. von K. Rob (Quellen zu den Reformen in den Rheinbundstaaten, Bd. 2), 1992.

Württemberg: W. v. Hippel, Die Bauernbefreiung im Königreich Württemberg, 2 Bde, 1977; *E. Hölzle*, Württemberg im Zeitalter Napoleons und der deutschen Erhebung, 1937; *P. Sauer*, Der Schwäbische Zar. Friedrich, Württembergs erster König, 1984; Von der Ständeversammlung zum demokratischen Parlament, 1982.

Würzburg: A. Chroust, Geschichte des Großherzogtums Würzburg (1806–1814), [2]1932; *F. Pesendorfer*, Ein Kampf um die Toskana. Großherzog Ferdinand III. 1790–1824, 1984.

Österreich: M. Botzenhart, Metternichs Pariser Botschaftszeit, 1967; *H. Rössler*, Österreichs Kampf um Deutschlands Befreiung 1805–1815, 2 Bde, [2]1947; *H. Rössler*, Graf Johann Philipp Stadion (1763–1824), 2 Bde, 1966.

IV. Teil

G. Bradle/F. Quartal (Hg.), Von der Ständeversammlung zum demokratischen Parlament. Die Geschichte der Volksvertretungen in Baden-Württemberg, 1982; *H. Brandt*, Landständische Repräsentation im deutschen Vormärz. Politisches Denken im Einflußfeld des monarchischen Prinzips, 1968; *E. Büssem*, Die Karlsbader Beschlüsse von 1819. Die endgültige Stabilisierung der restaurativen Politik im Deutschen Bund nach dem Wiener Kongreß von 1814/15, 1974; *P. M. Ehrle*, Volksvertretung im Vormärz. Studien zu Zusammensetzung, Wandel und Funktion der deutschen Landtage im Spannungsfeld zwischen monarchischem Prinzip und ständischer Repräsentation, 2 Bde, 1979; *W. Funk,* Die Verfassungsfrage im Spiegel der "Augsburger Allgemeinen Zeitung" von 1818–1848, 1977; *K. Griewank,* Der Wiener Kongreß und die europäische Restauration 1814/15, [2]1954; *H. J. Hartmann,* Das Schicksal der preußisch-österreichischen Verfassungsvorschläge, insbesondere des Entwurfs vom 14. Oktober 1814, Diss. jur. Göttingen 1964; *H. H. Hofmann,* Adelige Herrschaft und souveräner Staat. Studien über Staat und Gesellschaft in Franken und Bayern im 18. und 19. Jahrhundert, 1962; *P. Graf von Kielmansegg,* Stein und die Zentralverwaltung 1813/14, 1964; *W. Mager,* Das Problem der landständischen Verfassungen auf dem Wiener Kongreß 1814/15, in: Historische Zeitschrift 217 (1973); *A. Müller,* Die Entstehung der hessischen Verfassung von 1820, 1931; *J. H. Pirenne,* La Sainte-Alliance. Organisation européenne de la paix mondiale, 2 Bde, 1946–1949; *W. Real,* Die deutsche Verfassungsfrage am Ausgang der napoleonischen Herrschaft bis zum Beginn des Wiener Kongresses, Diss. phil. Münster 1935; *W. von Rimscha,* Die Grundrechte im süddeutschen Konstitutionalismus. Zur Entstehung und Bedeutung der Grundrechtsartikel in den ersten Verfassungsurkunden von Bayern, Baden und Württemberg, 1973; *H. Schaeder,* Autokratie und Heilige Allianz, [2]1963; *I. Spangenberg,* Hessen-Darmstadt und der Deutsche Bund 1815–18, 1969; *E. Weber,* Die Mainzer Zentraluntersuchungs-Kommission, 1970; *ders.,* Zur Entstehungsgeschichte der bayerischen Verfassung von 1818. Die Debatten in der Verfassungskommission von 1814–15, in: Festschrift für R. Dietrich, 1976; *B. Wunder,* Landstände und Rechtsstaat. Zur Entstehung und Verwirklichung des Artikels 12 DBA, in: Zeitschrift f. Historische Forschung 5 (1978), 139–185.

ZEITTAFEL

1763	*15. Februar:* Friede zu Hubertusburg
1763–1784	Joh. Heinr. Graf v. Carmer und Karl Gottlieb Svarez arbeiten das "Allgemeine Landrecht für Preußen" aus
1763	Unter dem Pseudonym Justinus Febronius veröffentlicht der Trierer Weihbischof Nikolaus von Hontheim das Buch "De statu ecclesiae"
1764	James Watt erfindet die Dampfmaschine
1765–1790	Joseph II. Kaiser
1767	Gründung des Hamburger Nationaltheaters
1769	*August:* Friedrich der Große trifft sich in Neiße mit Joseph II.
1770	*16. Mai:* Marie Antoinette, Tochter Maria Theresias, heiratet den Dauphin Ludwig (XVI.) von Frankreich
	September: Joseph II. und Friedrich der Große treffen in Mährisch-Neustadt zusammen
	Die Schlösser Bruchsal und Brühl vollendet
1771/72	Mißernten in Deutschland
1772	Gründung der Preußischen Seehandelsgesellschaft
	5. August: 1. Teilung Polens zwischen Rußland, Preußen und Österreich
1773	Johann Wolfgang Goethe vollendet den "Götz von Berlichingen"
	Papst Clemens XIV. hebt den Jesuitenorden auf
1774–1793	Ludwig XVI. König von Frankreich
1775–1783	Amerikanischer Unabhängigkeitskrieg
1775	James Watt baut die erste brauchbare Dampfmaschine
1775	*7. Mai:* Österreich annektiert die Bukowina
	Anwerbung deutscher Söldner für den amerikanischen Unabhängigkeitskrieg in Hessen-Kassel und Braunschweig durch England
1776	Aufhebung der Folter in Österreich
1776	*4. Juli:* Unabhängigkeitserklärung der nordamerikanischen Kolonien
1777	*30. Dezember:* Kurfürst Maximilian III., der letzte bayerische Wittelsbacher, stirbt
1778–1799	Kurfürst Karl Theodor von der Pfalz erbt Bayern
1778/79	Bayerischer Erbfolgekrieg
1779	Lessing veröffentlicht das Drama "Nathan der Weise"

1779	*13. Mai:* Friede von Teschen
1780	*Juni:* Besuch Josephs II. bei Katharina II. – Russisch-Österreichisches Geheimbündnis
	29. November: Maria Theresia stirbt
1781	Schiller vollendet das Drama "Die Räuber"
	15. Februar: Tod Lessings
	13. Oktober: Aufhebung der Leibeigenschaft, Toleranzedikt, Pressefreiheit in Österreich
1782	Reise Papst Pius VI. nach Wien und München
	Uraufführung der Oper "Die Entführung aus dem Serail" in Wien
1783	Schiller vollendet das Drama "Fiesco"
1783	*19. Dezember:* W. Pitt d. Jüngere übernimmt in England die Regierung
	3. September: Friede von Versailles zwischen England, Frankreich, Spanien und den Vereinigen Staaten
1784	Joseph II. will Bayern gegen die österreichischen Niederlande vertauschen
	Entwurf des "Allgemeinen Landrechts für Preußen" veröffentlicht
	7. Juni: Papst Pius VI. richtet in München eine Nuntiatur ein
1785	Uraufführung von "Figaros Hochzeit" in Wien
	23. Juli: Gründung des Deutschen Fürstenbundes
1786	*17. August:* Tod Friedrichs II. von Preußen
1786–1797	Friedrich Wilhelm II. König von Preußen
1786	*25. August:* Emser Punktation der vier Erzbischöfe von Mainz, Köln, Trier und Salzburg
1786–1788	Goethes italienische Reise
1787–1792	Krieg Rußlands und Österreichs mit der Türkei
1787	Preußen interveniert in Holland zu Gunsten Wilhelms V. von Oranien
	Uraufführung der Oper "Don Giovanni" in Prag
	15. November: Christoph Willibald Gluck stirbt
1788	Dreibund zwischen Preußen, England und den Niederlanden
	I. Kant, Kritik der praktischen Vernunft
1789	Belgische Revolution
	1. Mai: Ludwig XVI. beruft die Generalstände ein
	17. Juni: Der dritte Stand der französischen Generalstände erklärt sich zur Nationalversammlung
	14. Juli: Sturm der Bastille
1790	Edmund Burke, Betrachtungen zur Französischen Revolution
	20. Februar: Tod Kaiser Josephs II.
1790–1792	Leopold II., seit 1765 Großherzog von Toskana, wird Kaiser
1790	*27. Juli:* Vertrag von Reichenbach

1791	Uraufführung der Oper Die "Zauberflöte"
	Erster Generalstreik in Deutschland (Hamburg)
	3. Mai: Polnische Verfassung
	20. Juni: Flucht und Verhaftung Ludwig XVI.
	27. August: Erklärung von Pillnitz: Friedrich Wilhelm II. und
	Leopold II. rufen zur Hilfe für Ludwig XVI. auf
	5. Dezember: W. A. Mozart stirbt
1792	*7. Februar:* Österreichisch-preußisches Bündnis gegen
	Frankreich
	1. März: Tod Kaiser Leopolds II.
1792–1835	Kaiser Franz II.
1792	*15. Mai:* Französischer Staatsbankrott
	20. April: Frankreich erklärt den deutschen Großmächten den
	Krieg
	20. September: Kanonade von Valmy
	21. September: Abschaffung des Königtums in Frankreich
	21. Oktober: Eroberung von Mainz durch die Franzosen
	November: Die Franzosen erobern Belgien
	Schiller und Klopstock Ehrenbürger der französischen Republik
1793	England, Holland, Spanien, Sardinien, Toskana und Neapel
	erklären Frankreich den Krieg. Das Reich erklärt "den Krieg als
	einen einem Reichskrieg gleichzusetzenden"
	21. Januar: Hinrichtung Ludwigs XVI.
	7. Mai: Zweite polnische Teilung zwischen Rußland und Preußen
	2. Juni: Beginn der Schreckensherrschaft unter Robespierre
	23. Juli: Eroberung von Mainz durch die preußische Armee
	23. August: Umschwung des Kriegsglücks. Frankreich erobert
	Belgien und das von den Engländern besetzte Toulon (erste Tat
	Napoleon Bonapartes)
	16. Oktober: Hinrichtung Marie Antoinettes
1794	Veröffentlichung des "Allgemeinen Landrechts für die preußi-
	schen Staaten"
	März–November: Polnischer Aufstand
	27. Juli: Ende der Schreckensherrschaft
	28. Juli: Hinrichtung Robespierres
	25. Oktober: Preußen zieht seine Truppen vom linken Rheinufer
	ab
1795	*3. Januar:* Dritte Teilung Polens zwischen Österreich und
	Rußland
	5. April: Friede von Basel zwischen Frankreich und Preußen.
	Preußen gibt das linke Rheinufer preis
	20. Mai: Allianz zwischen Österreich und England
	August: Errichtung der norddeutschen Neutralität
	28. September: Englisch-österreichisch-russisches Bündnis gegen

Frankreich
24. Oktober: Preußen tritt der dritten polnischen Teilung bei.
Größte Ausdehnung Preußens nach Osten
26. Oktober: Preußen gibt Süddeutschland gegenüber Frankreich
preis
31. Oktober: Wahl des fünfköpfigen Direktoriums in Frankreich

1796 *10. Mai:* Napoleon Bonaparte siegt bei Lodi über die Österreicher
16. Mai: Einzug Bonapartes in Mailand
24. Juni: Der französische General Moreau geht mit seiner
Armee bei Kehl über den Rhein
Juni: General Jourdan dringt über den Rhein vor
24. August: In der Schlacht von Amberg treibt Erzherzog Karl
Jourdan zurück
3. September: Sieg Erzherzogs Karl bei Würzburg
17. November: Zarin Katharina II. von Rußland stirbt

1796–1801 Zar Paul I. von Rußland
1797 Bonaparte rückt in Norditalien vor
18. April: Vorfriede von Leoben zwischen Frankreich und
Österreich
30. September: Französischer Staatsbankrott
17. Oktober: Friede von Campo Formio zwischen Frankreich und
Österreich. Österreich verzichtet auf Belgien und gibt das linke
Rheinufer preis
30. Dezember: Abtretung von Mainz und des linken Rheinufers
an Frankreich
16. November: Friedrich Wilhelm II. stirbt

1797–1840 Friedrich Wilhelm III. König von Preußen
1797 *3. Dezember-April 1799:* Friedenskongreß zu Rastatt
1798 *19. Mai–9. Oktober 1799:* Bonarpartes ägyptischer Feldzug
1798 Joseph Haydn "Die Schöpfung"
24. Dezember: Englisch-russisch-österreichisches Bündnis, dem
Neapel, Portugal und die Türkei beitreten
Schiller, "Wallenstein"

1799 *16. Februar:* Karl Theodor, Kurfürst von Pfalz-Bayern, stirbt
1799–1825 Kurfürst Max IV. von Pfalzbayern (ab 1806) König
1799 *21. Februar:* Freiherr von Montgelas leitender Minister in
Bayern.
Mit ihm beginnt die Reformzeit in Bayern
1. März: Frankreich erklärt Österreich den Krieg
25. März: Erzherzog Karl schlägt die Franzosen bei Stockach
3./4. Juni: Erzherzog Karl schlägt die Franzosen bei Zürich
29. August: Papst Pius VI. stirbt
25./27. September: Niederlage der Russen bei Zürich

	22. Oktober: Austritt Rußlands aus der Koalition
	9. November: Staatsstreich Bonapartes
	Schiller, "Maria Stuart"
1800	*14. März:* Kardinal Luigi Graf Chiaramonti wird in Venedig zum Papst Pius VII. gewählt
	14. Juni: Sieg Napoleons bei Marengo
	3. Dezember: Schlacht bei Hohenlinden
	Schiller, "Jungfrau von Orléans"
1801	*9. Februar:* Friede von Lunéville
	24. März: Ermordung Zar Pauls I.
1801 – 1825	Zar Alexander I.
1801	*15. Juli:* Konkordat zwischen Frankreich und dem Hl. Stuhl
	10. September: Rücktritt Pitts
1802	*17. März:* Friede von Amiens zwischen Frankreich und England
1803	*25. Februar:* Reichsdeputationshauptschluß. Säkularisation aller geistlichen Fürstentümer
1803	*Mai:* Pitt übernimmt in England wieder die Regierungsgeschäfte
	16. Mai: Kriegserklärung Englands an Frankreich
1804	Beethoven, Symphonie "Eroica"
	21. März: Einführung des Code civil in Frankreich
	11. August: Kaiser Franz nimmt den Titel eines österreichischen Kaisers an
	2. Dezember: Kaiserkrönung Napoleons I.
1805	3. Koalitionskrieg. England, Österreich, Rußland, Schweden gegen Frankreich, Spanien, Bayern, Baden, Württemberg
	21. Oktober: Nelson vernichtet bei Trafalgar die französische Flotte
	Uraufführung der Oper "Fidelio" in Wien
	2. Dezember: Dreikaiserschlacht bei Austerlitz
	26. Dezember: Friede von Preßburg zwischen Österreich und Frankreich
	26. Dezember: Johann Philipp Graf Stadion wird in Österreich leitender Minister. Mit ihm beginnt die kurze Reformepoche
1806	*1. Januar:* Kurfürst Max IV. Joseph von Bayern und Kurfürst Friedrich von Württemberg nehmen den Titel eines Königs an
	23. Januar: Tod W. Pitts
	Beethoven, 4. Symphonie
	11. Juli: Gründung des Rheinbundes
	6. August: Kaiser Franz II. erklärt das Heilige Römische Reich deutscher Nation für beendet
	1. Oktober: Preußen fordert ultimativ von Frankreich die Räumung Süddeuschlands
	14. Oktober: Doppelschlacht von Jena und Auerstedt
	27. Oktober: Einzug Napoleons in Berlin

21. November: Verhängung der Kontinentalsperre

11. Dezember: Sachsen wird Königreich und tritt dem Rheinbund bei

Fichte, Reden an die deutsche Nation

1807 *7./8. Februar:* Schlacht bei Preußisch Eylau

7. Juli: Friede von Tilsit. Preußen verliert alle Gebiete links der Elbe. Das Herzogtum Warschau wird gegründet und mit Sachsen vereinigt

18. August: Das Königreich Westfalen unter dem jüngeren Bruder Napoleons, Jérôme, wird gegründet

30. September: Freiherr vom Stein leitender Minister in Preußen. Mit ihm beginnt die preußische Reformzeit

15. November: Napoleon gibt dem Königreich Westfalen eine Verfassung

19. November: Städteordnung in Preußen. Umbildung der Staatsregierung in Fachministerien

1808 Goethe, Faust, 1. Teil

Kleist, Michael Kohlhaas

Beethoven, 5. Symphonie

Nach der Erhebung Joseph Bonapartes zum König von Spanien (6. Juni) bricht, von den Engländern unterstützt, ein Volksaufstand in Spanien aus, der bis 1814 nicht unterdrückt werden kann

25. Mai: Bayerische Verfassung. Sie tritt nur zum Teil in Kraft

27. September – 14 Oktober: Erfurter Kongreß. Napoleon und Zar Alexander I. erneuern ihr Bündnis.

24. November: Entlassung Steins

November: Bildung des Ministeriums Dohna-Altenstein in Preußen

1809 Österreich erklärt Frankreich den Krieg

21./22 Mai: Sieg Erzherzog Karls bei Aspern über Napoleon. Tod Joseph Haydns

5./6: Juli: Sieg Napoleons bei Wagram über Erzherzog Karl

17. September: Russisch-schwedischer Friede. Finnland wird russisch

12. Oktober: Metternich wird als Nachfolger Stadions leitender Minister in Österreich

14. Oktober: Friede zu Schönbrunn

1810 Karl XIII., König von Schweden, adoptiert den Marschall Bernadotte, der als Kronprinz von Schweden an den Befreiungskriegen gegen Napoleon teilnimmt und 1818 als Karl XIV. König von Schweden wird

Gründung des Gußstahlwerkes Friedrich Krupp in Essen

Holland, Wallis, Nordhannover, Oldenburg, Bremen, Hamburg,

Lauenburg und Lübeck werden Frankreich einverleibt
Gründung der Universität Berlin
2. April: Erzherzogin Marie Louise heiratet Napoleon I.
4. Juni: Hardenberg wird preußischer Staatskanzler
27. Oktober: Das Finanzedikt in Preußen vereinheitlicht das
Steuerwesen

1811   *20. Februar:* Staatsbankrott in Österreich
1812   Beethoven, 7. Symphonie
18. März: Die spanischen Cortes beschließen in Cadiz eine
Verfassung
24 Juni: Napoleon beginnt den Rußlandfeldzug mit dem Übergang über den Njemen
7. September: Schlacht bei Borodino
15. – 18. September: Brand von Moskau
26. – 28. November: Katastrophe an der Beresina
30. Dezember: Konvention von Tauroggen
1813   *28. Februar:* Preußisch-russisches Bündnis von Kalisch
17. März: Aufruf "An mein Volk" von Friedrich Wilhelm III.
4. Juni – 10. August: Waffenstillstand
8. Oktober: Vertrag von Ried. Bayern tritt auf die Seite der
Alliierten
16. – 19. Oktober: Völkerschlacht bei Leipzig
2. November: Vertrag von Fulda. Württemberg tritt auf die Seite
der Alliierten
4. November: Auflösung des Rheinbundes
Baden, Hessen-Darmstadt und andere Mitglieder des Rheinbundes treten in den Frankfurter Verträgen auf die Seite der
Alliierten
1814   Stephenson erfindet die Lokomotive
1814 – 1816   Görres, Rheinischer Merkur
1814   *1. Januar:* Blücher überschreitet bei Kaub den Rhein
30. März: Einzug der Verbündeten in Paris
31. März: Ludwig XVIII. besteigt den Thron Frankreichs
6. April: Abdankung Napoleons, Verbannung nach Elba
3. Mai: Ludwig XVIII. zieht als König von Frankreich in Paris
ein
24. Mai: Papst Pius VII. kehrt nach Rom zurück
30. Mai: Erster Pariser Friede
4. Juni: Ludwig XVIII. erläßt eine Verfassung (Charte)
7. August: Wiederherstellung des Jesuitenordens
September: Eröffnung des Wiener Kongresses
1815   *1. März:* Landung Napoleons in Frankreich
8. Juni: Schlußakte des Wiener Kongresses
18. Juni: Niederlage Napoleons bei Waterloo

22. *Juni:* Napoleon dankt endgültig ab

7. *Juli:* Einzug der Verbündeten in Paris

7. *August:* Napoleon wird als General Bonaparte nach St. Helena eingeschifft

26. *September:* Stiftung der Heiligen Allianz

20. *November:* Zweiter Pariser Friede

27. *November:* Zar Alexander I. gibt Polen eine Verfassung

1816   6. *November:* Eröffnung der Bundesversammlung in Frankfurt

1817   2. *Februar:* Sturz des bayerischen Ministers Graf Montgelas

18. *Oktober:* Wartburgfest

1818   26. *Mai:* Bayerische Verfassung

22. *August:* Badische Verfassung

30. *September – 21. November:* Kongreß in Aachen

1819   6. *– 31. August:* Karlsbader Konferenz

25. *September:* Württembergische Verfassung

1820   18. *März:* Verfassung in Hessen-Darmstadt

24. *Mai:* Wiener Schlußakte, Ergänzung der Bundesakte

17. *Dezember:* Verbesserte Verfassung in Hessen-Darmstadt

REGISTER

Aachen, Kongreß von 167, 177, 179

Absolutismus, 10, 15, 25–29, 33, 63, 67, 111, 115, 118, 131, 136, 138, 165, 167, 170, 171, 173, 178, 182, 186

Absolutismus, bürokratischer 113, 119, 138, 147, 170, 176, 183

Abukir, Seeschlacht 83

Adel 52, 120, 128, 136, 137, 140–142, 147, 158, 161, 172, 174, 175, 177, 178, 182

Adel, evangelischer 107

Adel, katholischer 9, 52, 53, 93, 96, 97, 107, 108

Adel, napoleonischer 117, 121

Adel, preußischer 27, 128, 136, 137, 139, 141, 145, 146

Adelskirche 53, 54, 57, 97, 98, 108

Ägypten 83, 87

Albini, Franz Joseph Frhr., Mainzer Staatsmann 74, 82, 83, 85, 86, 100

Albrecht II., Kaiser 51

Albrecht (Albert), Herzog v. Sachsen-Teschen, Reichsfeldmarschall 73

Alexander I., Zar 10, 90, 98, 104, 110, 111, 129, 149, 151, 152, 155–158, 161, 166, 167, 170, 179

Alexander VI., Papst 52

Allgemeine Wehrpflicht 125, 131, 144

Almendingen, Ludwig Harscher von, nass. Rat 119, 120

Altenstein, Karl Sigmund Franz Frhr., preuß: Staatsmann 135, 138, 141, 142, 145

Alvensleben, Philipp Karl Frhr., preuß. Minister 76

Amberg, Schlacht bei 68, 79

Amerikanischer Unabhängigkeitskrieg 14, 20, 69

Ancillon, Johann Peter Friedrich, preuß. Minister 179

Anhalt, Fürstentum 114, 128

Anhalt-Köthen 44

Ansbach 16, 18, 19, 58, 61–63, 73, 84, 99

Ansbach Bayreuth s. Ansbach, Bayreuth

Ansbacher Denkschrift 116, 127, 135

Anton, Viktor, Erzherzog 91

Antonelli, Leonardo, Kardinal 97

Arco, Joseph Adam Graf, Fürstbischof von Seckau 38

Aretin, Johann Adam Frhr., bayer. Staatsmann 171, 181, 184

Aretin, Johann Christoph Frhr., bayer. Publizist 123, 178

Arnold, Müller 30

Artikel XIII 164, 165, 168, 169, 178, 180, 181

Aschaffenburg 123, 175

Aspern, Schlacht bei 133

Auersperg, Franz Anton Graf, Fürstbischof von Gurk, später von Passau, Kardinal 38

Aufgeklärter Absolutismus 10, 14, 15, 25, 26, 32, 33, 35, 39, 41, 42,

Deutsche Geschichte

in zehn Bänden. Herausgegeben von Joachim Leuschner

Kleine Vandenhoeck-Reihe

V&R   **Vandenhoeck & Ruprecht**

Kleine Vandenhoeck-Reihe

Heide Wunder · Die bäuerliche Gemeinde in Deutschland
1986. 187 Seiten, kartoniert. Band 1483. ISBN 3-525-33473-7

Peter Kriedte · Spätfeudalismus und Handelskapital
Grundlinien der europäischen Wirtschaftsgeschichte vom 16. bis zum
Ausgang des 18. Jahrhunderts. 1980. 223 Seiten mit 45 Tabellen und
30 Abbildungen, kartoniert. Band 1459. ISBN 3-525-33441-9

Gerhard Schormann · Der Dreißigjährige Krieg
1985. 151 Seiten, kartoniert. Band 1506. ISBN 3-525-33506-7

**Wilhelm Abel · Massenarmut und Hungerkrisen im
vorindustriellen Deutschland**
3. Auflage 1986. 83 Seiten mit Schaubildern und Tabellen, kartoniert.
Band 1352. ISBN 3-525-33321-8

**Arno Herzig
Unterschichtenprotest in Deutschland 1790-1870**
1988. 155 Seiten, kartoniert. Band 1534. ISBN 3-525-33543-1

**Wolfgang R. Krabbe
Die deutsche Stadt im 19. und 20. Jahrhundert**
Eine Einführung. 1989. 224 Seiten mit 10 Tabellen, kartoniert. Band
1543. ISBN 3-525-33555-5

Hans-Werner Hahn · Geschichte des Deutschen Zollvereins
1984. 214 Seiten mit 1 Tabelle, kartoniert. Band 1502.
ISBN 3-525-33500-8

Wilfried Loth · Der Weg nach Europa
Geschichte der europäischen Integration 1939-1957. 2. Auflage 1991.
180 Seiten, kartoniert. Band 1551. ISBN 3-525-33565-2

V&R *Vandenhoeck & Ruprecht*